주식 가치투자 정석시리즈

바이오의약품 산업

2024 개정판

BT TIMES

목차

Contents

서론

가끔씩 유명한 펀드매니저나 자칭 증권 전문가들이 사기로 개미투자자들의 돈을 가로챈 뉴스를 장식하거나 큰 투자 실패로 죽음을 맞이했다는 뉴스가 주식에 관심 있는 사람들을 우울하게 만든다. 즉, 주식 전문가들조차도 전쟁과 같은 주식시장에서 성공이 어렵다는 것을 뜻한다.

이 책을 보는 개미투자자들은 주변에 주식으로 큰돈을 벌었다는 소식을 많이 접해보지는 못했을 것이다. 아마 그건 불가능에 가까울 수도 있다. 한순간 투자한 주식이 많이 올라 돈을 벌었을 지라도 다른 투자로 그 이상의 돈을 잃어버리는 게 우리 개미투자자들의 습성이 아닌가 한다.

목숨과 같은 내 돈을 다른 사람에게 맡긴다는 자체가 어불성설이 아니겠는가?

펀드나 보험은 어떠한가? 수익은 크다 할지라도 결과를 보니 수수료가 수익보다 더 큰 상황은 눈 뜨고 코 베이는 상황이다.

하지만 이제 개미투자자들도 똑똑해지고 있다. 인터넷을 통해 정보의 접근성이 균형을 찾아가면서 노력하는 개미는 전문가 못지않은 성과를 얻을 것이고 그렇지 못한 투자자는 여전히 쓴맛을 맛보게 될 것이다. 이 책은 초보 투자분들에게 전문적인 지식이라는 날개를 달게 해주기 위한 목적으로 몇 년에 걸쳐서 제작되었다.

주식 투자의 성공 요인에는 너무나 많은 요인들이 존재한다. 시장을 알아야 하고, 산업과 기업 등 알고 신경 써야 할 것이 많이 있다는 것을 간과해서는 안 된다. 물론 그렇다고 이 책이 만병통치약처럼 모든 문제를 해결해주는 것은 절대 아니다. 이 책대로 한다고 고수익을 보장하는 것도 절대 아니다.

단지 초보 개미 투자가들이 기본적으로 알아야 할 것들, 그중에서도 기술적인 그래프나 음봉, 양봉 이런 것이 아닌 기본적인 산업에 관한 이야기들, 기업이나 기술, 시장에 관한 기본 지식부터 전문지식에 이르기까지 공부를 하자는 의미에서 이 책을 만들게 되었다.

책을 통해 산업과 기업에 대한 용어부터 전문적인 개념에 이르기까지 지식을 쌓고 기술적인 주식에 관한 부분들을 공부한다면 주식 전문가로서 부족하지 않을 것이다.

21세기 최고의 투자가 워렌 버핏의 다섯 가지 원칙 중 "다른 투자자나 투자기관 전망에 귀 기울이지 마라"는 내용이 있다. 즉 본인이 스스로 공부하여 전문가가 되라는 말일 것이다.

"주식 투자가치의 정석 시리즈"는 국내 "시장과 기술조사" 전문기업인 비피기술거래의 다년간 미래 유망분야를 분석한 자료를 토대로 제작이 되었으며 과학기술 전문 신문사인 비티타임즈 경제경영분석팀에서 유망 기업을 선정하였다. 선정한 분야는 농업생명, 바이오의약품, 미래화장품, 드론, 센서, 미래 신재생 에너지시장, 게임주식, 사물인터넷, LED/ OLED. 전기자동차, 인쇄전자 등이다.

현재 전세계 매출 상위 10대 의약품 중 7개가 바이오의약품이고 세계 의약품 시장규모의 20% 이상을 바이오의약품이 차지하고 있을 정도로 기대가 높은 시장이며, 향후 20년 내 합성의약품 시장의 70%는 바이오의약품으로 대체될 전망이다.

따라서 본서에서는 미래 유망분야로 "바이오의약품 산업분야"에 대해 기초용어부터 전문적인 내용까지 알아보고 유망한 기업들에 대한 분석을 보고자 한다. 물론 시점에 따라 세부적인 내용이나 선정 기업의 상황이 달라질 수 있다는 점은 명심하기 바라며 추후 변동 상황은 업데이트를 통해 계속해서 정보를 제공하고자 한다.

개정판

본서가 나오고 나서 우연의 일치인지 바이오의약품 관련주가 대세를 장식하면서 셀트리온을 비롯하여 신라젠 등 바이오 관련주들이 100% 이상씩 급등하면서 더욱 바이오의약품에 대한 관심이 많아졌다. 일 년도 안되는 사이에 많은 변화가 있었기 때문에 업데이트를 할 수밖에 없는 사정상 개정판을 발간하게 되었다. 인간의 수명이 늘어날수록 바이오의약품에 대한 관심은 꾸준히 증가할 것이며 4차 산업혁명과 맞물려 주요 관심 분야가 될 것이다.

또한 코로나 팬데믹으로 인해 코로나 백신, 치료제에 대한 바이오 기업들의 개발 및 연구가 활발하게 진행되고 있기 때문에 이에 대한 동향도 필수적으로 살펴보아야 할 것이다. 아직 부족한 부분이 많이 있지만, 독자들의 이해에 도움이 되길 바라며 건전한 정석 투자에 초석이 되길 바란다.

개정5판

미국 보스톤 바이오 USA 컨퍼런스에 우리나라 제약바이오 기업들이 참여하면서 많은 이슈를 이끌면서 제4차 생명공학육성 기본계획에서 디지털 융합을 통한 바이오 혁신을 발표했다.

바이오분야 기술수준을 2020년 77.9%에서 2030년까지 85%로 끌어올리고, 국내 바이오산업 생산규모를 '20년 43조원에서 2030년 100조원 규모로 성장시키는 것을 주요 목표로 한다.

정부가 바이오산업 규모를 2030년까지 지금의 두 배 이상으로 키우겠다는 목표를 세웠다. 인공지능(AI)을 비롯해 다양한 디지털 기술을 바탕으로 바이오 산업의 혁신을 이끈다는 계획이다.

향후 몇 년간 바이오산업에 관심을 가져야만 하는 이유이다.

1. 바이오의약품의 개요

1. 바이오의약품의 개요

바야흐로 '바이오'의 시대이다. 지난간 20세기가 IT시대였다면 앞으로 다가올 21세기는 바이오시대이다. DNA 이중나선 구조 발견으로 인한 분자생물학의 발달과 복제 양 '돌리'로 대표되는 여러 유전공학기술의 개발, 그리고 2000년대 초반 인간 게놈 프로젝트의 완료 등의 흐름을 따라 바이오기술은 발전해왔다. 헬스케어 분야, 농·식품 분야, 에너지 분야, 환경 분야 등 다양한 분야의 기반 기술로써 활용되는 바이오 기술의 가능성은 무궁무진하다고 볼 수 있다.

그중에서 가장 주목받는 분야는 단연 의약품 분야이다. 인간의 수명이 연장되고, 세계 각국이 고령화 사회로 진입하면서 희귀 질환과 만성 질환 환자들이 늘어나게 되었고 이들을 치료하기 위한 의약품의 수요가 증가하였다. 뿐만 아니라 세계는 점차 단순히 생명을 연장하고 병을 치료하는 것에서 나아가 삶의 질을 높이는 것을 추구하기 시작했다. 이러한 삶의 질 향상에 가장 핵심적인 요소는 바로 '예방'이다. 질병에 걸리지 않고 건강한 삶을 유지하는 것이야말로 행복의 최우선적인 조건으로 바라보게 된 것이다.

이러한 시대적 배경 속에서 세계 유수의 제약사들은 맞춤 의약품으로의 활용도가 높고, 희귀 질환 치료 가능성이 있으며, 예방 효과가 뛰어난 다양한 바이오 의약품을 내놓기 시작하였다. 우리나라에서도 이러한 흐름을 따라 많은 제약사들이 바이오의약품 분야의 다양한 제품 개발에 뛰어들었으며, 그 결과 많은 바이오의약품들을 개발 및 판매 중이다. 매년 바이오의약품 시장은 국내, 국외 할 것 없이 성장 중이며, 각 회사의 신약 파이프라인 목록도 늘어가고 있다. 머지않아 바이오의약품이 전통적인 화학합성의약품을 대체할 것이라는 낙관적인 예측도 나오고 있다.

그러나 바이오의약품 시장 역시 여러 한계점과 위험성을 가지고 있다. 보다 많은 투자비용과 높은 개발 난이도, 복잡한 승인 절차 등은 바이오의약품 시장에 투자하기를 망설이게 만드는 대표적인 요인이다. 특히 우리나라의 바이오의약품 시장은 바이오시밀러(바이오의약품 복제품) 위주의 시장이 형성되어 있기 때문에 오리지널 바이오의약품 개발 제약사에서 특허 관련 시비를 제기할 경우 해당 주가가 요동칠 가능성이 높다. 뿐만 아니라 2016년 한미약품 사태에서도 볼 수 있듯이 신약 개발 자체의 높은 난이도와 많은 변수 역시 바이오의약품 분야에 투자하는 것을 망설이게 하는 요인이다.

그러나 리스크가 클수록 더 큰 수익을 얻을 수 있는 법. 바이오 의약품 산업 전반을 냉철히 분석하고, 분야별 현황과 전망을 꼼꼼히 공부하다 보면 불확실성이 넘쳐흐르는 이 바이오산업의 바다에서 큰 수익이라는 진주를 캘 수 있을 것이다.

이 책은 바이오의약품 산업 시장과, 관련 산업 기술에 관한 내용을 바탕으로 관련 기업들을 분석하였다. 우리는 먼저 바이오의약품이 무엇인지, 또 바이오의약품의 범주에 포함되는 의약품의 종류에는 어떤 것들이 있는지 알아볼 것이다. 또한 바이오의약품을 제조할 때 실제로 사용되는 기술의 원리에 대해서도 살펴보겠다. 그 후, 바이오의약품 산업 시장 전반을 분석한 다음, 국내에서 현재 주목받고 있는 바이오의약품 분야 들을 살펴볼 것이다.

각 기업을 추천하는 데 있어 가장 고려한 점은 장기 성장 가능성이었다. 본 서에서 추천하는 기업들은 어쩌면 단점이 존재하고 결함을 가지고 있을 수도 있다. 하지만, 우리가 파악하고자 하는 측면은 기업의 '장기적인 성장'이다.

우리가 기업을 선택한 요인은 다음과 같다. 1) 고정적인 매출을 가지고 있어 안정적인 개발이 가능한지 2) 성장을 초점에 두고 연구개발에 중점을 두어 성장의 가능성이 큰 회사인지 3) 매출이 수익으로 환원되는 비율이 괜찮은지 등이다.

물론, 정보에는 비대칭이라는 것이 존재하기 때문에 오류가 있을 수도 있다는 것에는 동의한다. 하지만, 우리는 '기술을 통해 주식을 배운다.'라는 본질에 충실하여야 한다고 생각했고 이러한 기술적 측면과 재무적 측면을 결합하는데 집중하였다.

가. 바이오의약품의 개념[1)]

바이오의약품(biomedicine)이란 사람을 비롯한 생물체에서 기원한 물질을 원료 또는 재료로 하여 제조한 의약품을 말하며, 생체의약품 이라고도 한다. 제조 시에는 재조합 DNA 기술을 응용하여 미생물 세포·배양조직세포에서 대량으로 생산하며, 생물유래물질을 이용하 므로 고유의 독성이 낮으며 난치성 또는 만성질환에 뛰어난 효과를 가진다.

바이오의약품은 국가별로 그 정의가 다른 측면이 있지만, 한국의 경우 약사법령 중 「식품의약품안전고시 생물학적제제 등의 품목허 가·심사 규정」 제2조에 따라 '생물의약품'으로 정의하고 있다.

국가 (규제기관)	바이오의약품 용어 및 정의
미국 (FDA)	• [Biological products] 사람의 질환 또는 건강상태 (disease or condition)를 예방, 치료(treatment), 완치 (cure) 하기 위해 사용할 수 있는 제품 • [HCT/P] 인체 세포, 조직 또는 세포유래, 조직유래 제 품이란 수령자에게 implantation, transplantation, infusion or transfer 하기 위한 인체 세포나 조직으로 구 성되거나 포함하는 제품
유럽 (EMA)	• [Biological medicinal products] 활성 성분이 생물학 적인 물질을 포함하는 제품으로 생물학적인 물질은 생물학 적 원료로부터 추출되거나 생물학적인 원료에 의해 생산된

---

1) 바이오의약품 산업동향 보고서, KoBIA, 2018.12

	것을 말하며, 그것의 품질을 결정하거나 특성을 부여하고 또한 생산하고 관리하는 과정에서 생리 화학적 시험과 생물학적 시험을 필요로 하는 물질로 정의 • [ATMPs, Advanced Therapy Medicinal Product] 유전자 치료 의약품, 체세포 치료 의약품, 조직 공학 제제
일본 (PMDA)	• [생물유래제품 (生物由來製品, Biological products)] 사람 그 외의 생물(식물 제외)에 유래하는 것을 원료 또는 재료로서 제조하는 의약품, 의약부외품, 화장품 또는 의료 기기 중 보건 위생상 특별한 주의를 필요로 하는 것으로서 후생노동 대신이 약사 · 식품위생 심의회의 의견을 들어 지정하는 것 • [특정생물유래제품(特定生物由來製品, Specified biological products)] 생물유래제품 중 판매, 대여, 수여 후 해당 생물 유래 제품에 의한 보건위생상의 위해 발생 또는 확대를 방지하기 위한 조치를 강구할 필요가 있는 것으로, 후생노동대신이 약사 · 식품위생 심의회의 의견을 들어 지정하는 것을 말함 • [재생의료 등 제품(再生医療等製品)] 다음의 의료 또는 수의료에 사용되는 것이 목적인 물품 중 인간 또는 동물의 세포를 배양하거나 가공한 것 가) 인간 또는 동물의 신체 구조 또는 기능의 재건, 복원 또는 형성 나) 인간 또는 동물의 질병 치료 또는 예방

[표 1] 주요 국가별 바이오의약품 정의

'바이오의약품(생물의약품)'이란 사람이나 다른 생물체에서 유래된 것을 원료 또는 재료로 하여 제조한 의약품으로서 보건위생상 특별한 주의가 필요한 의약품을 말한다. 또한, 생물학적제제, 유전자재조합의약품, 세포배양의약품, 세포치료제, 유전자치료제, 기타 식품의약품안전처장이 인정하는 제제를 포함한다.

구분	정의	관계 법률 및 규정
의약품	• 대한민국 약전에 실린 물품 중 의약외품이 아닌 것 • 사람이나 동물의 질병을 진단·치료·경감·처치 또는 예방할 목적으로 사용하는 물품 중 기구·기계 또는 장치가 아닌 것 • 사람이나 동물의 구조와 기능에 약리학적 영향을 줄 목적으로 사용하는 물품 중 기구·기계 또는 장치가 아닌 것	「약사법」 제2조4호
바이오의약품	• 사람이나 다른 생물체에서 유래된 것을 원료 또는 재료로 하여 제조한 의약품으로서 보건위생상 특별한 주의가 필요한 의약품을 말하며, 생물학적제제, 유전자재조합의약품, 세포배양의약품, 세포치료제, 유전자치료제, 기타 식품의약품안전처장이 인정하는 제제를 포함함	「생물학적제제 등의 품목허가·심사 규정」제2조

[표 2] 의약품 및 바이오의약품 정의

바이오의약품은 일반적으로 합성의약품에 비해 크기가 크고, 복잡한 고분자 구조를 가지고 있으며, 생물체를 이용하여 복잡한 제조공정을 거쳐야 되므로 변화에 민감하다. 대부분의 합성의약품은 경구 투여 방식이지만 바이오의약품은 단백질을 이용해 제조된 의약품으로 경구 투여 방식을 취하면 소화가 되어 약효를 발휘하기 어려워 정맥이나 근육에 주사하는 방식으로 투여된다.

바이오의약품은 경구 투여하는 합성의약품 보다 부작용이 적다는 장점을 갖고 있으며, 임상 성공률이 높고, 희귀성 난치성 만성 질환의 치료가 가능하다. 복제약의 경우, 합성의약품은 화학물질의 합성 비율을 알면 쉽게 제조가 가능한 반면 바이오의약품은 배양기술과 환경, 방법에 따라 전혀 다른 물질이 나올 수 있는 가능성이 있어 복제가 쉽지 않다. 바이오의약품의 복제(바이오시밀러)는 합성의약품의 복제보다 고도의 기술력이 요구되기 때문에 오리지널의약품 대비 가격이 합성의약품의 복제약(제네릭) 보다 더 높은 시장 가격이 인정되고 있다.

	합성의약품	(첨단)바이오의약품
원료	합성화학물질	생물체 유래물질 (세포, 조직, 유전물질 등)
원료의 고려사항	품질(시험분석으로 확인 가능)	시험분석으로 확인 가능한 품질 외에 공여(기증)자의 동의 등 윤리성, 감염질환 확인 등 안전성 확보 필요
구조	물리화학적 특성이 명확한 저분자 구조	정확한 특성 분석이 불가능하고, 활성과 구조가 일정하지 않음
제품의 안전성	대부분 온도·빛 등 환경에 안정적	온도·빛·pH 등 외부 환경에 민감, 미생물 오염에 취약
	대부분 36개월	(세포치료제 사례) 대부분 3일 이내 (유전자치료제 사례) 영하 135℃에서 24개월
제조	간단한 화학적 합성으로	복잡한 제조과정의 맞춤형 소량

	대량생산	생산
	원료, 공정, 설비변화가 품질에 영향이 비교적 적음 (제조공정의 변이성이 매우 낮음)	원료, 공정, 설비의 변화가 의약품 자체를 변화 (제조공정의 변이성이 매우 높음)
	상대적으로 복제가 쉽고 낮은 제조비용	복제가 불가능하고 높은 제조비용
치료효과	비교적 명확한 약리기전, 대다수 사람에게 일관적 효과 기대	(세포치료제)약리기전이 불확실 (유전자치료제)복합적인 기전 환자에 따른 맞춤형 치료 가능
치료효과	대부분 질병의 증상개선에 그침	질병의 근본적인 원인치료 가능
안전성	약물 특이적이거나 약물 대사와 관련된 이상 반응	생물체 유래물로 고유독성은 낮으나 면역 거부 반응, 종양발생 등의 이상반응이 있음. 특히 장기 안전성 결과는 매우 부족
비임상 시험	동물 시험을 통하여 약물의 독성 및 효과를 예측 가능	동물 시험으로 인체결과를 예측하는데 한계
투약방법	대부분 경구·주사 등 일반적 투여경로	대부분 주사 또는 주입, 이식 등 시술을 동반한 투여

[표 3] 합성의약품과 바이오의약품 비교

화학물질로 이루어져 있으므로 다수의 환자 군에게 폭 넓게 사용할 수 있는 화학합성 의약품과 달리, 바이오의약품은 특정 환자 군을 타깃으로 하는 만큼 특정 적응증에 효과적이고 부작용이 적다.

바이오의약품의 첫 기원은 1909년에 독일의 면역학자인 에를리히 (Paul Ehrlich)가 수행한 연구이다. 에를리히는 매독 균만 선택적으로 배양할 수 있는 화학물질을 합성하는 데 성공하였으며, 이를 이용한 매독 치료제는 첫 맞춤의약품으로 평가받는다.

1973년에는 코헨(Stanley Cohen)과 보이어(Herbert Boyer)가 최초의 재조합 DNA인 박테리아 플라스미드(plasmid)를 유전자 재조합하는데 성공하였다.

그 후 1982년에 일라이릴리앤드컴퍼니(Eli Lilly & Company)에서 재조합 인슐린인 휴뮬린(Humulin)을 출시하였고, 이어서 재조합 성장호르몬인 프로트로핀(Protropin), 재조합 인터페론인 인트로에이(Intron-A), 빈혈치료제인 에포젠(Epogen) 등의 바이오의약품이 출시되었다.

1975년에 밀스테인(César Milstein)과 퀼러(Georges Köhler)가 하이브로도마 기법을 통해 단일클론 항체 생산에 성공하였는데, 단일클론 항체의 경우 하나의 표적 항원에만 결합하는 특성 때문에 맞춤의약품에 가장 적합한 모델로 평가받고 있으며, 이에 대한 연구역시 활발하게 이루어지고 있다.

바이오의약품의 분자량은 생체 구성 물질을 베이스로 한 만큼 매우 큰 편이며 다차원적인 구조를 가진다. 결합된 당이나 지질의 함량, 전위에 따라 다양한 이성체가 존재하며, 단백질의 특성에 따라 다양한 불순물이 포함될 수 있다. 또한 구조가 복잡한 만큼 분석이 어려운 편이다.

바이오의약품의 품질, 안전성, 효능은 다양하고 미세한 변수에 의해서도 큰 영향을 받는다. 생산시설, 제조지, 생상공정 등의 작은 차이에 의해서도 다양한 결과물이 생산될 수 있으며 불순물의 종류 및 함량, 이성체의 종류 및 조성, 결합된 당 및 지질의 종류 및 함량에 의해서도 영향을 받는다. 따라서 완전히 동일한 뱃지(Badge[2])를 재현하기가 어렵다.

이렇게 바이오의약품이 가지는 다변성 때문에 대조의약품과의 품질 비교 시험 결과가 유사하면 전임상, 임상시험을 건너뛸 수 있는 화학합성의약품과 달리 바이오의약품은 전임상, 임상시험에서 반드시 안전성이 확인되어야 한다.

---

2) 제조용으로 여러 가지 성분을 조합한 혼합물

나. 바이오의약품의 종류
1) 생물학적 제제

생물학적제제란, 생물체에서 유래된 물질이나 생물체를 이용하여 생성시킨 물질을 함유한 의약품으로서 물리적·화학적 시험만으로는 그 역가와 안전성을 평가할 수 없는 백신·혈장분획제제 및 항독소 등을 말한다.[3]

가) 백신

백신은 특정 질병에 대한 면역력을 강화시킬 목적으로 투여하는 항원 단백질 또는 미생물체이다. 병을 일으킬 만큼 독성이 강하지는 않지만, 면역반응을 일으키기에는 충분한 병원체를 투여하여 차후에 이 병원체가 실제로 감염되었을 때 2차 면역을 일으켜 더 쉽게 이겨낼 수 있게 한다.

백신은 크게 병원균의 배양 조건이나 유전공학적 변이를 통해 병원체의 독성을 줄인 약독화 백신과 화학적 처리나 열을 가해 독성을 없앤 불활성화 백신, 병원균의 일부 단백질이나 다당체 또는 핵산을 이용한 서브유닛백신, 박테리아에서 만들어내는 독소를 불활성시킨 변성독소 백신 그리고 다당체와 단백질을 화학적으로 결합시킨 접합백신으로 나눌 수 있다. 현재 세계보건기구(WHO)의 가용백신 목록에는 디프테리아, 파상풍, 백일해, B형 간염 등 26종이 포함되어 있다.

---

3) 생물학적제제등 제조 및 품질관리기준 (의약품 등의 안전에 관한 규칙 별표3)

전통적인 백신 기술이외에도 병원균이나 바이러스의 DNA를 포함한 플라스미드를 몸 안에서 항원으로 발현하게 디자인한 DNA 백신과 예방목적의 백신 개념을 넘어 질병 치료를 목적으로 한 다수의 암이나 에이즈의 치료백신 후보들도 개발과 임상시험 단계에 있다.

종류	제품명
인플루엔자백신	박시그라프주, 인플로코박스주, 지씨플루주
대상포진생바이러스백신	조스타박스주
A형간염백신	아박심주, 하브릭스주
B형간염백신	유박스비주, 헤파뮨프리필드시린지, 헤파박스진주
인유두종바이러스백신	가다실프리필드시린지, 서바릭스프리필드시린지
로타바이러스백신	로타릭스프리필드, 로타텍액 [4]
폐렴구균백신	프리베나13주, 프로디악스-23

[표 5] 백신의 종류

---

4) http://blog.naver.com/h2hiro28/220143843595

나) 혈장분획제제

혈장분획제제는 혈장에 함유되는 알부민, 면역 글로불린, 혈액응고인자 등을 분리 정제한 주사제를 말하며, 알부민제제, 면역글로불린제제, 혈액응고인자제제 등이 이에 속한다.

알부민제제는 삼투압을 유지하기 위해 사용하는 제재로, 원료의 유한성 및 특성을 감안해야 하고, 자국의 혈액을 우선 이용해야 하기 때문에 국내에서는 대한적십자사가 공공성을 가지고 관리하고 있다.

면역글로불린제제는 항혈청에서 다중클론성인 면역글로불린을 정제한 제제를 말한다. 면역글로불린제제에는 면역글로불린 대량요법에서 사용하는 보통 면역글로불린부터 특정 항원에 대한 항체가가 높은 것까지 여러 종류가 있다. 저감마글로불린혈증, 특발성혈소판감소성자색반병, 가와사키병 치료시 면역글로불린을 사용한다

혈액응고인자제제는 지혈제에 포함되는 것으로, 피브리노겐 제VIII인자(항 혈우병 A), 제IX인자(항 혈우병 B) 및 혈전증 예방에 필요한 안티트롬빈 III 등이 있다.

성분	제품명
사람 혈장유래성분 함유 복합제제	티씰
건조농축 사람항트롬빈 III	안티트롬빈 III주
사람혈청알부민	녹십자알부민주 20%
항파상풍 사람면역글로불린	테타불린에스엔주
클로스트리디움 보툴리눔 독소A형	메디톡신주
디프테리아 및 파상풍 혼합 독소	티디퓨어주 5)

[표 5] 혈장분획제제 및 항독소의 종류

5) http://blog.naver.com/h2hiro28/220143843595

2) 재조합 단백질 의약품

재조합 단백질 의약품은 유전자조작기술을 이용하여 제조되는 펩타이드 또는 단백질을 성분으로 하는 의약품이다. 제조기술에 따라 유전자재조합의약품과 세포배양의약품으로 구분된다.

재조합 단백질 의약품은 유전자조작 기술을 이용하여 치료용 펩타이드나 단백질을 합성하는 유전자를 만들고 이를 대장균, 효모, CHO 세포 등에 삽입시킨 후 배양하여 원하는 성분을 대량생산한 후, 정제과정을 거쳐 순수한 단백질만을 분리해낸 의약품이다. 1982년에 최초의 재조합 인슐린이 출시된 이후성장호르몬, EPO(에리스로포이에틴) 등 다수의 재조합 단백질 의약품이 출시되었다.

가) 성장인자

성장인자 관련 제품으로는 암젠사에 의해 빈혈치료제로 개발된 EPO(erithropoietin, 상품명 에포젠)를 비롯하여 여러 제약회사에 의해 개발되어 승인된 다수의 재조합 단백질 제품이 있다. EPO 관련 제품이 주를 이루고 있으나 GMCSF와 G-CSF도 미국에서 판매가 승인되었다.

나) 호르몬

재조합 호르몬 단백질 의약품에는 크게 인슐린과 성장 호르몬 관련 제품이 있다. 인슐린은 재조합 DNA 기술을 이용해서 만들어진 최초의 단백질 의약품이며, 성장호르몬은 제넨텍사에 의해 프로트로핀이라는 이름으로 상품화가 이루어진 후 여러 제약회사에 의해 개발, 판매되고 있다. 이 밖에도 여포자극호르몬, 글루카곤 등 다양한 호르몬 관련제품이 출시되었다.

다) 효소

다양한 종류의 효소가 혈전용해제, 항응고제, 항암제 등 여러 가지 용도로 개발되어 사용되고 있다. 혈전용해제로 광범위하게 사용되고 있는 스트렙토키나제는 플라스미노겐과 특이적으로 결합함으로서 혈전 용해작용을 하는 것으로 알려져 있다.

풀모자임은 재조합 디엔에이즈로서 낭포성 섬유증 환자의 폐에 침투한 미생물의 작용에 의해 분비된 다량의 DNA를 분해시킴으로써 호흡기 장애를 감소시킨다.

세레데이즈는 천연 글루코세레브로시데이즈로서 가우셔 질환에 걸린 환자의 여러 증상을 완화시킨다. 개발 초기에는 태반으로부터 효소를 직접 추출하여 생산되었으나, 이후 CHO 세포주를 이용하여 생산된 재조합 글루코세레스로시데이즈가 개발되어 세레자임이라는 상품명으로 판매되기 시작하면서 보다 많은 환자들이 이용할 수 있게 되었다.

분류	성분	제품명
싸이토카인	재조합 에리스로포이에틴	에포카인프리필드주
	재조합 인간인터페론베타-1a	레비프프리필드주사
	페그인터페론알파-2a	페가시스주
호르몬	필그라스팀	그라신프리필드시린지주
	소마토트로핀	그로트로핀투주, 유트로핀주
	인슐린 글라진	란투스주솔로스타, 란투스주바이알
	인슐린 리스프로	휴마로그주
	태반성성선자극호르몬(hCG)	프레그닐주
	폴리트로핀알파	고날에프주, 고날에프펜주
생체내인자 및 효소	재조합 혈액응고인자 VIIa	노보세븐알티주
	재조합 혈액응고인자 IX	베네픽스주
	이미글루세라제	세레자임주

[표 7] 재조합 단백질 의약품의 종류와 상품

6)

---

6) http://blog.naver.com/h2hiro28/220143843595

3) 항체 의약품[7][8]

항체 의약품은 항원-항체 반응을 이용하여 특정질병과 관련된 하나의 항원 단백질에 특이적으로 결합하는 단일클론항체(monoclonal antibody)를 유효성분으로 하는 의약품을 의미한다.

단일클론항체는 세포 표면의 항원과 결합하여 세포 독성을 통해 효과를 나타내기도 하고, 싸이토카인이나 케모카인과 결합함으로써 체내 신호 전달을 차단하여 작용하기도 한다.

항체 의약품은 적응증의 범위가 넓어 종양, 자가면역질환, 감염질환, 전염성 질환, 순환계 질환, 신경계 질환 등 다양한 종류의 질환에 적용될 수 있다. 2021년 기준 전 세계 판매 Top 10 의약품 중 항체 의약품이 거의 대다수일 정도로 항체 의약품에 대한 기대는 크다.

---

7) 다양한 종류의 바이오 의약품으로 알아보는 바이오산업 현황, LG 케미토피아, 윤수영, 2016. 11.
8) http://blog.naver.com/h2hiro28/220143843595

순위	제품명	개발사	2021년도 매출	분류
1	코미나티	화이자,바이오엔테크	368억	코로나19백신
2	휴미라	애브비	207억	자가면역질환 치료제
3	스파이크백스	모더나	177억	코로나19백신
4	키트루다	MSD	172억	면역항암제
5	엘리퀴스	BMS	167억	항응고제
6	레블리미드	BMS	128억	혈액암 치료제
7	임브루비카	애브비,J&J	98억	혈액암 치료제
8	스텔라라	j&J	91억	자가면역질환 치료제
9	아일리아	바이엘,레제네론	89억	황반변성 치료제
10	빅타비	길리어드	86억	HIV 치료제 [9]
Total			1,583억	

[표 8] 전 세계 매출 10위 의약품

9) 데일리팜 '코로나 백신-치료제 약진…세계 의약품시장 지각변동'

4) 세포 치료제[10][11]

세포 치료제란 살아있는 자가, 동종, 이종 세포를 체외에서 배양·증식하거나 선별하는 등 물리적, 화학적, 생물학적 방법으로 조작하여 제조하는 의약품을 말한다. 다만, 의료기관 내에서 의사가 자가 또는 동종세포를 당해 수술이나 처치 과정에서 안전성에 문제가 없는 최소한의 조작(생물학적 특성이 유지되는 범위 내에서의 단순분리, 세척, 냉동, 해동 등)만을 하는 경우는 제외한다.

세포치료제는 사용되는 세포의 기원에 따라 다음과 같이 구분된다.

① 자가 유래 세포치료제
자가유래 세포치료제는 본인으로부터 적출된 세포나 조직을 다시 본인이 이식받기 위해 공정처리되어 만들어진 세포치료제다.

② 동종동계유래 세포치료제
동종동계유래 세포치료제는 본인과 동일한 유전자를 지닌 타인(일란성쌍둥이 등)으로부터 적출된 세포나 조직을 다시 본인이 이식 받기 위해 공정 처리되어 만들어진 세포치료제다.

③ 동종유래 세포치료제
동종유래 세포치료제는 어떤 사람으로부터 적출된 세포나 조직을 다른 사람에게 제공하기 위해 공정처리되어 만들어진 세포치료제다.

---

10) 첨단바이오의약품 허가심사체계, 식품의약품안전처 세포유전자치료제과 최경숙, 2016
11) http://blog.naver.com/h2hiro28/220143843595

④ 이종유래 세포치료제

이종유래 세포치료제는 사람이외의 종으로부터 적출된 세포나 조직을 사람에게 제공하기 위해 공정처리되어 만들어진 세포치료제다.

분류	성분	제품명
조직세포	자가유래 연골세포	콘드론
	자가유래 뼈세포	알엠에스오스론
	자가유래 피부각질세포	홀로덤
면역세포	자가유래 활성화림프구	엔케이엠주
	자가유래 활성화티림프구	이뮨셀엘씨주
성체줄기 세포치료 제	동종제대혈유래 중간엽줄기세포	카티스템
	자가골수유래 중간엽줄기세포	하티셀그램에이엠아이
	자가지방유래 중간엽줄기세포	큐피스템주 [12]

[표 9] 세포치료제 성분에 따른 상품의 예

---

12) http://blog.naver.com/h2hiro28/220143843595

- 27 -

5) 유전자치료제[13)

유전자 치료제는 질병치료를 위해 인체에 투입하는 유전물질 또는 유전물질을 포함하고 있는 의약품을 말한다. 유전자치료제는 유전자 조작기술을 이용하여 치료유전자(gene)와 운반체(vector)를 결합시킨 것으로, 결핍 혹은 결함이 있는 유전자를 분자 수준에서 교정할 수 있어 단일 유전자 질환 및 암 등의 치료와 예방에 활용 가능성이 높다.

최초의 유전자치료제는 2003년 중국에서 허가 받은 'Gendicine'이다. 유럽에서는 2012년 Glybera, 미국에서는 2015년 Imlygic이 최초로 허가를 받았다. 2000년 이후 국내 허가 세포치료제는 15건으로 모두 국내 제조 의약품이며, 허가 유전자 치료제 3건은 모두 수입 의약품으로 확인됐다. 2021년에는 한국노바티스의 킴리아, 졸겐스마, 럭스터나 등 3개 의약품이 허가됐다.[14)

식품의약품안전처에서는 유전자치료제의 허가범위를 아래와 같이 한정하고 있으며, 허가범위에 해당되더라도 사람 생식세포의 유전적 변형을 통하여 치료하는 등 윤리적 문제가 우려되는 유전자치료제는 허가하지 않는다.

---

13) 첨단바이오의약품 허가심사체계, 식품의약품안전처 세포유전자치료제과 최경숙, 2016
14) MedicalTimes 'CAR-T가 주도하는 세포·유전자치료제…연 평균 49.5% 성장'

유전자치료제의 허가범위

1. 유전질환, 암, 후천성면역결핍증 및 기타 생명을 위협하거나 심각한 장애를 초래하는 질환의 치료제의 경우
2. 위 질환으로의 진행을 억제하는 치료제 등 기타 식품의약품안전처장이 질병예방이나 치료를 위하여 필요하다고 인정하는 경우
3. 현재 이용 가능한 치료법이 없거나, 유전자치료제가 현재 이용 가능한 다른 치료법과 비교하여 안전성·유효성이 명백하게 개선된 경우

[표 10] 유전자치료제의 허가범위

허가 년도	제품명	기업명	적응증
2003	Gendicine	Shenzen SiBiono GeneTech (중국)	두경부암
2004	RIGVIR	Aina Muceniece (라티비아)	흑생종
2005	Oncorine	Shanghai Sunway (중국)	두경부암
2007	Rexin-G	Epeius Biotechologies (필리핀)	전이성 악성 종양
2011	Neovasculge n	Human Stem Cell Institute (러시아)	중증 하지허혈증
2012	Glybera	UniQure (네덜란드)	지단백지질 분해효소 결핍증
2015	Imlygic	Amegen (미국)	악성흑색종
2017	KYMARIAH	Novartis(미국, EU, 영국, 일본, 호주, 캐나다, 한국)	혈액암
2017	YESCARTA	Kite Pharma(미국, EU, 영국, 일본, 캐나다, 중국)	
2017	LUXTURNA	Spark Therapeutics(미국, EU, 영국, 호주, 캐나다, 한국)	레트리니티 눈병증
2019	ZOLGENSMA	Novartis(미국, EU, 영국, 일본, 호주, 캐나다, 브라질, 이스라엘, 대만, 한국)	SMA대상 유전자치료
2020	TECARTUS	Kite Pharma(미국, EU, 영국)	
2021	ABECMA	BMS(미국,캐나다, EU, 영국, 일본)	CAR-T
2021	BREYANZI	BMS(미국, 일본)	
2022	CARVYKTI	Legend Biotech(미국, EU)	면역항암제
2022	ZYNTEGLO	bluebird bio(미국, EU)	헤모필리아 B

[표 10] 유전자 치료제 허가 목록

15)

---

15) ZDNET Korea '美FDA, 유전자치료제 '진테글로' 허가…럭스터나·졸겐스마 이어
　세 번째'

6) 바이오시밀러[16][17]

바이오시밀러는 특허가 만료된 오리지널 바이오 의약품과 품질 및 비임상, 임상 동등성이 입증된 복제약을 의미한다. 바이오 의약품의 발전으로 많은 질병에 대해 효과적이고 안전한 치료가 가능해졌지만 바이오 의약품의 높은 가격은 부담이 되었다.

특허가 끝난 바이오 의약품을 더 저렴한 비용으로 제공하는 바이오시밀러는 의료비 절감을 통해 국민건강과 복지증진에 크게 기여하고 있다. 미국 의료개혁 정책에서는 바이오 복제약 도입에 따른 의료비 감소분을 71억 달러로 추정하고 있다. 또한 수명연장, 암·만성질환·전염병 등이 확산되고 있는 현대사회에서 바이오시밀러의 출시로 건강수명 또한 크게 연장될 것으로 기대된다.

가) 바이오의약품과 제네릭의약품의 비교[18]

바이오시밀러는 화학합성의약품의 복제약인 제네릭에 비해 개발하는데 높은 기술력과 오랜 시간 그리고 많은 비용을 필요로 한다. 화학합성의약품과 비교할 때 바이오의약품은 훨씬 복잡한 결정구조를 가지며, 이는 제네릭과 바이오시밀러 개발 및 생산과정에서 기술적 난이도를 높이는 데 기여한다.

① 유효성분
제네릭의약품은 신약과 동일한 유효성분을 포함하고 있어 유효성

---

16) 다양한 종류의 바이오 의약품으로 알아보는 바이오산업 현황, LG 케미토피아, 윤수영, 2016. 11.
17) http://blog.naver.com/h2hiro28/220143843595
18) 셀트리온 홈페이지 https://www.celltrion.com/ko-kr/home/index

· 안전성이 신약과 동일한 반면, 바이오의약품은 제조원료 또는 최종산물인 세포, 유전자, 단백질 등이 신약과 완전히 동일할 수 없으므로 효능이나 안전성 또한 신약과 동일하다고 볼 수 없다. 이러한 이유 때문에 바이오의약품의 제네릭의약품을 칭할 때에는 Biosimilar(유사-바이오의약품) 또는 Follow-on Biologics(후발-바이오의약품)이라는 용어가 사용된다.

② 신약과의 동등성 입증방법

제네릭의약품의 경우, 비교적 간단한 시험인 생물학적동등성시험, 비교용출시험, 비교붕해시험과 같은 의약품동등성시험을 통해 신약과의 동등성을 입증할 수 있다. 그러나 바이오시밀러는 특성분석시험, 비임상시험, 임상시험의 결과를 비교·평가함으로써 신약과의 동등성을 입증하여야 한다.

③ 해당제품의 범위

합성의약품은 특성분석이 용이한 편이기 때문에 대부분 제네릭의약품 개발이 가능하다. 그러나 바이오의약품은 유전자, 줄기세포 등 주성분의 특성분석이 어려워 제네릭개발이나 동등성 입증 또한 어려운 경우가 많다. 식품의약품안전처에서 제공하는 '동등생물의약품 평가 가이드라인'은 원칙적으로 모든 바이오의약품에 적용될 수 있으나, 실제적으로는 특성분석이 잘된 단백질을 주성분으로 포함한 제품에 한하여 적용이 가능하다.

화학합성의약품 복제약 제네릭	단백질의약품 복제약 1세대 바이오시밀러	항체의약품 복제약 2세대 바이오시밀러
화학식만 알면 동일한 약품의 복제가 쉽게 가능	세포의 배양 조건, 정제 방법 등에 의해 최종 산물의 특성이 달라 동일하게 제조하는 것이 불가능하므로 유사하다(Similar)는 표현을 사용하여 '바이오시밀러'라 명칭	
화학공정을 통해 빠르고 저렴하게 복제 가능	분자 구조가 단순해 낮은 비용으로 비교적 쉽게 제품 개발 가능	분자 구조가 복잡해 개발이 어렵고 막대한 글로벌 임상비용으로 진입 장벽이 높음
개발 소요기간 2~3년	개발 소요기간 3~5년	개발 소요기간 5~10년
개발비용 200억~300억원	개발비용 1,000억~1,500억원	개발비용 3,000억원 이상 [19]

[표 11] 제네릭, 1세대 바이오시밀러, 2세대 바이오시밀러 비교

19) 셀트리온 홈페이지 https://www.celltrion.com/ko-kr/home/index

용어 요약

- **바이오의약품**

  생물체 유래 물질을 원료로 제조한 고분자량의 의약품. 생물 공정으로 생산하며, 고유의 독성이 낮고, 난치성 또는 만성질환에 효능이 뛰어남. 생체의약품이라고도 함.

- **화학합성 의약품**

  화학적 합성반응을 통해 생산하는 저분자량의 의약품.

- **생물학적제제**

  생물체 유래된 물질이나 생물체를 이용하여 생성시킨 물질을 함유한 의약품. 백신, 혈장분획제제 및 항독소 등.

- **백신**

  특정 질병에 대한 면역력을 강화시킬 목적으로 투여하는 항원 단백질 또는 미생물체. 발병할 만큼은 아니나 면역반응을 유도할 수 있을 정도의 독성을 가진 병원체를 투여하여 차후에 이 병원체가 실제로 감염되었을 때 병이 나지 않도록 함.

- **혈장분획제제**

  장에 함유되는 알부민, 면역 글로불린, 혈액응고인자 등을 분리 정제한 주사제를 말함.

- **재조합 단백질 의약품**

  유전자 재조합 기술을 이용하여 제조되는 펩티드 또는 단백질을 성분으로 하는 의약품.

- **항체 의약품**

  단일클론항체를 유효성분으로 하는 의약품. 다양한 종류의 질환에 적용될 수 있으며, 현재 가장 각광을 받고 있는 바이오의약품 중에 하나임.

- **세포 치료제**

  살아있는 세포를 체외에서 조작하여 제조하는 의약품. 사용되는 세포의 기원에 따라 자가 유래 세포치료제, 동종동계유래 세포치료제, 동종유래 세포치료제 이종유래 세포치료제로 나눌 수 있음.

- **유전자 치료제**

  질병치료를 위해 인체에 투입하는 유전물질 또는 유전물질을 포함하고 있는 의약품.

- **바이오시밀러**

  특허가 만료된 오리지널 바이오 의약품과 품질 및 비임상, 임상 동등성이 입증된 복제약. 화학합성의약품의 복제약인 제네릭에 비해 많은 비용과 높은 기술력이 필요로 함.

2. 바이오의약품 산업 시장 분석

2. 바이오의약품 산업 시장 분석

가. 시장 현황
1) 국내시장
가) 규모 및 전망[20][21]

(매출액 기준, 단위 : 억 원, 명)

구 분	시장규모 (2021)	시장규모 증가분 (2022~2032)	취업유발효과 (9.28146)	생산유발효과 (1.46539)	부가가치 유발효과 (0.87133)
보건의료 분야 (37.6%)	3,008	97,704	90,683.6	143,174.5	85,132.4
금융분야 (14.6%)	26,281	91,391	84,824.1	133,923.5	79,631.7

 2021년 한국 보건산업 시장 규모는 3,008억 원을 기록했으며, 2022년부터 2032년까지 최소 3조 5553억 원부터 최대 9조 7704억 원 규모로 성장할 것으로 전망했다. 더불어 취업유발효과 3만 2998.4명~9만 683.6명, 생산유발효과의 경우 5조 2099억 원~14조 3174.5억 원, 부가가치유발효과는 3조 978.4억 원~8조 5132.4억 원의 규모가 될 것으로 예상했다.[22]

 식품의약품안전처는 지난 2021년 국내 의약품 시장규모가 코로나 19 백신·치료제의 생산·수입실적 규모 증가에 힘입어 7조 111억 원으로 2020년(3조 3,029억원) 대비 112.3% 증가해 최근 5년 중에 가장 높은 증가폭을 보였다. 2000년대 초반으로 돌아가서 글로벌 블록버스터 의약품들의 특허만료는 제네릭 의약품 중심의 국내 의

---

20) 세계 바이오의약품 산업 동향 및 전망, 한국수출입은행, 2019.07.22
21) 바이오의약품 국가 미래 신성장동력, 한국 IR 협의회, 2019.07.04
22) 의학신문 '국내 보건의료 데이터산업 2032년 9조 7704억 예상…산·정 집중 육성 필요'

약품 시장의 성장 발판이 된 동시에 기술진입 장벽이 낮은 제네릭 의약품 부문에서의 경쟁과열을 초래했다. 이에 2012년 정부는 국내 제약산업 규제강화를 위해 약가 인하정책을 시행하였으며 이후 국내 의약품 시장의 성장세가 둔화되었다.

이후, 2010년대에 들어서서 내수시장 부진 탈피를 위한 수출판로 확대와 특히 최근 바이오시밀러 수출 증가에 힘입어 2021년 의약품 수출액은 11조 3,642억 원으로 역대 최대치였고, 2020년(9조 9,648억 원)보다는 14.0% 증가한 수준이었으며, 바이오의약품 중심으로 세계 시장에서 품질을 인정받으며 최근 5년간 연평균 25.4%의 높은 성장세를 기록했다. 이러한 수출규모의 급증으로 2021년 의약품 무역수지는 2020년에 이어 2년 연속 흑자를 기록했다.23)

바이오의약품 글로벌 시장규모 및 국산 수출 규모('17년→'26년)

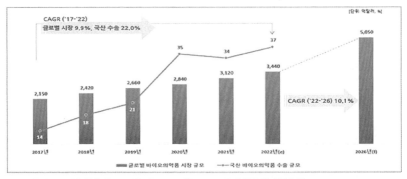

자료: 한국보건산업진흥원 재가공, EvaluatePharma, 한국무역통계진흥원

특히 글로벌 바이오의약품 시장에서 국산 바이오의약품이 지속적으로 성장하고 있다. 글로벌 바이오의약품 시장은 2022년 3440억 달러에서 오는 2026년 5050억 달러로 연평균 10.1%의 높은 성장

23) KDI경제정보센터 '2021년 의약품 시장규모 역대 최고… 전년 대비 9.6% 증가'

세를 보이며 확대될 것으로 보인다. 연 평균 성장세를 살펴보면 2017년부터 2022년까지 9.9% 수준으로 성장을 기록했으며 오는 2026년까지 평균 10.1%씩 성장세를 기록할 것으로 전망된다.

국산 바이오의약품 수출은 2017년 14억 달러에서 2022년 37억 달러를 기록해 연 평균 22%씩 증가하는 것으로 분석됐다. 지난 5년간 글로벌 바이오의약품 시장은 연 평균 9.9%의 성장했는데, 여기서 국산 바이오의약품의 성장세는 연 평균 22%라는 점에서 수출 증가율이 2배 이상 상회하며 향후 지속적인 성장이 기대된다.

가장 눈에 띄는 점은 코로나19 백신과 관련 치료제 수출이 큰 폭의 증가세를 보였지만 2022년 하반기부터 감소세로 돌아섰으며, 바이오의약품(바이오시밀러)은 분기 별 역대 최고 수출실적을 달성했다.

2023년 의약품 지역별 수출 전망

(단위: 백만 달러, %)

품 목	2020년		2021년		2022년(예상)		2023년(전망)	
	금액	증가율	금액	증가율	금액	증가율	금액	증가율
의약품	6,893	36.1	7,042	2.2	8,722	23.9	10,072	15.5
북미	941	66.6	1,184	25.8	1,107	-6.5	1,302	17.6
아시아/퍼시픽	2,045	15.6	2,486	21.6	3,242	30.4	3,707	14.3
유럽	3,263	49.1	2,647	-18.9	3,406	28.7	3,954	16.1
중남미	361	14.4	390	8.2	592	51.6	690	16.6
중동/아프리카	283	23.4	335	18.4	374	11.7	419	12.1

2023년 의약품 품목별 수출 전망

(단위: 백만 달러, %)

품 목		2020년		2021년		2022년(예상)		2023년(전망)	
		금액	증가율	금액	증가율	금액	증가율	금액	증가율
의약품		6,893	36.1	7,042	2.2	8,722	23.9	10,072	15.5
완제	항병완생물성 의약품	4,194	51.7	4,479	6.8	5,390	20.3	6,407	18.9
	치료를 주목적으로하지 않는의약품및관련제품	1,004	64.0	666	-33.7	2,507	39.4	2,797	11.6
	개발및기관계용 의약품	66	-17.7	58	-11.9	703	5.6	741	5.4
	대사성 의약품	24	-9.2	30	23.8	76	29.5	77	1.4
	완제 기타[주]	13	1.5	11	-13.7	28	-4.4	30	4.8
원료		1,592	1.4	1,798	12.9	18	66.3	21	16.6

주: 신경계 감각기관용, 조직세포의 기능용 의약품 포함

여기서 백신 수출의 경우 2021년 4분기 3억5000만 달러를 기록했고, 2022년 상반기까지 3억2000만 달러를, 3분기까지 1억 달러를 기록했다. 또한 바이오의약품 수출의 경우 2021년 4분기까지 11억 달러를 기록하다가 2022년 1분기 9억4000만 달러, 2분기까지 7억 4000만 달러, 3분기까지 11억3000만 달러를 기록해 두드러졌다.

국가 별 수출을 살펴보면 유럽의 경우 34억1000만 달러를 기록해 28.7% 비중을 기록했고, 이어서 아시아/퍼시픽이 32억4000만 달러로 30.4%, 북미는 11억1000만 달러로 6.5% 비중으로 줄었다.

지역별로 2022년 10월까지 누적치를 분석해 보면 유럽은 27억 4000만 달러로 29.8%가 늘었고, 아시아/퍼시픽의 경우 26억 달러로 48.8%가 늘었다. 반면 북미는 9억 달러 규모로 7.4% 줄었다.

앞으로의 2023년은 유럽이 40억 달러로 16.1% 성장할 것으로 전망되며, 아시아/퍼시픽이 37억 달러로 14.3% 성장, 북미가 13억 달러로 17.6% 성장할 것으로 예측됐다. 유럽(터키, 이탈리아, 영국 등) 수출의 경우 바이오시밀러의 긍정적 환경 변화와 국산 바이오시밀러의 시장 확대 등으로 전년 대비 16.1% 증가할 것으로 예상된다.

또한 북미 지역은 미국 FDA 허가 신약 출시와 신규 허가 기대 이슈와 함께 바이오시밀러의 성장 지속, 다소 주춤했던 보툴리눔의 수출 회복 등이 수출 증대에 기여할 것으로 전망된다. 구체적으로는 한미약품이 항암 분야 최초로 지난 9월 FDA 허가를 획득한 롤론티스를 비롯해 유한양행 레이저티닙, 메지온(유데나필), HLB(리보세라닙) 등 국산 신약의 FDA 승인이 기대된다.

품목별로는 주로 바이오의약품, 톡신 등이 포함된 '항병원생물성 의약품'의 수출이 64억 달러로 전년 대비 18.9% 성장해 전체 의약품 수출의 63.6%를 차지할 것으로 전망된다. 블록버스터 오리지널 바이오의약품의 특허만료와 각국의 바이오시밀러 정책 변화, 국산 바이오시밀러 시장 확대, 바이오의약품 생산 능력 확대 등 국내 기업의 수출 호재로 작용할 것으로 예상된다.

다만 큰 증가세를 보인 코로나 백신과 치료제 수출액은 코로나19 엔데믹에 따라 수출 감소가 예상되지만, 변이 발생과 트윈데믹 등 다양한 변수로 인한 수출 변동도 있을 것으로 보인다. 코로나19 백신 글로벌 시장 규모는 2021년에 980억 달러에서 2026년에 820억 달러로 감소할 것으로 예상되며 전체 백신의 경우 연평균 10.2% 증가한 1492억 달러로 예측되고 있다.

보툴리눔 수출은 브라질을 중심으로 남미 지역 증가가 두드러지고 있으며, 중국 시장에서 의료·미용 수요 증가와 봉쇄령 완화에 힘입어 증가가 기대된다.

이 같이 코로나19 이후 우리 보건산업은 급격한 수출 급증 등으로 성장 가능성을 입증하고 있지만 보건산업 관련 전 세계 공급망 재편 과정에서 미국, EU 등은 개발도상국의 무역 불균형에 대응하고, 자국 산업과 일자리 보호를 위한 무역규제를 더욱 강화하고 있다.[24]

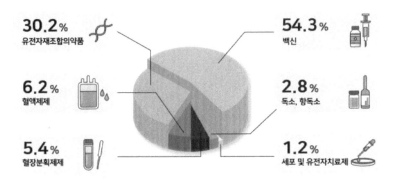

바이오의약품 제제별 시장 비율

30.2%
유전자재조합의약품

6.2%
혈액제제

5.4%
혈장분획제제

54.3%
백신

2.8%
독소, 항독소

1.2%
세포 및 유전자치료제

---

24) 데일리팜 '의약품수출 87억불로 24%↑...항병원생물성이 62% 차지'

위 그림은 국내 의약품 시장 비율이다. 유전자재조합의약품이 30.2%를 차지했는데 2022년도 41.2% 보다 비중이 줄었다. 반면 코로나19 영향으로 백신 시장 비중이 급격히 커졌다. 2020년 27.3%였던 백신 시장은 2021년 54.3%로 바이오의약품 절반 이상을 차지했다. 이어 혈액제제 6.2%, 혈장분획제제 5.4%, 독소 2.8%, 세포치료제 1.2%로 나타났다.

바이오의약품 시도별 제조소 수

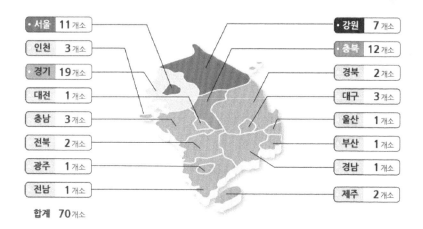

- 서울 **11**개소
- 인천 **3**개소
- 경기 **19**개소
- 대전 **1**개소
- 충남 **3**개소
- 전북 **2**개소
- 광주 **1**개소
- 전남 **1**개소

- 강원 **7**개소
- 충북 **12**개소
- 경북 **2**개소
- 대구 **3**개소
- 울산 **1**개소
- 부산 **1**개소
- 경남 **1**개소
- 제주 **2**개소

합계 **70**개소

바이오의약품 제조소는 전국 70개소가 있으며 경기도에 가장 많은 19곳이 있었다. 이어 충북에 12개소, 서울 11개소, 강원 7개소 순으로 집계됐다.

바이오의약품 임상시험 승인 현황

(2021년)

유전자재조합의약품
243건

생물학적제제
50건

세포치료제
18건

유전자치료제 등
11건

임상시험 승인 건수 합계 322건

바이오의약품 제제별 허가제품 수 현황

(2021년)

유전자재조합의약품
393건

혈액제제
195건

백신
138건

혈장분획제제
61건

독소, 항독소
40건

세포치료제 및
유전자치료제
18건

허가제품 수 합계
845건

자료: 식품의약품안전처, 2022

국내 바이오의약품 산업 Key Data 2023

　2022년에는 322건의 바이오의약품 임상시험이 승인됐다. 유전자재조합의약품 243건, 생물학적제제 50건, 세포치료제 18건, 유전자치료제 등 11건이다.

임상시험 승인 건수 합계 **322** 건

바이오의약품 제제별 허가제품 수 현황

(2021년)

유전자재조합의약품
393건

혈액제제
195건

백신
138건

혈장분획제제
61건

독소, 항독소
40건

세포치료제 및
유전자치료제
18건

허가제품 수 합계
845건

자료: 식품의약품안전처, 2022

국내 바이오의약품 산업 Key Data 2023

이에 따른 바이오의약품은 총 845개가 허가됐으며, 제제별로 보면 유전자재조합의약품이 393개, 혈액제제 195개, 백신 138개, 혈장분획제제 61개, 독소·항독소 40개, 세포치료제 18개가 허가를 받았다.[25]

---

25) HIT NEWS '인포그래픽 | 바이오의약품 7조원... 10년 새 3배 성장'

기업	주요사업	주요 제품별 시장 및 판매 허가 현황	
셀트리온	■세계적인 CMO 기업 ■재조합 단일클론항체 바이오시밀러 파이프라인에서 가장 영향력 있는 기업 (파트너사: 화이자, 니폰가야쿠, 아스펜)	램시마	미국, 유럽, 한국, 일본 등 부분의 국가에서 허가 완료
		트룩시마	유럽, 한국 허가 완료
		허쥬마	유럽 2017년 2월
삼성바이오로직스	■세계 최대의 바이오시밀러 제조역량을 보유한 CMO 기업 ■바이오시밀러 확장을 위해 7.4천억 달러 투자 (파트너사: 암젠, 로슈 등)	SB3(허셉틴 바이오시밀러)	미국, 유럽
		SB8(아바스틴 바이오시밀러)	
삼성바이오에피스	■바이오의약품 연구개발 기업 ■2016년 기준 매출액 1억 달러 달성 ■IPO 준비 중 (파트너사: 바이오젠아이덱, 머크)	베네팔리	유럽, 호주, 캐나다 허가 완료
		플릭사비	유럽, 호주, 미국 허가 완료
		렌플렉시스	

[표 13] 바이오시밀러 주요 생산기업 현황

한편, 바이오시밀러업계의 가장 큰 고민은 경쟁격화에 따른 약가 하락이다. 애브비가 유럽 일부 국가에서 '휴미라'(성분명 아달리무맙) 가격을 종전보다 80% 인하하는 등 예기치 못한 상황까지 더해졌다. 특허로 미국시장을 지키고 유럽에서 바이오시밀러들을 봉쇄해 후발주자들의 추가적인 시장진입을 차단하기 위한 전략이다.

오리지널 의약품 제조사들의 강력한 견제에도 불구하고 바이오시밀러들의 성장을 막기엔 역부족으로 보인다. 공공보험 위주인 유럽에서 바이오시밀러에 대한 인식이 나날이 개선되고 시장도 점차 확장돼서다. 고가의 글로벌 블록버스터 의약품들의 특허도 속속 풀린다. 품목 수만큼이나 시장이 커진다는 의미다.

한국 기업들에 유리한 이유는 자체적으로 대규모 생산시설을 보유했다는 것이다. 주로 위탁생산하는 해외 경쟁사들과 전혀 다른 조건이다. 셀트리온은 현재 송도에 19만리터급 바이오의약품 생산설비를 보유했다. 서 회장은 2030년까지 국내외에 생산시설을 100만 리터까지 확장하겠다고 선언했다.

삼성바이오에피스는 2대 주주인 바이오젠을 통해 의약품을 생산한다. 앞으로 여건에 따라 최대주주인 삼성바이오로직스에 위탁생산을 맡길 여지도 충분하다. 생산설비 보유 여부가 중요한 이유는 바이오시밀러의 원가경쟁력 때문이다. 설비를 보유하면 위탁생산비용을 마케팅에 투입할 수 있게 된다. 이는 점유율 확대로 이어진다.

바이오시밀러 개발 제약·바이오 기업

회사명	파이프라인	오리지널 의약품	치료질환	개발단계
LG화학	유셉트	엔브렐	자가면역질환	한국 출시
종근당	네스벨	네스프	빈혈	한국허가, 일본허가 신청
동아에스티	DA-3880	네스프	빈혈	일본허가 신청
CJ헬스케어	CJ-40001	네스프	빈혈	국내 임상3상
디엠바이오	DMB-311	허셉틴	유방암	유럽 임상3상 예정
삼천당제약	SCD411	아일리아	황반변성	미국 허가 신청 예정
알테오젠	ALT-L2	허셉틴	유방암	임상 2상
에이프로젠	플릭시진	레미케이드	자가면역질환	일본 출시

그래픽: 유정수 디자인기자

[그림 11] 바이오시밀러 개발 기업

 바이오시밀러는 바이오의약품 복제약인 만큼 출시 전부터 오리지널 의약품과 경쟁이 필연적이다. 특히 특허와 가격경쟁은 바이오시밀러 업체들이 뛰어넘어야 하는 벽이다. 큰 비용을 들여 바이오시밀러를 개발한 상태에서 특허에 막혀 출시를 못 하거나, 적정한 가격에 팔지 못할 경우 타격이 크기 때문이다.

 바이오시밀러 업체들은 이처럼 오리지널 의약품 개발사들과 특허전쟁을 치러야 한다. 오리지널 의약품 개발사들은 바이오시밀러의 시장 진입을 막기 위해 만료된 물질특허 외에 적응증, 투여방법 특허 등을 등록하는 방식으로 특허 연장 전략을 펼친다.

 바이오시밀러 출시 이후에는 가격전쟁이 기다린다. 바이오시밀러는 오리지널 의약품보다 30% 싼 가격을 내세워 시장을 공략한다. 만약 오리지널 의약품 업체가 가격을 내리면 바이오시밀러 업체들도 가격을 내리는 수밖에 없다.

구분	수출	증감률(%)	수입	증감률(%)	무역수지
2017년	136,851	28.6	104,235	14.4	32,616
2018년	155,925	13.9	121,358	16.4	34,567
2019년	128,318	-17.7	133,672	10.1	-5,354
2020년	201,907	57.3	148,766	11.3	53,141
2021년	158,738	-21.4	357,175	140.1	-198,437

[표 14] 바이오의약품 연도별 수출·수입실적

2021년 국내 바이오의약품 시장의 성장을 주도한 것은 백신으로, 백신의 시장규모는 3조 8,050억 원으로 바이오의약품 시장에서 가장 큰 비중(약 54%)을 차지했으며 2020년보다 322.3% 증가했다. 2020년 시장규모 1위였던 유전자재조합의약품은 코로나19 백신의 신규 진입으로 시장규모가 폭증한 백신에 1위를 내어 주고 2021년에는 2위를 차지했다.

바이오의약품 기업들의 인력, 투자액 등 R&D 투자 역량은 규모적으로 글로벌 기업 대비 절대적으로 부족하고 셀트리온, 녹십자 등 일부 기업들이 생산액과 R&D 투자액의 대부분을 차지하는 양극화된 구조를 보이고 있다.

바이오벤처 등 바이오의약품 R&D에 참여하는 기업의 수, 바이오의약품 파이프라인 비중 및 기술수출 규모가 증가하고 있어 국내 바이오의약품 R&D 역량은 개선되고는 있지만 국내 기업들의 기술 경쟁력은 미흡한 것이 사실이다.

 실제 특허분석을 통한 국가별 바이오의약품 기술 경쟁력 분석에서도 우리나라의 기술 경쟁력은 주요 제약 선진국 대비 미흡한 것으로 나타났다.

 기술의 질적 수준을 나타내는 특허 영향력 지수(PII)는 세포치료제 0.6(4위), 백신 1.3(6위), 유전자치료제 0.4(6위), 항체의약품 0.6(9위) 순으로 백신을 제외한 나머지 바이오의약품은 기준 값 1 이하로 나타나 기술 수준 열위를 보이는 것으로 드러났다.
또한 기술의 질적·양적 수준을 나타내는 특허 기술력 지수(TS)는 세포치료제 4위(16.6), 유전자치료제 6위(5.4), 항체의약품 9위(202.5), 백신 10위(124.5)로 나타나 국내 바이오의약품은 질적·양적 측면에서 선진국 대비 기술력이 낮은 것으로 집계됐다.

 정부도 바이오의약품 R&D 투자를 확대하여 연 매출 1조 원 이상의 'K-바이오 블록버스터'를 육성한다. 이는 유효물질 발굴에서 임상2상까지 신약 파이프라인 개발을 지원하는 2조 2,000억 원 규모의 범부처 사업으로 2030년까지 추진한다.
 한편, 현재 바이오의약품 시장은 높은 가격과 항암제 분야에서의 중요성으로 인해 항체의약품이 바이오의약품 전체 매출액의 50% 이상을 차지하고 있으며, 이러한 추세는 향후에도 지속될 것으로 전망된다.

 백신은 감염성 질환 증가, 고정적 포트폴리오 등 복합적 요인으로 인해 7.0%의 성장률이 전망되며, 세포치료제와 유전자치료제는 비중은 크지 않지만 가장 높은 시장 성장률을 보일 것으로 예측된다.

글로벌 제약·바이오 기업들의 바이오의약품 R&D도 점차 활발해지고 있으며 항체의약품의 R&D 비중이 크지만 CAR-T 세포치료제, 유전자치료제의 R&D가 빠르게 증가하는 것으로 나타났다.[26]

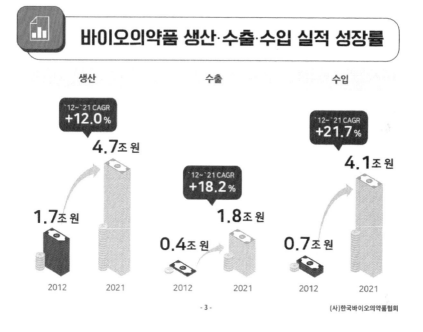

바이오의약품 생산·수출·수입 실적 성장률

생산	수출	수입
'12~'21 CAGR +12.0%	'12~'21 CAGR +18.2%	'12~'21 CAGR +21.7%
4.7조 원	1.8조 원	4.1조 원
1.7조 원	0.4조 원	0.7조 원
2012 · 2021	2012 · 2021	2012 · 2021

(사)한국바이오의약품협회

  2021년 국내 바이오의약품 시장규모(생산-수출+수입)는 7조 원 규모로 지난 10년간 꾸준히 성장 중인 것으로 보이며 2015년 무역수지 흑자 전환을 시작으로 수출도 증가 추세, 바이오시밀러를 중심으로 수출이 확대되고 있다. 2012년부터 2021년까지 수출은 연평균 18.2% 증가하였으며, 수입은 연평균 21.7% 증가되었다.

---

26) 국내 바이오의약품, 글로벌 입지 '아직은…'/의학신문

나) M&A 동향

국내 제약기업은 글로벌 기업에 비해 규모가 작고, 자금력 및 기술력에서 열세를 보이고 있다. 국내의 제약 산업은 매출액 대비 연구개발 비중(글로벌 상위기업 기준 약 18%)이 일반 제조업(3.1%)에 비해 높은 기술집약적인 산업이나, 신약개발 성공확률은 5,000분의 1 수준으로 매우 낮아 개발 리스크가 매우 높다.

이러한 신약개발의 High Risk, High Return의 특성으로 인해 글로벌 기업 대비 절대적으로 영세한 규모의 국내 제약기업 대부분은 신약개발 보다는 복제약(제네릭) 위주의 사업을 영위해 왔고, 그로 인해 기술 및 자금 경쟁력 열세가 지속되는 상황이다.

500여 개 이상의 국내 제약사 대부분 영세규모의 중소기업들로 구성되며 2022년 매출액 1조 원 이상을 기록한 제약사는 삼성바이오로직스, 셀트리온, 유한양행, GC녹십자, 종근당, 한미약품, 대웅제약 등 총 7곳이었다.

구분	매출액		
	2022.4Q	2022.4Q 누계	전년비 성장률
삼성바이오로직스	965,527	3,001,295	91.4%
셀트리온	609,700	2,385,400	24.8%
유한양행	450,502	1,775,846	5.2%
GC녹십자	411,512	1,711,312	11.3%
종근당	397,057	1,488,344	10.8%
한미약품	351,346	1,331,721	10.7%
대웅제약	293,849	1,161,254	10.1%
HK이노엔	216,300	846,521	10.0%
보령	191,607	722,056	21.5%
일동제약	151,443	635,809	13.7%
동아에스티	163,841	635,840	7.7%

[표 15] 국내 주요 제약바이오사 2022년 1~4분기 실적
(단위: 백만 원, %)

특히 팬데믹 기간 동안 '코로나19 특수'를 누리며 비약적으로 성장한 바이오 기업들의 실적은 이번에도 돋보였다. 세포 및 유전차 치료제를 비롯해 다양한 바이오 의약품을 위탁개발생산하는 CDMO 전문기업인 삼성바이오로직스는 업계 최초로 연간 매출 3조원을 돌파하는 사상 최대 실적을 기록했다.

삼성바이오로직스는 2022년 연결 기준 매출액 3조 13억 원, 영업이익 9836억 원을 기록했으며 이는 각각 전년 동기 대비 91.4%, 83.1% 늘어난 수치다. 회사의 누적 수주 건수는 CMO 74건, CDO 101건이며 전체 누적 수주액은 95억 달러 규모다.

다만 여기에는 '숨은 일인자'가 있다. 삼성바이오로직스 자체의 실적만으로도 이미 상당한 수준의 매출액을 달성하고 있으나, 2022년 4월 100% 자회사로 편입된 삼성바이오에피스의 실적이 합쳐지면서 이처럼 괄목할 만한 성적이 나온 것이다.

삼성바이오로직스는 "2022년 글로벌 인플레이션과 미 연준의 긴축 정책 등으로 전세계 경제 위기에도 불구하고 선제적인 투자와 사업 포트폴리오 강화를 통해 글로벌 '탑' 바이오 기업으로의 도약을 본격화했다"라며 "향후 10년간 바이오 사업에 7조 5천억을 투자해 생산능력·포트폴리오·지리적 거점이라는 '3대 축'을 중심으로 성장을 이어 나갈 것"이라고 밝혔다.

제약사들 역시 대다수의 업체가 두 자릿수의 매출 성장세를 기록하며 준수한 성적표를 받았다. 감기약을 비롯한 전문의약품들과 만성질환 치료제 등 주력 부문에서의 호실적이 이 같은 성장세를 견인한 것으로 풀이된다.[27]

또한, 국내 제약·바이오 기업들 역시 연구개발에 자금 투자를 아끼지 않는 모습을 보이고 있다. 국내 '빅 5(Big 5)' 제약사인 대웅제약, 녹십자, 유한양행, 한미약품, 종근당 등 모두 2022년 3분기 만에 누적 연구개발비가 1000억 원을 넘어섰으며, 지속적인 증가세를 유지하고 있다. 연구개발 투자 확대를 발판으로 우리 제약 산업은 2022년 기준으로 총 36건의 국산 신약 개발에 성공했으며, 세계적인 수준의 임상시험 역량을 확보하며 글로벌 선진시장에 진출하는 등 가시적인 성과를 도출했다.[28]

최근 코로나19 팬데믹으로 제약바이오산업이 각광을 받으면서 자본력을 갖춘 대기업들의 진출이 잇따랐다. 팬데믹을 지나 엔데믹에 접어들었으나 산업 특성상 아직은 터를 다지는 초기 단계에 머물러 있는 것으로 나타났다.

---

27) 팜뉴스 '주요 제약바이오사, 지난해 '눈부신 성장' 기록'
28) 세계일보 '제약·바이오 R&D 투자 1000억 시대…대웅제약, R&D 중심 신약 개발 기업으로 업계 선도'

제약바이오업계에 따르면 롯데바이오로직스, CJ바이오사이언스, 오리온바이오로직스 등은 지주사의 막강한 투자금을 기반으로 공장 착공·인수, 인력 확보 등 기반 다지기에 돌입했다.[29]

지주사	제약바이오 기업명	사업 추진 현황
롯데	롯데바이오로직스	바이오CDMO집중, 미국BMS공장 인력 인수, 국내 송동공장 착공, 삼바 등 대규모 인력이동중
	롯데헬스케어	맞춤형 건강관리 솔루션 '캐즐/건기식 디스펜서 필키'등 2023년 8월 출시
CJ	CJ바이오사이언스	마이크로바이옴 치료제 포커싱, 면역항암제 제 1/2상 IND 승인
오리온	오리온바이오로직스	치과질환 치료제 기업과 오리온바이오로직스 설립, 중국 합작법인 백신 제조 산동루캉하오리요우 신설
OCI	부광약품(최대 주주 공동경영)	전통제약사에서 R&D확대로 글로벌 제약 바이오 회사로 성장 집중
현대중공업	암크(AMC)바이오	울산의대 서울아산병원과 산학연병 신약개발 추진
GS그룹	휴젤(최대 주주)	휴젤인수, 메디트 인수검토, 싱가포르 바이오기업 mRNA백신 개발 투자

[표 16] 국내 대기업 바이오 진출 현황

---

29) MEDI:GATE NEWS '롯데·CJ·오리온·GS 등 대기업 바이오 진출 '러시'···아직은 밑그림 단계'

한편 2023년부터 국내 기업공개(IPO)가 난항을 겪는 등 제약바이오산업의 투자 성장세가 꺾이면서 기존과 다른 방식의 투자 확보 전략을 찾아나서는 기업이 늘고 있다. 현재 국내에서 해법으로 떠오르고 있는 것은 미국에서 활발하게 이뤄지고 있는 인수합병(M&A)이지만 기존의 IPO에 맞춰진 기업 성장 전략과 인식 등 현장에서 느끼는 간극을 좁히지 않는 다면 M&A 활성화까지는 시간이 소요될 것이라는 게 전문가들의 시각이다.

한국벤처캐피탈협회가 발표한 2022년 2분기 투자 현황을 살펴보면 전체 신규투자 비중에서 바이오 의료 분야는 2023년 상반기 16.9%를 차지했다. 이는 지난 2020년의 바이오의료 투자비용인 27.8%와 비교했을 때 큰 폭으로 감소한 수치로 지난 해 21.8%와 비교해도 약 5% 줄어든 상황이다.

비용적으로 봤을 때는 비중의 감소와 별개로 2020년 1조2970억원 2021년 1조 6770억 등으로 투자금액의 볼륨은 상승하고 있는 모습이지만 2023년 상반기 6758억 원에 하반기도 같은 수준을 유지한다는 전제하 전체 투자비용은 2022년의 절반에도 못 미쳐 성장세가 꺾일 것으로 전망된다.

특히, 이러한 투자 감소기조와 맞물려 IPO 시장에서도 탈출구를 마련하지 못하는 점도 바이오기업들의 우려사항이다. 2022년 역대급으로 많은 바이오기업이 IPO시장의 문을 두드렸다는 점을 고려해야 된다는 게 전문가들의 시각이지만 바이오기업의 IPO시도 자체가 줄지 않았다는 점을 봤을 때 시장문턱이 높아진 것도 사실이다.

Deals,¹ number

	2010	2020
Clinical collaboration	606	
Commercial collaboration and joint venture	728	1,389
Licensing	876	717
Financial	1,922	798
M&A	588	967
		603

4,790 / 4,474

Potential deal value, $ billion

2010: 6.4 / 5.4 / 105.5 / 25.8 / 144.0
2020: 414.0 / 105.4 / 5.1 / 84.3 / 24.7 / 194.2

Potential deal share, %

2010: 13 / 15 / 18 / 42 / 12
2020: 31 / 16 / 18 / 22 / 13

[그림 12] M&A활동은 줄었지만 프리미엄은 증가한 수치를 보이고 있음

2022년까지 많은 바이오분야에 많은 투자가 이뤄진 만큼 M&A를 위해 기업의 가치를 낮추는 부분에 시간과 투자자들의 동의가 필요해 실직적인 움직임으로 이어질지는 알 수 없다는 게 업계의 시각이다.

CAR-T 치료제를 개발 중인 바이오사 B대표는 "가장 중요한 이슈는 가격 문제가 될 수밖에 없고 시리즈 C까지 갔던 업체들은 M&A 가격을 맞추는 것도 쉽지 않다"며 "다른 시각에서는 창업자들이 연구를 통해서 창업을 이어졌기 때문에 아직까지 내 연구기반을 소위 시집보내는 게 쉽지 않다는 인식도 영향이 있어 보인다."고 밝혔다.

결국 M&A를 위해서는 복합적인 요소가 고려될 수밖에 없다는 것. 한국바이오협회 이승규 부회장은 현재 투자시장의 어려움이 긍정적인 요소와 부정적인 요소가 있을 것으로 예상했다.

이 부회장은 "기업가치와 관련된 부분을 냉정하게 볼 수 있는 시간이 왔다는 점에서는 긍정적인 요소라고 본다."며 "미국은 IPO가 줄

고 M&A늘어나는 상황에 따라 생물처럼 움직이는데 국내도 케이스
가 적지만 인식변화들이 이뤄지는 기회가 될 것"이라고 전했다.

이어 이 부회장은 "산업이 발전을 할 때는 여러 단계가 있고 국내
는 기술이전 성과가 나오고 신약이 하나씩 나오는 단계에 와있다"며
"시간적, 경험적인 부분이 필요할 것으로 보고 각각의 플레이어들의
의식하고 끌고 가준다면 향후 선순환적인 시스템이 만들어질 수 잇
을 것으로 본다."고 덧붙였다.[30]

---

30) MedicalTimes '바이오 기업 탈출구 떠오른 M&A,실전에선 허들 가득'

지씨셀	리바라(인도)	이뮨셀엘씨(면역항암제)	비공개
에이비엘바이오	사노피(프랑스)	ABL301(퇴행성뇌질환)	1조2720억 원 (10억6000만 달러)
종근당바이오	큐티아테라퓨틱스(중국)	Tyemvers(보툴리눔 톡신)	83억 원 (700만 달러)
이수앱지스	NPO페트로박스팜(러시아)	파바갈(파브리병)	비공개
노벨티노빌리티	발렌자바이오(미국)	NN2802(자가면역질환)	8778억 원 (7억3325만 달러)
제넥신	KGBIO(인도네시아)	GX-E4(지속형 빈혈)	159억 원 (1300만 달러)
코오롱생명과학	주니퍼바이오로직스(싱가포르)	TG-C(골관절염)	7234억 원 (5억8718만 달러)
SK바이오팜	유로파마(브라질)	세노바메이트(뇌전증)	810억 원 (6200만 달러)
티움바이오	한소제약(중국)	TU2670(자궁내막증)	2208억 원 (1만7000만 달러)
보로노이	메티스테라퓨틱스(미국)	고형암치료신약 후보물질	6680억 원 (4만8220만 달러)
동아에스티	뉴로보파마슈티컬(미국)	당뇨 및 NASH(DA-1241), 비만 및 NASH(DA-1726)	4715억 원 (3만3800만 달러)
올리패스	반다제약(미국)	OliPass PNA플랫폼 (희귀질환/면역항암제)	43억 원 (300만 달러)
동아에스티	폴리파마(튀르키예)	DA-3880(다베포이틴 알파) (빈혈치료제)	비공개
LG화학	이노벤트바이오로직스(중국)	티굴릭소스타트(통풍치료제)	1240억 원 (9550만 달러)
레고켐바이오	암젠(미국)	ADC플랫폼(5개 질환 타깃)	1조6050억 원 (12억4750만 달러)

The **Yakup** 약업신문

[그림 13] 2022년 결산 제약 바이오 기술수출 건수

한국제약바이오협회에 따르면 2022년 제약바이오 기업 기술수출은 15건으로 지난 2021년 34건 대비 44.11%로 반 토막도 못 미치는 수준으로 나타났다. 기술거래 규모는 비공개를 제외하고 총 6조723억 원 규모로 집계됐다. 2021년 기술거래 규모는 비공개 제외, 13조3689억 원 규모로, 이 역시도 약 65% 감소한 수준이다.

2022년 기술거래 중 가장 큰 규모의 계약을 체결한 기업은 레고켐바이오로 나타났다. 레고켐바이오는 암젠과 1조6050억 원 규모의 ADC(항체약물접합체)플랫폼 기술이전 계약을 체결했다. 이를 통해

2022년에 1조 원 이상 빅딜은 2건이 됐다.

ADC는 '항체(Antibody)'와 '세포독성 항암화학 약물(Cytotoxic Chemo Payload)', 이 둘을 접합하는 '링커(Linker)'까지 세 가지 물질을 하나로 결합시키는 기술을 말한다. ADC 기술을 이용하면 항체가 정상세포에 약물 작용을 나타내는 것을 저해해, 치료지수를 높일 수 있다. 즉, 강력한 항암효과를 내면서 정상세포 손상은 최소화할 수 있다.

두 번째로 큰 규모 기술거래는 에이비엘바이오와 사노피의 계약으로, 양사는 퇴행성 퇴질환 항체치료제 'ABL301'에 대해 1조2720억 원 규모의 기술이전 계약을 체결했다. ABL301은 에이비엘바이오의 '그랩바디-B(Grabody-B)' 플랫폼 기술 적용으로 파킨슨병의 발병 원인인 알파-시뉴클레인(alpha-synuclein)의 축적을 억제하는 항체를 뇌 안으로 효과적으로 전달해 치료 효과를 높인 이중항체 후보물질이다. 해당 파이프라인은 미국에서 글로벌 임상 1상을 준비하고 있다.

세 번째는 노벨티노빌리티와 발렌자바이오의 계약이었다. 노벨티노빌리티는 자가면역질환 치료제 'NN2802'에 대해 8778억 원 규모 계약을 체결했다. NN2802는 비만 세포(mast cell)에 의해 유발된 자가면역 질환 치료에 사용될 수 있는 항-c-KIT 항체 기반의 best-in-class 치료제 후보물질이다.

이어 코오롱생명과학과 주니퍼바이오로직스의 7234억 원 규모 계약, 보로노이와 메티스테라퓨틱스의 6680억 원 규모 계약, 동아에스티와 뉴로보파마슈티컬의 4715억 원 규모 계약, 티움바이오와 한소제약의 2208억 원 규모 계약, LG화학과 이노벤트바이오로직스의

1243억 원 규모 계약 순으로 8건이 1000억 원 이상 계약으로 나타났다.

 지난 2021년에는 1000억 원 규모 기술거래는 23건으로, 2022년 약 66%가량 감소했다. 2021년에 1조 원 이상 빅딜은 5건이었고, 2조 원 이상 거래도 1건 있었다.[31]

---

31) 약업신문 '[2022 결산] 제약바이오 기술수출 반토막'

다) 최근이슈

최근 국내 상황은 글로벌 공급망의 확대에 따른 원료의약품의 해외 의존도 상승 추세에서 자유롭지 못한 것으로 나타났다. 원료의약품의 **국내 자급도는 2017년 35.4%에서 2019년 16.2%로 빠르게 감소**하여 2008년 관련 통계를 집계한 이후 가장 낮은 수치를 기록했다.

국내 완제의약품 생산 규모는 지속적으로 증가하고 있으나 완제의약품 제조에 필요한 원료의약품의 생산은 2017년 이후 감소세를 보이고 있으며, 원료의약품의 주요 수입대상국은 중국(36.7%), 일본(13.0%), 인도(10.2%) 순으로 나타나, 중국에 대한 수입의존도가 가장 높았다.

게다가 국내 제약기업 대부분은 시간과 비용이 많이 투입되는 신약개발보다는 제너릭(복제약) 위주의 사업구조를 가지고 있어 높은 수익창출이 어려운 구조적인 한계를 가지고 있다.

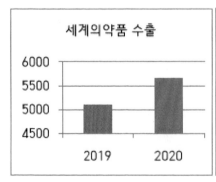

코로나 이후 세계 의약품 수출
(단위: 억달러)

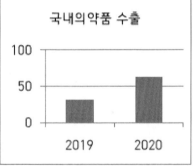

코로나 이후 국내 의약품 수출
(단위: 억달러)

2020년 우리나라의 의약품 수출액은 63억 달러로 세계 19위에 머물렀으며, 수출경쟁력 지표상으로도 아직은 주요국 대비 미흡한 수준을 보였다. 그렇지만 **코로나19 이후 의약품 시장의 확대와 글로벌 공급망의 재편**은 바이오의약품을 중심으로 제조 역량을 갖춘 우리나라에게 새로운 기회로 작용할 가능성이 높아지고 있다.

우리나라의 의약품 수출은 **코로나19가 확산된 2020년에 전년 대비 97.3% 증가**하면서 같은 기간 전 세계 의약품 수출증가율(11.2%)을 큰 폭으로 상회했고 수출 순위도 2019년 22위에서 세 계단 상승했다.

특히 바이오의약품의 수출은 전년 대비 139.1% 증가한 51억 달러를 기록하면서 세계 7위로 올라섰고 수출경쟁력 지표상으로 EU, 미국, 중국, 일본과 비교해도 높은 수준인 것으로 나타났다. 최근 글로벌 의약품 시장의 중심이 합성의약품에서 바이오의약품으로 이동하고 있는 가운데 우리나라는 바이오시밀러 분야의 개척자로서 글로벌 시장에서 선전하고 있으며, 세계 2위 규모의 바이오의약품 생산 능력을 갖추고 있어 백신 등 바이오의약품의 글로벌 생산기지로 부상할 것으로 기대되고 있다.

이처럼 국내 의약품 산업이 코로나19를 계기로 도약의 전기를 맞이하고 있는 상황에서 정부는 미국 및 주요 동맹국에 신뢰할 수 있는 글로벌 파트너로서 우리의 위상을 확고히 할 수 있는 전략적 협력 방안을 강구할 필요가 있다.

글로벌 차원의 공급망 리스크 관리를 위해 주요 동맹국 간 필수의약품 재고 물량에 대한 스와프 협정 체결, 우수 의약품 제조 및 품질관리 기준(GMP, Good Manufacturing Practice)의 상호 인정 등을 추진해 볼 수 있을 것이다.

또한 신약개발에 따른 리스크가 큰 제약산업의 특성을 감안하여 한정된 정부 R&D 예산을 전략적으로 배분하는 한편, 정부지원 강화가 민간 투자의 확대를 유도할 수 있는 선순환 구조를 구축해야 한다. 국내기업의 혁신신약 개발 및 출시역량 확보를 위해 해외기업 M&A 등 보다 과감하고 적극적인 오픈 이노베이션이 필요하며, 정부 규제 또한 의약품 전반에 대해 품질 향상을 유도하고 신속한 출시를 지원하는 방향으로 지속적으로 개선되어야 할 것이다.[32]

---

32) 『전 세계 의약품 공급망의 변화와 우리 수출의 경쟁력 분석』 2021년 24호 한국무역협회 국제무역통상연구원 1-2p

우리나라의 의약품 생산액은 2016년 이후 연평균 7.1%의 성장률을 기록하며 빠른 속도로 증가하고 있으나, 원료의약품의 생산액 및 생산업체 수는 정체 또는 감소세를 보이고 있다.

완제의약품 생산액은 2012년부터 지속적으로 상승하며 2019년 19.8조원을 기록한 반면, 원료의약품 생산금액은 '17년 이후 감소세를 보이며 2.5조원 수준에 머무르고 있다. 또한 생산업체 수 기준으로도 2014년까지는 원료의약품 생산업체 수가 더 많았으나, 2015년부터는 완제의약품 생산업체 수가 더 많아진 것으로 나타났다. 2019년 기준 국내 완제의약품 생산업체는 349개사, 원료의약품 생산업체는 263개사이다.

우리나라의 원료의약품 국내 자급도는 '17년 이후 빠르게 하락하고 있는 것으로 나타나 의약품 공급망의 안정성 확보를 위한 자급도 향상이 중요한 과제로 대두되고 있다.

원료의약품				완제의약품			
순위	국가	수입금액	비중	순위	국가	수입금액	비중
1	중국	796,961	36.7	1	미국	866,828	18.3
2	일본	281,062	13.0	2	영국	786,136	16.6
3	인도	221,143	10.2	3	독일	697,027	14.7
4	프랑스	141,092	6.5	4	스위스	533,039	11.3
5	이탈리아	129,694	6.0	5	일본	223,308	4.7

우리나라의 원료/완제의약품 수입 상위 5개국의 수입액 및 비중 (2019년 기준/천 달러, %) 자료 : 식품의약품안전처, 한국의약품수출입협회

원료의약품의 수입 대상국으로는 중국의 비중이 36.7%로 가장 높았고, 다음으로 일본(13.0%), 인도(10.2%) 순인 것으로 나타났다. 원료의약품과는 달리 완제의약품의 경우, 미국(18.3%)과 영국(16.6%), 독일(14.7%), 스위스(11.3%) 등 유럽 국가들에 대한 수입 의존도가 높게 나타났다. 한편, 우리나라의 제약산업 기반은 글로벌 메이저 제약사를 보유한 미국, 유럽 등 선진국에 비해 매우 취약한 편이다. 2019년 의약품 산업의 매출액 대비 연구개발비 비중(6.2%)은 일반 제조업(4.5%)에 비해 높아 투자금 회수를 위해서는 일정수준 이상의 시장규모 확보가 필수적이나, 국내 내수시장 규모는 매우 협소한 상황이다.

국가	생산능력	비중	기업	파트너	계약일
미국	1,791,326	48.3	삼성바이오로직스	GSK	20.08.05
한국	338,850	9.1		일라이릴리	20.11.17
독일	268,850	7.2		모더나	21.05.22
싱가포르	193,200	5.2	SK바이오사이언스	아스트라제네카	20.07.21
아일랜드	190,000	5.1		노바백스	20.08.13
세계	3,708,561	100.0	녹십자	CEPI	20.10.22

2020년 바이오의약품 생산 규모(L,%) / 코로나19백신 치료제 CMO계약 현황
[33]

그러나 코로나19 이후 의약품 시장의 확대와 글로벌 공급망의 재편은 제조 기반을 갖춘 우리나라에게 새로운 기회로 작용할 가능성이 있다. 최근 글로벌 의약품 시장의 중심이 합성의약품에서 바이오의약품으로 이동하고 있는 가운데, 우리나라는 바이오시밀러 분야의 퍼스트 무버(First mover)로서 글로벌 시장에서 선전 중이다.[34]

---

33) 대신증권 Research Center, 한국바이오의약품협회, 보건복지부, 각 사 홈페이지, 언론자료
34) 『전 세계 의약품 공급망의 변화와 우리 수출의 경쟁력 분석』 2021년 24호 한국무역협회 국제무역통상연구원 19-23p

2) 해외시장[35]
가) 규모 및 전망

글로벌 의약품 시장은 2026년까지 3~6%의 연평균 성장률(CAGR)을 보이며 총 시장 규모(송장 기준, 할인 및 리베이트 제외) 약 1조 8000억 달러(약 2150조 원)에 이를 것으로 전망되는 가운데, 미국은 0~3% 수준의 성장률로 역사상 가장 느린 성장을 보일 것이라는 분석이 나왔다.

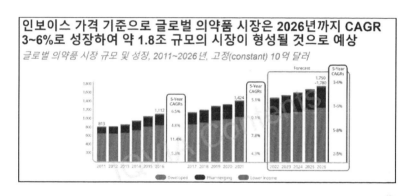

아이큐비아 데이터에 따르면, 글로벌 의약품 시장은 2026년까지 3~6% CAGR로 성장해 총 시장 규모가 약 1조 8000억 달러(약 2150조 원)에 이를 것으로 전망되며, 10개 선진국(미국, 독일, 일본, 프랑스, 영국, 이탈리아, 스페인, 캐나다, 한국, 호주)을 살펴볼 때, 2020년 시장 매출 경향은 다양한 형태로 나타났다. 독일과 호주를 제외하고는 2020년 팬데믹의 영향으로 의약품 시장 성장세가 하락세를 보였으나, 2021년을 기점으로 다시 성장세를 보일 것이라고 분석했다.

---

35) 세계 바이오의약품 산업 동향 및 전망, 한국수출입은행, 2019.07.22

다만, 일본은 2020년 격년으로 진행된 약가 인하와 팬데믹의 영향이 동시에 큰 영향을 주면서 2026년까지 -2~1%의 성장률을 유지할 것으로 전망됐다

미국 의약품 시장은 지난 5년(2017년~2021년)간 3.5%의 성장률을 보였으나, 2022년부터 5년 간 CAGR 0~3%로 성장 둔화가 나타날 것으로 보인다. 미국의 건강보험 환경은 정부에 대한 법정 할인 및 리베이트, 처방의료비 보험관리업무를 대행하는 PBM(Pharmacy Benefit Managers) 및 보험사가 협상한 리베이트, 구매자가 협상한 할인 등 송장 가격(Invoice Price)외에 가격에 영향을 주는 다양한 이해관계자가 존재한다. 리베이트는 이해관계자 간 계약에 따른 할인 또는 환불금을 뜻한다.

이러한 미국의 건강보험 환경에 영향을 미치는 법률이 지속적으로 등장하고 있으며 새로운 치료법 채택, 제네릭 및 바이오시밀러 등장 등 추가 요인으로 역사상 가장 느린 성장률을 보일 것이라는 분석이다.

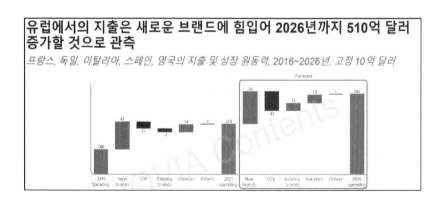

반면, 상위 5개 유럽 시장(프랑스, 독일, 이탈리아, 스페인, 영국)의 의약품 매출은 과거 5년간 440억 달러(약 52조 5400억 원) 증가한 것에 비해, 향후 5년 간 510억 달러(60조 8900억 원)가 증가해 약 70억 달러 규모 추가 성장할 것으로 보인다.

이러한 성장 원동력은 과거와 큰 변화가 있을 것이라는 분석이다. 신약 출시가 과거 5년간 의약품 시장 규모 성장의 주요 원동력이었지만, 향후 5년간은 팬데믹으로 인해 마케팅 운영 및 약가 책정에 적지 않은 영향을 받아 경향이 바뀔 것이라는 것이다.

이에, 기존에 출시된 제품이 시장 가치를 더욱 입증하고 약가 협상을 통해 더욱 규모를 성장하는 경향이 나타날 것이라는 전망됐다.[36]

국내에서 국가생명공학정책연구센터가 최근 발간한 '글로벌 바이오제약산업 2022 프리뷰 및 2028 전망' 보고서에 따르면, 글로벌 처방의약품 매출액은 2022년 1조 1390억 달러(약 1623조 원)에서 연평균 6%씩 성장해 2028년 1조 6120억 달러(약 2297조 원)에 달할 것으로 나타났다.

글로벌 바이오제약 기업들의 매출액 순위는 향후 블록버스터 특허 만료 및 신약개발 허가 여부에 따라 변동될 것으로 예측되고 있다. 그 중 로슈는 2028년 처방의약품 매출이 가장 큰 바이오제약 기업이 될 것으로 예상됐다.

스위스 다국적제약사 로슈(Roche)가 알츠하이머 치료제 개발에 성공할 경우 오는 2028년 글로벌 처방의약품 매출 1위 기업이 될 것

---

36) HIT NEWS '미국 의약품 시장, 향후 5년간 가장 더딘 성장 예측'

이라는 전망이 나왔기 때문이다. 인수 및 알츠하이머 치료제 간테네루맙(gantenerumab)의 임상 3상 결과에 따라 회사 전망은 크게 달라질 것으로 보인다.

로슈는 상위 10개 글로벌 제약사 중 연구개발(R&D)에 가장 많은 비용을 투자하고 있는 기업이다. 국가신약개발사업단에 따르면, 로슈는 2020년에 이어 2021년에도 제약 R&D에 가장 많은 비용을 투자했다. 2021년 R&D 비용으로만 2020년보다 14% 증가한 161억 달러(약 22조 9505억)를 투자했다.

또한 2021년에만 FDA 승인 6건과 중국, 유럽 및 일본 전역에서 27건의 주요 승인을 확보했으며 2022년 1월에는 습성 연령 관련 황반변성(nAMD)과 당뇨병성 황반부종(DME) 치료제인 바비스모(Vabysmo)의 FDA 승인을 획득하며 최근 몇 년간 이어지고 있는 적극적인 R&D투자에 대한 성과를 보이고 있다.

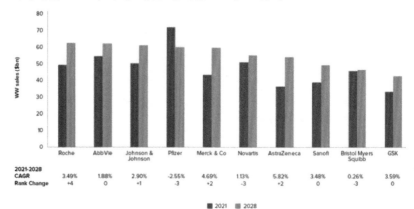

출처 : Evaluate Pharma, World Preview 2022 Outlook to 2028, 2022.10.8.

[그림 18] 2028년 전 세계 처방의약품 매출 상위 10대 기업 전망

미국 다국적제약사 애브비(Abbvie)는 2023년부터 자가 면역질환 치료제 블록버스터 휴미라(Humira)의 특허가 완료됨에도 불구하고 2028년 세계에서 두 번째로 매출이 높은 바이오 기업이 될 것으로 전망됐다.

류마티스 관절염 치료제로 승인된 린버크(Rinvoq)의 적응증 확대와 건선치료제 스카이리치(Skyrizi), 백혈병 치료제 벤클렉스타(Venclexta) 등 후속제품 출시로 매출 감소 상쇄가 예상되기 때문이다.

글로벌 10대 제약사 중 화이자(Pfizer)와 노바티스(Novartis), BMS(Bristol Myers Sqiubb)는 2028년까지 순위가 하락할 것으로 전망된다. 화이자 매출 감소는 코로나19 제품의 매출 감소에 따른 것이며 BMS는 자사 제품의 특허만료에 따라 매출 감소가 예상된다.

국가생명공학정책연구센터 김무웅 연구원은 "2028년 전 세계에서 가장 많이 팔릴 의약품은 MSD의 면역항암제 키트루다(Keytruda)로 매출액 300억 달러(약 42조 7650억 원)를 돌파할 것으로 전망된다."며 "이어 BMS의 항암제 옵디보(Opdivo)가 매출 2위로 전망되는 등 면역항암제가 매출 성장에 크게 기여할 것"이라고 예상했다.

이어 사노피의 아토피 치료제 듀피젠트(Dupixent), 존슨앤존슨의 다발성골수종 치료제 다잘렉스(Darzalex), 노보 노디스크의 제2형 당뇨병 치료제 오젬픽(Ozempic), 길리어드의 HIV 치료제 빅타비(Biktarvy), 애브비의 스카이리치(Skyrizi) 순으로 많이 팔릴 것으로 전망됐다.[37]

---

37) 헬스코리아뉴스 '2028년 글로벌 처방약 1위 제약사는?바이오제약 기업 순위변동'

의약품은 제조방식에 따라 합성의약품과 바이오의약품으로 분류되는데, 최근 생명공학기술 발전에 힘입어 바이오의약품 시장이 급증하고 있다. 합성의약품은 화학합성에 의해 제조하는 의약품으로서 일반적으로 복용하는 고혈압약, 진통제 등의 약들이 합성의약품에 속한다.

바이오의약품은 생물공학 기술(유전자재조합 기술, 세포배양 기술 등)을 이용하여 사람이나 다른 생물체에서 유래된 것(단백질)을 원료 및 재료로 해서 만든 의약품으로, 바이오의약품은 합성의약품 대비 독성이 낮아 부작용이 적고, 표적 장기에 직접적 효능을 발휘하여 우수한 효과를 내고 있다.

최근 합성신약 성공빈도가 낮아져 R&D 투자 효율성이 낮아지고 있는 반면 바이오의약품은 생명공학기술 발전 등으로 성공확률이 높아 제약업체들의 바이오의약품 사업에 대한 관심이 증가하고 있지만 2022기준 미국 FDA 허가 신약은 37개로 6년 만에 최저치를 기록했다. 37개 허가 신약을 세분화해 보면 저분자신약이 21개, 바이오신약이 15개, 올리고뉴클레오타이드가 1개로 올리고뉴클레오타이드는 1개의 siRNA(small interfering RNA)치료제이다.

아울러 바이오신약은 6개의 단일클론항체(mAb), 4개의 이중특이항체(Bi-specific), 2개의 효소치료제, 1개의 항체-약물 접합체(ADC), 융합단백질 및 기타로 분류된 의약품 각각 1개 등 총 15개로 2018년 이후 가장 높은 수치를 기록했다.

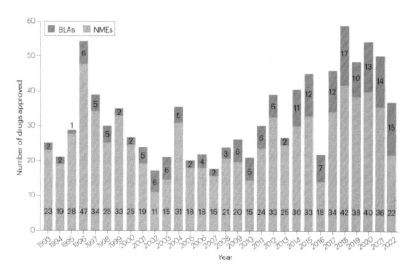

[그림 19] 연도별 FDA신약 허가 현황
*2022년에는 [신물질신약(NME) 22개, 바이오신약(BLA) 15개] 허가됨

바이오의약품 제제별로는 생물학적 제제, 유전자재조합의약품, 세포배양의약품, 세포치료제, 유전자치료제 등으로 구별된다. 생물학적제제란 생물체에서 유래된 물질이나 생물체를 이용하여 생성시킨 물질을 함유한 의약품으로서 각종 백신, 혈액제제 및 항독소 등을 의미하고, 유전자재조합의약품은 유전자 조작 등으로 개발한 미생물 배양을 통해 필요한 단백질을 생산해 만드는 단백질 치료제 일종으로 인슐린, 성장 호르몬, 인터페론 등이 주를 이루고 있다.

세포배양의약품은 세포주를 이용하여 인공 항체를 만들어내는 항체치료제가 이에 속하며, 현재 5대 바이오신약 중 3개가 항체의약품으로 세계 바이오의약품 시장에서 큰 비중을 차지하고 있다.

재생의약품인 세포치료제와 유전자치료제는 3세대 바이오의약품으로 주목받고 있는바 보다 근원적인 치료가 가능한 약제이며, 암, 신경퇴행성 질환, 유전질환 등 난치성 질환 치료 목적으로 개발 중에 있다.

세포치료제는 살아있는 자가, 동종, 이종 세포를 체외에서 배양·증식 하거나 선별하는 등 물리적·화학적·생물학적 방법으로 조작하여 제조하는 의약품으로 체세포치료제, 줄기세포치료제가 속한다.

유전자치료제는 질병치료 등을 목적으로 '유전물질 발현에 영향을 주기 위하여 투여하는 유전물질' 또는 '유전물질이 변형되거나 도입된 세포' 중 어느 하나를 함유한 의약품이다.

세포치료제, 유전자치료제 개발 초기에 체내 주입에 따른 부작용, 체내에서의 효과 미흡, 생명윤리와 관련된 이슈들 등 상용화 과정에서 여러 어려움을 겪었으나 최근 세포 배양·조작기술, 유전자 분석·조작 기술 등의 발전으로 기술적 난제들이 해결되고 있으며, 미국 FDA나 유럽 EMA에서 일부 제품들이 허가되며 시장이 확대되고 있다.

다만 세포·유전자 치료제 가격이 매우 고가[38]여서 환자 접근성이 떨어져 건강보험 적용 시 추가적인 재정 부담에 대한 우려도 존재한다.

---

38) 2017년 12월 FDA 허가를 받은 Spark Therapeutics(스파크 테라퓨틱스)의 유전자 치료제Luxturna(유전적 망막변성 치료제)는 안구 1개당 42.5만 달러씩 책정한 바 있으며, 2019년 5월 Novartis(노바티스)의 척수성 근위축증(Spinal Muscular Atrophy, SMA) 유전자치료제 Zolgensma(졸겐스마)는 210만 달러로 책정하여 현재 가장 비싼 치료제로 등극함

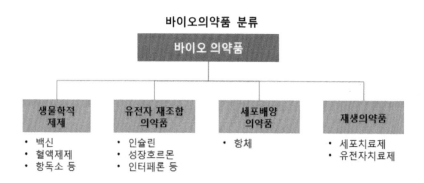

[그림 20] 바이오 의약품의 분류

주요 글로벌 제약사 매출 순위

■ 2022년　**░ 2021년** (단위: 원)　증감률

제약사	2022년	2021년	증감률
화이자	126조7168억	102조6667억	23.4%
J&J	119조9130억	118조4378억	1.2%
로슈	90조7379억	89조9511억	0.9%
MSD	74조8744억	61조5132억	21.7%
애브비	73조3222억	70조9768억	3.3%
노바티스	63조8383억	65조2036억	-2.1%
사노피	58조1285억	51조499억	13.9%
아스트라제네카	56조153억	47조2576억	18.5%
GSK	44조8044억	37조7333억	18.7%
릴리	36조478억	35조7661억	0.8%
길리어드	34조4559억	34조4862억	-0.1%
암젠	33조2459억	32조8115억	1.3%
노보노디스크	32조1702억	25조5974억	25.7%
BMS	14조4058억	15조1371억	-4.8%
바이오젠	12조8485억	13조8703억	-7.4%

적용환율

스위스 CHF	1366.0
미국 USD	1263.0
영국 GBP	1527.9
유로 EUR	1351.9
덴마크 DKK	181.8

DailyPHARM
[인포그래픽 디자인: 표진숙]

최근 코로나19로 인하여 전 세계적으로 제약 산업은 매출 하락이라는 악재를 겪었고 수백 건의 임상시험이 보류되고 시험 판독이 지연되는가 하면, 국가 간의 이동에 제한이 생기며 M&A 협상이 중지되는 등 여러 문제가 발생하기도 했다.

코로나19 대유행으로 가장 큰 영향을 받는 분야는 병원 내 의사로부터 투여 받는 약물과 만성질환 치료제이다. 이러한 의약품은 제약사 매출의 3분의 2를 차지하고 있으며 사회적 거리두기와 봉쇄 조치 등으로 인해 환자들의 병원 접근이 어려워지면서 수술 횟수가 감소하는 등 영향을 크게 받을 수밖에 없었다.

실제로 2022년 화이자가 매출 127조원으로 글로벌 제약사 중 가장 많은 매출을 냈다. 노보노디스크, 화이자, MSD는 20% 이상 성장한 반면, 일부 제약사는 1%대 성장에 그치거나 매출이 하락해 뚜렷한 실적 양극화를 보였다.[39]

화이자는 코로나19 수혜를 제일 크게 받고 있는 제약사다. 코로나19 백신과 치료제를 모두 공급하는 회사는 화이자가 유일하다. 백신 '코미나티'와 치료제 '팍스로비드'의 2022년 연매출은 567억3900만 달러(71조6614억 원)에 달했다. 두 제품을 제외한 화이자의 2022년 매출 성장률은 2%에 그쳤다.

2022년 가장 높은 성장을 이룬 곳은 노보노디스크다. 특히 노보노디스크는 코로나19 수혜 기업이 아닌데도 26% 성장을 이끌어냈다. 노보노디스크의 2022년 연매출은 1769억5400만덴마크크로네(32조1702억 원)로 나타났다.

---

39) 데일리팜 '화이자·MSD·노보 글로벌 매출 껑충...혁신신약의 위력'

노보노디스크의 성장은 세마클루티드 성분의 GLP-1 유사체 시리즈 '리벨서스'와 '오젬픽', '위고비'가 이끌었다. 세마글루티드는 노보노디스크가 새로 개발한 장기지속형 GLP-1 유사체 성분이다. 오젬픽은 주사제, 리벨서스는 경구제로 각각 개발됐다. 위고비는 세마글루티드 성분으로 만든 비만 치료제다.

세계 최초의 GLP-1 경구제 리벨서스는 2022년 134% 성장한 113억덴마크크로네(약 2조원)를 올렸다. 같은 기간 오젬픽은 77% 증가한 600억덴마크크로네(약 11조원)를 기록했다. 비만 치료를 목적으로 나온 위고비는 346% 상승한 62억덴마크크로네(약 1조원)를 올렸다. 주1회 맞는 위고비와 달리 매일 맞아야 하는 비만 치료제 '삭센다'(약 2조원)도 52% 증가하며 저력을 발휘했다.

한편 바이오의약품 대표격인 휴미라의 바이오시밀러가 2023년 1월 미국에서 정식 출시됐다. 본격적인 바이오시밀러 경쟁의 서막이 열린 것이다. 미국 바이오시밀러 시장은 2027년까지 61조원으로 전망되고 있어, 바이오시밀러의 격전지가 될 전망이다.

바이오시밀러는 특허가 만료된 바이오신약의 효능, 안전성, 품질 등 비슷한 특성을 가진 동등생물의약품으로, 바이오시밀러는 바이오신약에 비해 상대적으로 개발비용 및 개발기간을 절감할 수 있고, 제품 가격이 바이오신약의 약 70% 수준이며, 이미 검증된 제품을 생산하기 때문에 단기간에 성장이 가능하다는 장점을 보유하고 있다.

미국의 바이오의약품 시장은 품목별 결산액 기준, 지난 5년간 연평균 12.5% 성장해 케미컬의약품(비생물의약품) 연평균성장률 1.3%를 크게 앞지른 것으로 나타났다. 심지어 바이오의약품은 전체 의약품 지출액의 46%까지 차지하는 것으로 분석됐고, 특히 올해 바이오시밀러 시장은 최대 15% 더 성장할 것으로 예측됐다.

최근 오리지널 바이오의약품 중 일부 품목이 특허 만료 시일이 다가옴에 따라 바이오시밀러와 경쟁에 직면했으며, 이에 따라 바이오시밀러 시장은 더 가파르게 성장할 예정이라고 전망했다.

현재 오리지널에 대한 바이오시밀러 시장은 380억 달러(47조5000억 원)에 이를 것으로 예측되고 있으며, 개발 중이거나 승인이 진행 중인 바이오시멀러까지 합하면 최대 960억 달러(120조원) 규모의 오리지널 시장이 영향을 받을 것으로 예측됐다. 또 출시된 바이오시밀러는 오리지널의 약 24%를 대체할 것으로 분석됐고, 총 바이오시밀러 매출액(결산액 지출)의 약 11% 영향을 줄 것으로 나타났다.

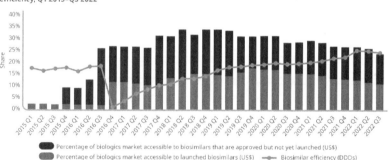

Exhibit 4: Percentage of biologics sales accessible to approved and launched biosimilars and biosimilar efficiency, Q1 2015-Q3 2022

Percentage of biologics market accessible to biosimilars that are approved but not yet launched (US$)
Percentage of biologics market accessible to launched biosimilars (US$) ━●━ Biosimilar efficiency (DDDs)

[그림 22] 바이오시밀러 효율성 수치 및 바이오의약품 판매율 (2015~2022)

위 표에서 바이오시밀러 효율성(DDDs)은 바이오시밀러가 승인 및 출시된 시장에서의 점유율을 바이오시밀러의 일일복용량(DDS) 기준으로 계산 한 값을 말한다. 즉, 바이오시밀러 효율성이 높을 수록 바이오시밀러가 출시되면 바이오시밀러가 효율적으로 사용될 가능성이 높다는 것을 의미한다. 2016년 4분기 바이오시밀러 효율성 수치의 큰 하락은 인슐린제제의 바이오시밀러가 출시된 시점이다.

실제 미국에서는 지난 2007년부터 12개 오리지널에 대한 30개 바이오시밀러가 출시됐다. 또 2023년 하반기까지 해당 품목들에 대한 바이오시밀러 10개가 추가로 출시될 예정이다. 이 외에도 오리지널 20개 품목에 대해서도 바이오시밀러가 임상 개발 후반 단계에 와있거나, 승인을 준비 중이다. 전 세계적으로 가장 높은 매출을 기록하고 있는 휴미라(아달리무맙)의 바이오시밀러 '암제비타'가 2023년 1월에 출시됐다. 암제비타는 글로벌 빅파마 애브비 제품이다.

특히 의료비 지출이 가장 높은 면역학, 당뇨병제, 종양학 질환군에서의 전체 바이오의약품 지출의 약 70%로 집계됐다. 해당 질환군에 대한 바이오의약품 성장률은 각각 18.4%, 12.3%, 14.8%로 나타났다. 특히 호흡기 질환군에서는 바이오의약품이 지난 2017년 이후 19.7%의 연평균성장률을 기록해 가장 높은 성장을 나타냈다.

바이오시밀러는 항암제, 인슐린, 면역학 분야에서 많은 출시와 높은 경쟁이 전망되고 있으며, 앞으로는 호흡기제제, 항혈전제, 다발성경화증 분야에서도 높은 성장이 예견된다. 여기에 성장 호르몬, 골다공증 치료제, 안과 질환 분야에서도 바이오시밀러 출시가 이어질 것으로 전망한다.[40]

글로벌 바이오시밀러 시장 성장 전망에 따라 기업 간 경쟁도 매우 심화될 전망이다. 바이오신약 개발사인 다국적 제약업체 뿐 아니라 합성의약품을 제조하는 대형업체(Pfizer, Merck 등), 제네릭 선두업체들(Teva, Sandoz 등)도 M&A 등을 통해 적극적으로 바이오시밀

---

40) 약업신문 '美 바이오시밀러 시장, 2027년까지 60조원 전망'

러 시장에 진입하고 있다.

국가 및 기업별 구분	
화이자	7개
삼성바이오에피스	5개
암젠	5개
마일란	4개
산도스	4개
셀트리온	3개
…	6개
계	34개

 바이오시밀러를 허가받은 기업별로 살펴보면 가장 많이 허가받은 기업은 미국의 화이자로 총 7개의 바이오시밀러를 허가받았으며, 그 다음으로 한국의 삼성바이오에피스와 미국의 암젠이 각각 5개를, 미국의 마일란과 스위스의 산도스가 각각 4개, 한국 셀트리온 3개 순으로 허가를 많이 받았다.

 한국은 미국에 이은 2번째 바이오시밀러 강국이지만, 최근 인도 기업이 미국의 바이오시밀러 강자인 비아트리스(마일란)의 바이오시밀러 사업을 인수한다고 발표하면서 미국 내 각 나라 간 바이오시밀러의 경쟁 기류에 변화가 있을 것이라는 예측이 나오고 있다. 인도 Biocon Biologics는 2022년 2월 28일 마일란의 바이오시밀러 사업을 33억 달러에 인수하면서 기존 마일란이 미국에서 허가받은 4개의 바이오시밀러 보유 기업이 됐다.

세계 최대 매출 의약품인 휴미라에 대해서는 현재 7개의 바이오시밀러가 허가를 받아 출시준비 중이며, 출시 예정인 2023년부터 치열한 시장 경쟁이 예상된다.

미국에서 바이오시밀러는 오리지널 의약품에 비해 약가가 15%에서 35% 저렴하다. 미국은 OECD 32개국에 비해 전문의약품 약가는 256% 높고, 브랜드 의약품의 경우 344% 높으며, 미국 매출 상위 60개 품목은 395%, 바이오의약품은 295% 높은 것으로 알려졌다. 반면 제네릭의약품(바이오 제외)의 경우에는 OECD 32개국 약가의 84% 수준이다.

미국 바이든 행정부가 미국의 높은 전문의약품 약가와의 전쟁을 선포했으며, 미국 보건부(HHS)는 환자에게 저가의 옵션을 제공할 수 있는 제네릭 및 바이오시밀러 지원을 강화하기로 한 만큼 미국 바이오시밀러 시장은 더욱 확대될 것으로 보인다. 여기에 미국 FDA의 연이은 인터체인저블 바이오시밀러 지정으로 미국 바이오시밀러 시장의 확대는 가속할 것으로 전망된다.[41]

---

41) BIO TIMES '세계 2위 바이오시밀러 강국 '한국', 인도 공습에 위상 흔들리나'

나) M&A 동향

2013년 이후 글로벌 제약기업의 M&A는 거래건수와 규모 모두 크게 증가하였고, 라이센싱 거래의 경우 최근 건수는 감소하고 있으나, 거래규모는 과거 대비 증가하고 있는 추세이다. 이는 글로벌 제약기업들이 효율적인 R&D 지출을 위해 자체적인 R&D 투자를 통한 파이프라인 확대보다는 타사 파이프라인 인수에 비용지출을 증가한 결과라고 할 수 있다.

즉, 신약개발에 따른 비용 및 위험 증가로 인해 글로벌 제약기업들은 M&A, 라이센싱 인/아웃과 같은 오픈 이노베이션 전략을 선택하며 자본 효율성 제고를 추구하는 것이다.

특히 최근 M&A는 항암제, 희귀의약품 등 차세대 바이오의약품 파이프라인 확대, 디지털 기술을 접목한 유전체 분석, 정밀의료 부문을 중심으로 이루어지고 있다.

M&A의 목적	
규모의 경제 확보/ 선택적 사업철수	규모의 경제, 시너지 모색 등을 위한 전략부문 인수 또는 핵심부문 주력을 위해 비핵심 부문 매각 등 사업 철수
신규 파이프라인 확보	기존보유 의약품의 특허만료 등으로 신규 파이프라인 확보 필요성 증가 시
바이오 등 신기술, 신사업 진출	기존사업이 아닌 신기술, 신사업 진출 필요 시
NRDO 전략추구	초기 아이템 검증 후 인수하여 후속개발을 통해 신약개발

[표 19] 제약기업들의 M&A 목적

지난 2022년도에 전 세계 제약바이오 기업들의 M&A가 거래 규모와 가치 측면 모두에서 크게 감소하며 수년 만에 최저치를 기록한 것으로 나타났다. 글로벌 경기 둔화에 대한 우려와 금리 상승에 따른 자본 비용 부담 증가 등으로 인해 기업들이 투자 기조를 보수적이고 신중한 방향으로 선회한 까닭이다.

헬스케어 산업 빅데이터 분석기관 아이큐비아는 최근 '2022년 제약바이오 거래(Pharma Deals) 분석'이라는 보고서를 발표하며 2022년 글로벌 제약바이오 섹터에서의 거래들이 여러 역풍(headwind)에 직면했다고 분석했다.

지난 2020년에 발생한 코로나19로 M&A 활동이 잠시 위축됐지만 이듬해인 2021년에는 유수의 제약바이오 기업들이 백신 및 치료제 개발에 반등에 성공했다.

하지만 2022년 들어서는 미 연준의 금리 인상 기조가 지속되면서 글로벌 거시 경제의 불안정성과 자본 시장의 불확실성, 점차 어려워지는 자금 조달 환경 등의 악재가 발생하며 전체 제약바이오 기업들의 M&A(인수합병), 라이선싱, 파트너십 거래 등이 크게 감소했다.

IQVIA Pharma Deals 데이터베이스에 따르면 단독 연구 보조금(standalone research grants)을 제외한 제약바이오 섹터의 2022년 계약 체결 건수는 전년(2021년) 대비 25% 감소하며 위축된 모습을 보였다.

특히 코로나19를 비롯한 바이러스와 관련된 거래 활동이 절반 이상 감소했으며 2022년에 체결된 거래 중에서 코로나19와 관련된 것은 전체의 10% 미만이었다. 월별 거래 체결 건수를 살펴보면 1월에 가장 거래량이 많았고 중반에 정체기를 거쳐 지속적으로 하락하다 12월에 최저 수준까지 떨어졌다.[42]

모든 딜의 건수(펀딩 어워드 제외), 2018-2022년

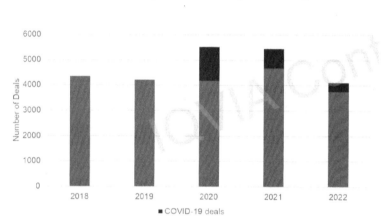

이뿐만이 아니라 제약바이오 거래 중에서도 M&A 영역에서의 둔화세가 두드러졌는데 M&A 규모는 2021년부터 2022년까지 30%가 감소했고 거래 총액과 건수 모두 최근 5년 동안 '역대 최저치'를 기록했다.

아이큐비아 데이터베이스에 따르면, 단독 연구 보조금(Standalone Research Grants)을 제외한 생명과학 분야의 계약 체결 건수는 2022년 전년 대비 25% 감소했다. 특히 바이러스와 관련된 활동은 절반 이상 감소했고 특히 코로나19와 관련된 거래는 전체 10% 미만으로 조사됐다.

---

42) 팜뉴스 '지난해 글로벌 제약바이오 M&A, 근 5년간 역대 최저치 기록'

2022년 M&A 거래 총 금액은 7억 5700만 달러로 전년 9억 4300억 달러 대비 20% 감소했다. 이는 2019년 코로나19라는 순풍을 얻고 급성장한 16억 200만 달러의 절반에도 미치지 못하는 수치다.

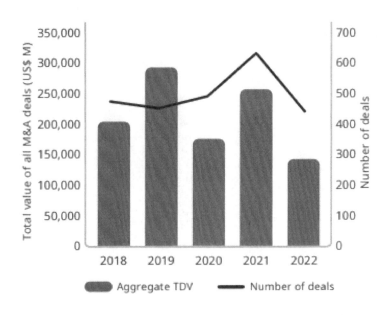

Source: IQVIA Pharma Deals

[그림 25] 2018-2022 글로벌 제약사 M&A 거래 총액

상위 10개 M&A 거래의 총액은 849억 달러 규모였다. 이 중 가장 높은 거래 금액은 암젠(Amgen)의 호라이즌 테라퓨틱스(Horizon Therapeutics) 갑상선 안질환 치료제 'Tepezza'를 포함한 희귀질환 치료제 포트폴리오 인수다.

이어 2~5위는 존슨앤존슨(Johnson & Johnson) 에이바이오메드 (Abiomed)의 심장, 폐, 신장 보조 기술이 추가된 메드텍(Medtech) 포트폴리오의 다양화 및 확장 인수, 화이자(Pfizer) 바이오헤이븐 파마수티컬(Biohaven Pharmaceutical) 이중 작용 편두통 치료제 'Nurtec ODT'를 포함한 칼시토닌 유전자 관련 펩타이드(CGRP) 프로그램 인수, 다케다(Takeda)의 님부스 락쉬미(Nimbus Lakshmi) 경구 선택적 알로스테릭 'TYK2(티로신 키나아제2) 억제제' 인수, 화이자(Pfizer)의 글로벌 블러드 테라퓨틱스(Global Blood Therapeutics) 겸상 적혈구 질환 치료제 포트폴리오 및 파이프라인 인수다.

상위 10건의 M&A 중 거래규모가 100억 달러 이상은 3건이었다. M&A 거래 금액이 50억~100억 달러 규모는 2022년에는 단 2건인데 반해 2021년에는 6건이나 됐다.

가장 높은 거래 금액을 기록한 회사는 암젠이지만 가장 많은 양의 거래를 한 회사는 머크(Merck & Co.)다. 머크는 거래 규모가 전년에 비해 28% 감소했음에도 불구하고 2022년 총 55건의 거래를 성사시켰다. 로슈(Roche)가 49건으로 2번째로 많았고, 이어 노바티스(Norvatis), 일라이 릴리(Eli Lilly), 아스트라제네카(AstraZeneca), 화이자(Pfizer), 사노피(Sanofi), 존슨앤존슨(J&J), GSK, BMS 순이었다.

한편, M&A 거래 규모 상위 기업들은 종양학(Oncology)에 집중해 투자를 진행한 것으로 나타났다.

머크 거래의 50%는 면역치료제인 키트루다(Keytruda)와 타사 종양학 에셋을 결합한 임상시험 협력이었다.

로슈도 2022년 주요 종양학 에셋을 중심으로 한 임상시험 협력, 동반 진단, 바이오마커 및 분석 개발을 위한 다양한 공동 개발 계약, 신약 개발 및 라이선스 프로그램을 위한 협력 등의 거래를 진행했다.

2022년 M&A에 가장 지출을 많이 했던 암젠의 거래 내용도 호라이즌 테라퓨틱스 인수를 비롯, 키로센트릭스(ChemoCentryx), Generate Biomedicines, Plexium, LegoChem Biosciences와 같은 종양학에 중점을 둔 회사들과 Y&D 및 기술 협력이 주를 이뤘으며, 사노피도 종약학과 면역학(Immunology) 분야의 신 후보물질 발굴 단계 협력과 관련된 거래가 총 지출액 230억 달러의 대부분을 차지했다.

가장 많은 거래를 성사시킨 딜메이커, 2021년 vs. 2022년

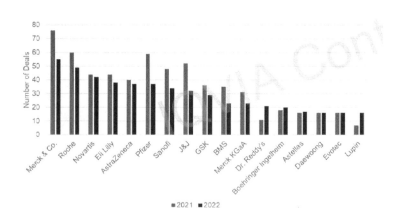

보고서는 "업계는 여전히 인플레이션, 높은 금리, 불안정한 자본시장과 같은 경제적 불확실성에 직면해 있지만, 2023년 생명과학 분야의 거래 전망은 낙관적인 변화를 보일 것으로 예측한다."며 "특히 암젠의 호라이즌 테라퓨틱스의 인수는 2023년 M&A 시장 활성화의 전조로 작용할 수 있다"고 분석했다.

이어 "2023년에도 종양학 관련 거래량이 주를 이룰 것으로 예상되지만 염증, 면역학 및 희귀질환 분야에서도 주목할 만한 거래활동이 예상된다."며 "글로벌 빅 파마들이 핵심 치료 영역 내 서로 다른 접근 방식을 추구하는 모습을 보이고 있는 만큼, 공동 R&D 활동을 포함한 거래 활동은 코로나19 팬데믹 이전 수준을 유지할 것으로 예상된다."고 전했다.

다만, 글로벌 주식 시장이나 벤처 캐피탈로부터 자금을 조달하는 데 어려움을 겪을 가능성이 존재하는 만큼, 빅 파마의 우선순위가 낮은 자산의 라이센싱 아웃도 주요 추세로 남을 수 있다고 예측했다.[43]

---

43) 약업신문 '높아진 금리 속 '양'보단 '질'에 집중하는 글로벌 제약사'

다) 최근이슈

코로나19의 영향으로 세계 각지에서 의약품 공급 부족 사태가 발생하면서 필수 의약품의 안정적인 공급망 구축이 각국의 핵심적 정책 과제로 부상했다. 그동안 미국, EU 등은 글로벌 가치사슬(Value chain) 상에서 부가가치가 높은 연구개발, 임상시험 등에 특화하고 부가가치가 상대적으로 낮은 제조 부문을 등한시해왔다.

그러나 지난 2021년 2월 미국 바이든 대통령의 공급망 점검 행정명령에 따라 같은 해 6월 백악관이 발표한 보고서에서는 기존의 제한된 정부의 역할과 시장 논리에 따른 자원배분, 원가절감을 위한 분업화와 아웃소싱이 공급망 상의 특정 부분에서 중국 등 외부 의존도를 높이는 결과를 초래했으며, 이는 미·중간 전략적 경쟁 국면 속에서 국가안보의 위험 요소로 부상했다는 점을 문제점으로 지적하고 있다.

그동안 미국은 생산원가 절감과 환경규제 회피 등의 목적으로 원료의약품 제조설비의 대부분을 해외로 이전해 왔다. 2021년 3월 기준 원료의약품 제조설비의 73%가 미국 외부에 위치하고 있으며, 특히 제너릭(복제약) 원료의약품의 제조설비는 87%가 해외에 소재한 것으로 나타났다.

미국은 자국 내에서 소비되는 제너릭 완제의약품의 약 40%를 인도에서 수입하고 있는데, 인도는 이를 생산하기 위한 원료의약품의 약 70%를 중국에서 수입하고 있어 미국의 의약품 공급망에서 중국의 영향력은 수치로 드러난 것보다 더 큰 것으로 평가된다. 특히 미국은 제너릭 항생제, 해열진통제 등 국민 보건에 필수적인 의약품의 대부분을 중국에 의존하고 있다. 이에 따라 미국은 의약품 공급망의 안정성 강화를 위해 △자국 내 의약품 생산 확대를 위한 인센티브 제공, △핵심 의약품의 재고 확보 및 관리시스템 구축, △동맹국과의 협력 강화 등을 추진할 계획이다. 제약산업의 글로벌 강자인 유럽도 제너릭 원료의약품의 90%를 중국으로부터 수입하고 있는 것으로 보고되고 있으며, 이에 따라 지난해 말 EU 집행위원회는 <유럽 新제약산업 전략(Pharmaceutical Strategy for Europe)>을 발표(2020.11)하여 제약산업의 발전 방향을 제시하고 공급망의 위기대응 능력을 높일 것을 주문하고 있다.44)

▌글로벌 바이오의약품 시장규모 및 매출비중   (십억 달러, %)

자료 : Evaluate Pharma World Preview 2020. Outlook to 2026

글로벌 바이오의약품 시장은 최근 7년('12~'19년)간 연평균 8.6% 성장했으며, 향후 6년('20~'26년)간 연평균 10.1% 성장하여 시장규모가 더욱 확대될 전망이다.

2019년 기준 글로벌 매출 상위 100대 의약품 중 바이오의약품 비중이 53%로 절반 이상을 차지하고 있으며, 전체의약품 시장에서 바이오의약품 매출 비중도 '19년 29%에서 '26년에는 35%로 증가할 것으로 전망된다.

---

44) 『전 세계 의약품 공급망의 변화와 우리 수출의 경쟁력 분석』 2021년 24호 한국무역협회 국제무역통상연구원 1-2p

한편, 주요 오리지널 바이오의약품의 특허가 2020년 이후 대거 만료될 예정에 있어 향후 바이오시밀러 시장도 급속히 확대될 전망이다.

바이오시밀러는 바이오신약에 비해 상대적으로 개발비용 및 소요 기간을 단축할 수 있고, 최근 세계 각국이 의료비 재정부담을 축소하고 의약품에 대한 환자 접근성 개선 등을 위해 상대적으로 저렴한 바이오시밀러 사용을 장려하면서 시장이 빠르게 확대되는 추세다.

신약개발은 후보물질 탐색부터 임상시험을 거쳐 품목허가를 받기까지 약 10~15년의 시간과 대규모 자금이 소요되므로, 최근 글로벌 제약기업들은 필요한 기술과 아이디어를 외부와의 협업을 통해 가져오거나 공유하는 개방형 혁신(Open Innovation)을 통해 신약개발의 효율성을 높이고 있다.

자체 역량에 의존해 연구개발에서 사업화 단계까지 기밀을 유지하는 폐쇄형 혁신 모델에서 벗어나 외부의 지식, 기술, 경험을 적극적으로 받아들이는 개방형 혁신 전략이 대세로 부상하고 있는 추세다.

제약산업의 개방형 혁신은 개방 범위와 단계에 따라 △아웃소싱 △라이선싱 △협업 △오픈소스형 등 4가지로 구분될 수 있다. 아웃소싱형(Pure Outsourcing)은 전임상 테스트, 임상시험 모니터링, 환자 모집 등 비핵심 분야에서 임상 대행기업(CRO) 등과 같은 외부 자원을 활용하는 단계다.[45]

---

45) 『전 세계 의약품 공급망의 변화와 우리 수출의 경쟁력 분석』 2021년 24호 한국무역협회 국제무역통상연구원 8-10p

라) 국가별 현황
(1) 미국[46]

<미국 제약시장 전망 (단위: 달러, %)>

구분	2020	2021	2022f	2023f	2024f	2025f	2026f
제약시장규모 (10억)	368.38	397.38	415.67	428.41	441.38	454.57	467.99
연간성장률	2.61	7.87	4.60	3.06	3.03	2.99	2.95
1인당 의약품비	1,112.9	1,193.6	1,241.5	1,272.5	1,303.8	1,335.4	1,367.4
총 의료비 대비 의약품 비율	8.9	9.5	9.3	9.1	8.9	8.6	8.4

[자료: Fitch Solutions, (f)전망치]

가장 규모가 큰 미국의 의약품 시장은 2017년 4,650억 달러에서 2022년 6,290억 달러로 성장하였으며, 향후 5년간 250개 이상의 신약이 출시되면서 2027년에는 7,630억 달러 규모의 시장을 형성할 것으로 내다봤다.

현재 글로벌 바이오의약품 매출 1위는 화이자·바이오엔텍의 코로나19 백신 코미나티다. 2021년에는 코미나티가 368억 달러 규모 매출을 올렸으며 코미나티는 코로나19 엔데믹에 따라 휴미라에게 다시 1위 자리를 넘겨줄 전망이다.

또한 미국 제약 시장에서 가장 큰 비중을 차지하고 있는 품목은 항고혈압제와 콜레스테롤 조절제(Antihypertensive and lipid regulators prescriptions)로 전체 처방전 중 22.1%의 비중을 차지한다. 미국 질병관리예방센터(Center for Disease Control and Prevention)에 따르면 미국 내 콜레스테롤 농도가 240mg/dL을 초과하는 고콜레스테롤 성인의 수는 약 3100만 명에 달하는 것으로

---

46) 미국 제약산업의 미래, 바이오제약에 있다, KOTRA, 2019.04.12

나타났다.

또한, 정신건강 및 신경계 약품(Mental health and nervous system prescriptions) 처방전 비중이 19.6%로 2위를 나타냈는데 향후 5년간 수요가 더욱 증가 할 것으로 전망된다.

미국 제약협회(Pharmaceutical Research and Manufacturers of America)에 따르면 미국 제약 산업은 미국 내 약 6,150만 명의 정신질환자 치료를 위해 정신건강 약물 개발에 투자를 늘려왔다.

최근에는 바이오제약회사가 불안장애, 우울증, 정신분열증, 물질남용 장애 등 치료를 위한 신약 개발을 위해 학계, 정부 연구기관, 환자협회 등과 파트너십 맺고 공동연구를 수행하고 있다.

통증 및 항박테리아 관련 처방전(Pain and antibacterial prescriptions)은 전체 처방전 중 16.4%를 차지했는데 지난 5년간 의사 처방전 없이 구입 가능한(OTC) 진통제가 증가했으며 비스테로이드성 항염증제(NSAIDs)를 찾는 만성질환자들도 증가했다.

이외에 당뇨병 치료제(Antidiabetes prescriptions), 호흡기 관련 처방전(Respiratory prescriptions), 피부질환 처방전(Dermatological prescriptions)이 각각 5.0%, 4.1%, 2.5%의 비중을 차지했다.

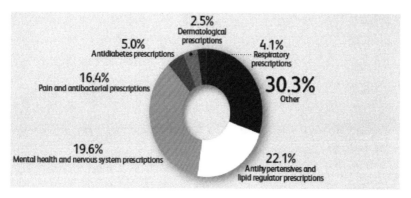

[그림 29] 미국 제약 시장 품목별 비중

미국 제약산업이 직면한 가장 큰 도전은 블록버스터급 제약 특허의 만료인데 특허가 만료되면 값싼 복제 의약품들이 시장에 쏟아져 나오기 때문이다. 제약 전문 저널 US 파마시스트(US Pharmacist)에 따르면 브랜드 의약품의 특허 만료 이후 제약회사의 매출의 90% 가량이 복제의약품으로 대체된다.

미국 내 가장 많이 팔리는 주요 의약품에 대한 특허가 2015년에 대거 만료됨에 따라 많은 제약회사들이 바이오의약품, 희귀병, 전문치료제 등 장기적 성장을 뒷받침 가능한 분야에 전략적으로 집중하기 시작했다.

투자수익률 극대화를 위해 처방 빈도는 낮지만 가격이 비싼 희귀질환 치료용 신약 개발도 활발히 이루어지고 있는데 희귀 질환 치료제의 경우 '희귀의약품 독점권(Orphan Drug Exclusivity)' 적용을 받아 미국과 EU에서 더 장기적인 특허권을 보장받을 수 있다.

미국은 1983년 희귀의약품법(Orphan Drug Act)을 도입해 공익을 위해 희귀의약품을 생산하는 제약회사에 그 약에 대한 7년간의 마케팅 독점권을 부여했다. 주요 의약품 특허만료에 직면한 제약회사들은 복제 의약품과의 경쟁에서 비교적 보호받을 수 있는 바이오의약품 개발에도 적극적으로 나서고 있는데 많은 바이오시밀러 제품이 시장에 진입하기 시작하면서 성장이 제한됐다.

피치레이팅(Fitch Ratings)에 따르면 글로벌 제약회사 상위 20개 기업 중 8개 기업이 바이오의약품기업인데 2020년 특허가 만료됨에 따라 바이오시밀러 분야의 신규 유입이 늘어나는 추세이다.

향후 바이오시밀러가 미국 제약산업 수익성에 막대한 영향을 끼칠 것으로 전망됨에 따라 대형 제약기업들은 바이오의약품 또는 바이오시밀러 업체와 협력해 제품 포트폴리오를 다양화하는 방식으로 대응하고 있다.

(가) 미국의 주요 바이오 클러스터

① 보스턴(Boston)·케임브리지(Cambridge), MA

보스턴·케임브리지 바이오 클러스터는 지난 2016년 샌프란시스코 베이 바이오 클러스터를 제치고 1위 자리를 자치한 이후 성장세를 이어가면서 그 자리를 지키고 있다.

미국 매사추세츠주 보스턴과 캐임브리지 지역에 형성된 바이오 클러스터에는 세계 TOP 20인 글로벌 빅파마 중 19곳의 연구소가 있다. 또 하버드의대와 메사추세츠공과대(MIT), 하버드의대 교육병원인 메사추세츠종합병원(Massachusetts General Hospital, MGH)와 브리검여성병원(Brigham and Women's Hospital, BWH) 등이 위치해 있다.

보스턴·케임브리지 바이오 클러스터가 유치한 NIH 펀딩은 지난 2016년 5억1,900만 달러(약 7,117억 원)에서 2017년 10억6,000만 달러(약 1조4,534억 원), 2018년 24억6,000만 달러(약 3조3,716억 원) 등 매년 급증했으며 2022년 32억 달러(약 4조3,824억 원)나 된다.

같은 기간 벤처 캐피탈 펀딩 규모는 20억 달러(약 2조7,394억 원)에서 136억 달러(18조6,333억 원으로 7배 가까이 늘었다.

보스턴·케임브리지 바이오 클러스터에서 등록한 특허는 지난 2016년 5,634건에서 2022년 1만119건으로 늘었으며 바이오 일자리도 8만2,075개에서 10만4,000개로 증가했다.[47]

② 샌프란시스코(San Francisco Bay Area)

연례 JP Morgan Healthcare Conference(생명 공학 일정의 정점)가 열리는 곳이자 생명 과학 연구의 온상인 캘리포니아 대학(University of California)에서 중요한 위치를 차지하는 샌프란시스코는 보스턴 바이오클러스터 다음으로 2위를 차지하고 있다.

실제로 Bay Area는 세계 기술 수도일 뿐만 아니라 생명공학 개척자인 Genentech와 그 사이에 3,800만 평방피트 이상의 실험실 공간을 차지하는 신생 스타트업의 본거지이기도 하다. 그 공간은 현재 건설 중인 320만 평방피트가 추가로 증가할 예정이며 CBRE 리서치에 따르면 그 중 38%는 이미 사전 임대되었다.

---

47) 청년의사 '세계 1위 美보스턴 바이오 클러스터…주정부 투자가 마중물 됐다.'

사우스 샌프란시스코에 있는 제조 및 R&D 시설. 한편, 뇌졸중 치료 스타트업 Imperative Care도 실리콘 밸리 주변 확장 프로젝트의 일환으로 약 40,000평방피트에 계약을 체결했다. 2021년 12월 3000만 달러를 초과한 시리즈 A 파이낸싱 라운드와 함께 공개한 세포 선별 회사인 Nodexus 도 실리콘 밸리 지역에서 26,000평방피트를 임대했다.[48]

샌프란시스코의 유일한 1위는 특허 13,550건에 있다. 일자리는 178,958개, 실험실 공간은 4,620만 평방피트 이며, NIH 펀딩부분에서는 4,236건으로, 총 22억 6,600만 달러 4위를 유지하고 있다.[49]

③ 뉴욕(New York)·뉴저지(New Jersey)

뉴욕시의 바이오클러스터 기관은 NIH 펀딩이 5,287건으로 총 33억 2,600만 달러에 달하는 지역이다. New York/New Jersey는 일자리가 128,000개, 실험실 공간은 2,380만 평방피트로 그 중 79%가 뉴저지에 있다. 벤처 캐피탈에서는 총 48억 6,200만 달러로 2020년에 24억 달러, 2021년과 2022년 1분기에 24억 6,200만 달러이다. 특허는 5,807건으로 나타났으며 뉴욕시는 향후 10~15년 내에 1,000만 평방피트의 실험실 공간이 늘어날 것으로 예상한다.

④ 매릴랜드(Maryland)/버지니아(Virginia)/워싱턴DC(Washington, D.C.)

메릴랜드/버지니아/워싱턴 DC, BHCR(BioHealth Capital Region)은 Johns Hopkins University에서 FDA 및 NIH 본부까지 다양한 곳으로부터 혜택을 받고 있다. BHCR은 2023년까지 상위 3개 지역

---

48) FIERCE 'The top biotech hubs in 2022'
49) GEN 'Top 10 U.S. Biopharma Clusters'

이 되는 것을 목표로 하고 있으며, JLL에 따르면 이 지역은 NIH 펀딩 3,992건으로 총 25억 3,600만 달러에 달하며, 특허 6,401개, 실험실 공간 3,550만 평방피트에 달한다. 이는 Cushman & Wakefield와 함께 메릴랜드 주 베데스다에 있는 NIH 캠퍼스 본사 내 920만 평방피트의 실험실 공간이 포함되었다.

이 지역은 일자리 117,378개, 벤처 캐피털 2020-2021년 총 28억 달러로 각각9229만5000달러, 23억8400만 달러로 나타났다.

⑤ 샌디에이고(San Diego)

서부의 플리머스에 기반을 둔 지역은 다른 범주보다 벤처 캐피털에서 계속 높은 순위를 기록하고 있다. 벤처 캐피털에서는 보스턴/캠브리지와 샌프란시스코에 이어 3위로 2020년 36억1900만 달러, 2021년과 2022년 1분기 각각 48억2000만 달러로 총 84억3900만 달러를 기록했다.

샌디에고는 단일 특허 6,400건로 3위인 BioHealth Capital Region을 제쳤으며, 실험실 공간은 2,230만 평방피트에 달한다. 일자리부문에서는 72,403건이며 미국 노동부의 KPMG 통계 분석을 기반으로 California Life Sciences NIH 펀딩 1,783건 총 10억 3,800만 달러에 달했다.

권고사항	정책과제
미국 내 생산 확대	① 자국 내 생산 확대를 위한 인센티브 제공 ▶(단기) 기존 필수의약품 목록을 점검하여 50~100 품목으로 구성된 Critical Drug List를 작성하고, 국방물자생산법(DPA)을 활용해 국내 생산 촉진을 위한 금융지원 인센티브 제공 ▶(중기) Critical Drug List 상에 등재된 의약품의 공급망 분석, API의 공급망 리스크를 최소화하는 재고관리 전략 모색
	② R&D 투자 확대 ▶혁신적인 생산 공정 플랫폼 및 기술 개발 ▶국방부-보건복지부의 중소기업지원프로그램, 국방물자생산법, the American Rescue Plan 등을 자금 지원에 활용 ▶보건복지부 내 TF를 설치하여 규제 및 관리 시스템의 효율성 제고, 선진화된 제조 기술 습득을 위한 파트너쉽 기회 제공
	③ 공정 품질 평가시스템 구축 ▶공급망 상의 투명성을 제고하고 우수한 생산자에게 혜택이 돌아가도록 평가 시스템을 설계하여 생산자가 품질향상에 대해 지속적으로 투자하도록 유도
	④ 공급망 관련 정보 공유 시스템 구축 ▶상업적 데이터를 활용하여 공급망 구조 및 리스크 파악 ▶FDA 권한을 확대하여 모든 원료 성분, 생산물량, 판매거래 자료 및 API 제조업체 표시 의무화
핵심 의약품의 재고 확보	⑤ 가상의 전략적 재고 비축 시스템 마련 ▶완제의약품 및 API의 필수 재고 물량 검토, on-demand 제조공정 시스템의 위기 발생시 대처 능력 파악
동맹국과 협력 강화	⑥ 공급망 리스크 공동대처 및 협력 시스템 구축 ▶중앙화된 API 공급업체 데이터 베이스 구축 ▶동맹국과 Critical Drug List의 공급망 공동 분석 추진

미국 백악관의 공급망 보고서의 권고사항 및 정책과제(자료:The White House(2021)

(2) 유럽

순위	기업명	국가	매출액	순위	국가	국가	매출액
1	애브비	미국	55.1	6	머크	미국	43.4
2	존슨앤존슨	미국	53.8	7	사노피	프랑스	40.9
3	노바티스	스위스	51.3	8	GSK	영국	39.6
4	로슈	스위스	46.9	9	브리스톨 마이어스 스큅	미국	36.7
5	화이자	미국	46.8	10	릴리	미국	31.3

자료: 식품의약품안전처, 2020년 식품의약품 통계연보(단위: 십억달러)

유럽은 세계 10대 제약사 중 4개, 20대 제약사 중 8개를 보유한 글로벌 제약 산업의 강자이나, 부가가치가 낮은 복제약 및 원료의약품 분야에서는 미국과 마찬가지로 아웃소싱에 주로 의존해 왔다.

유럽은 제너릭 원료의약품의 90%를 중국으로부터 수입하고 있으며, 최근 프랑스의 사노피(Sanofi)社는 유럽 내 원료의약품의 안정적 공급을 주도하고 높은 해외의존도 문제를 개선하기 위해 원료의약품 전문 자회사 EUROAPI社의 설립 계획을 발표했다.(2020.2)

코로나19 이후 EU집행위원회는 <유럽 新제약산업 전략(Pharmaceutical Strategy for Europe)>을 발표(2020.11)하여 제약산업의 발전 방향을 제시했다.

동 전략은 4대 목표로 ①연구개발에 대한 투자를 통해 희귀질환에 대한 의료수요를 충족시키고 적정한 약가를 통해 환자의 의약품에 대한 접근권을 보장하며, ②유럽 제약산업의 경쟁력 강화와 혁신, 디지털 전환을 지원하고, ③공급망의 회복탄력성과 위기대응 능력을

확보함과 동시에, ④제약산업에서 EU의 글로벌 영향력을 강화할 것
등을 제시했다.

 EU 통상정책의 목표인 개방된 전략적 자율성(Open strategic
autonomy)의 기조 하에서 회원국 간 협력을 바탕으로 역내 생산과
투자를 촉진하고 전략적 비축, 공급처 다변화 등을 통해 의약품 공
급망의 안정성 확보를 추진하고 있다.

(3) 중국

중국은 저부가가치 제네릭 의약품을 중심으로 세계시장 점유율을 확대해 왔으나, 최근 들어 고부가가치 바이오의약품 산업에도 공격적으로 투자를 확대하고 있다.

중국은 <중국 제조 2025>, <제14차 5개년 규획(2021~25년)> 등을 통해 국가 차원에서 의료산업을 적극적으로 육성하고 있으며, 중국의 바이오의약품 및 바이오시밀러 시장은 연평균 두 자릿수 증가율을 기록하면서 빠르게 성장할 것으로 전망된다.

중국의 바이오의약품 시장은 '18~'22년간 연평균 17% 성장할 것으로 전망되고 있으며, 바이오시밀러 시장은 '18~'25년간 연평균 20~25% 성장할 것으로 전망된다.

중국의 거대한 내수 시장과 인구 고령화 추세에 따라 글로벌 제약사들의 중국 진출이 가속화되고 있으며, 현지 업체와의 합작사 설립도 활발하다.

중국의 기술 발전에 대한 미국 등 선진국들의 견제가 강화됨에 따라, 2020년 발표한 14차 5개년 규획에서는 중국경제의 질적 제고뿐 아니라 국가안보 수호 차원에서 '과학기술의 자주혁신'을 최우선 국정과제로 제시했다.[50]

---

50) 『전 세계 의약품 공급망의 변화와 우리 수출의 경쟁력 분석』 2021년 24호 한국무역협회 국제무역통상연구원 16-18p

이름	발표시기	정책내용
중국제조 2025	2015년	▶ **2020년 달성 목표 :** - 선진국에 3~5개 바이오신약 및 동반진단시약 라이센싱 확보 - 중국 시장에서 중국기업의 바이오의약·전통의약 점유율 70%로 확대, 첨단의료기기 시장에서 점유율 50% 달성 ▶ **2025년 달성 목표 :** - 30~35개의 혁신신약 상업화 - 세계수준의 제약 혁신역량, 생산 볼륨, 국제 경쟁력 달성
제14차 5개년 규획 ('21-'25)	2020년	▶ **쌍순환 발전전략** : 미·중 갈등의 심화와 장기화에 대응하기 위해 중국의 거대한 내수시장을 활용하여 자체적으로 선순환할 수 있는 경제체제를 구축하는 것을 목표 ▶ 미국이 견제하는 '중국제조 2025' 대신 이와 유사한 '9대 전략적 신흥산업' 집중 육성계획을 제시 △차세대 정보기술 △바이오기술 △신재생에너지 △신소재 △첨단설비 △신에너지 자동차 △환경보호 △항공우주 △해양설비

중국 바이오의약품 산업 육성 정책 (자료: 한국바이오협회)

(4) 러시아[51]

러시아 의약품 시장은 Fitch Solutions의 분석에 의하면 달러화 기준으로 2020년 193억 달러로 2019년 199억 달러보다 전년 대비 3% 감소하였으나 2024년까지 242억 달러에 달할 것으로 전망되며, 5년간 연평균 성장률은 달러화 기준으로는 약 3.0%가 될 것으로 전망되고 있다.

러시아 의약품 시장은 2가지 분야로 구성되고 있으며 상업적 분야(약국)는 75%를 점유하고 국가 분야(병원 공급, 입찰)는 25%를 점유하였다.

구분	2019	2020	2021f	2022f	2023f	2024f
의약품판매 규모	19.9	19.3	21.3	22.2	23.1	24.2
전년대비 성장률	3.1	-3.1	10.9	4.1	3.8	5.1
1인당 의약품 구매 규모	136.1	131.9	146.3	152.4	158.4	166.8
GDP 대비 의약품 판매 규모 비중	1.18	1.21	1.21	1.21	1.21	1.21

[표 19] 러시아 의약품 시장 규모 성장 추세 (자료: AIPM-Remedium, Fitch Solutions)

---

51) 러시아 제약산업 발전과 수입대체화 현황, KOTRA, 2020.03.18

또한 러시아연방 통계청에 따르면, 2021년 의약품 소비자 물가는 전년 대비 6.6% 상승했다. 의약품 한 패키지의 평균 가격이 지난 2020년보다 12.0% 높은 256루블을 기록했다.

이 같은 추세는 2022년에도 이어져 1~9월 의약품 소비자물가지수는 전년도보다 10.1% 증가했다. 고가 의약품 비율도 전년 대비 높아지며, 소매에서 패키지 당 500루블 이상인 의약품의 점유율은 2022년 9월 54.6%로 전년도보다 6.4% 증가했다.

전문가들은 러시아 소비자의 더 비싼 약과 더 나은 품질의 패키징 제품 소비가 늘어나고, 값싼 의약품 수요가 감소해 나타난 현상으로 평가했다.

<의약품 소비 구조 내 수입 의약품과 국산 의약품(순수 국산 의약품 포함) 비교>

(단위: %)

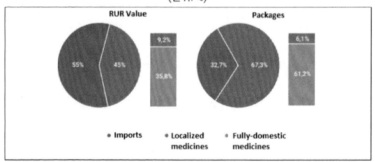

[자료원: DSM Group]

이에 따라 러시아 시장 점유율은 수입 의약품이 약 55%, 러 의약품이 45%의 시장점유율을 차지했다. 특히 오리지널 의약품에 대한 러 제품의 점유율은 26%, 순수 러 제조업체의 오리지널 의약품은 13%에 불과해 의약품 수입 의존도가 매우 높은 상황이며, 러시아 연방 정부가 자국 의약품 비중의 확대를 위해 적극적인 의약품 수입 대체 정책을 실행하고 있다.

러시아 정부가 자국 제약 산업 발전 지원을 위해 추진한 "2020년까지 제약 및 의료 산업 발전 전략"(Pharma 2020) 정책은 2018년까지 실행되었고, 2018년부터는 Pharma 2030로 변경되었다.

Pharma 2020 실행 시 정부 총 투자액은 250억 루블 (약 3.73억 달러)이며 민간 투자액은 2,000억 루블 (29억 달러)이었으며, 주요 목적은 수입 대체, 현지화, 클러스터 발전이었다.

Pharma 2030의 주요 목표는 의약품 생산뿐만 아니라 의약품 성분 물질까지 현지에서 생산, 러시아 국내산 의약품의 수출량 확대, 제약 분야의 혁신 및 투자 잠재력 강화이며 러시아에서 의약품 생산시 Good Manufacturing Practice, GMP 생산 품질 규정을 준수하고 있고, 유라시아경제연합에서도 이 기준을 받아들일 예정이다. 또한 가짜 의약품의 유통을 통제하기 위해 포장 마크 의무화 시스템이 도입되었다.

이처럼 러시아 의약품 유통에는 수많은 약국 체인이 존재하며 활발히 영업 중이다. 최근에는 특히 의약품 전자 상거래가 활발히 이뤄지고 있는데 대표적으로 지난 2021년 러시아 상위 유통업체 25개 목록에서 3위를 차지한 CV Protek JSC는 러시아 내 81개 지역과 약 1950 개의 약국 파트너를 대상으로 하는 'ZzravCity' 전자상거래 프로젝트를 운영하고 있다.

이렇게 아직까지는 독일 등 서구를 중심으로 한 고가 의약품이 약국 판매대를 채우고 있지만, 러시아 제조사들의 성장도 점진적으로 증가하고 있는 추세로 볼 수 있다.

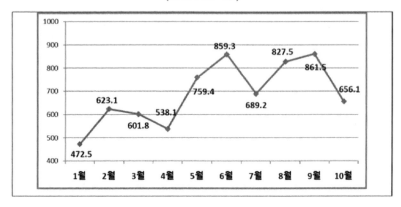

<2022년 1-10월 러시아의 의약품(HS Code 3004 90) 월별 수입>
(단위: US$ 백만)

한편, GLobus Fea의 자료에 따르면 2022년 러시아 의약품 수입
의 월별 상황은 상승과 하락을 직면하며 변동성을 나타냈다. 대러
제재 본격화 이후, 수입액은 2월 6억2310만 달러에서 4월 5억3810
만 달러로 감소세를 보이다가, 5월과 6월 각각 7억5940만 달러와 8
억5930만 달러로 회복세를 보였다.

하지만 7월~10월까지 등락을 반복했다. 이는 대러 제재, 물류 문
제 등에 의한 의약품 수급 불안정과 전반적인 의약품 가격상승 등
에 따른 것으로 보인다는 분석이다. 러 의약품과 수입 의약품을 비
교하면, 지난 2021년 의약품 매출을 루블 기준으로 했을 때 러 의
약품은 전년 대비 18%, 수입 의약품은 전년 대비 11%의 증가세를
보였다.52)

---

52) 의학신문 '러시아 의약품 시장 변동 고려한 진입 전략 필요'

(5) 방글라데시[53]

방글라데시의 제약 산업은 의류/섬유 산업의 뒤를 잇는 제2의 국가발전 산업으로 내수 시장의 97%를 자국에서 생산된 의약품으로 조달하고 있으며, 의약품 관련 제조회사 수는 200개에 이르며 정부에서도 차기 산업으로 육성기조에 있다.

신규 의약품이 수입될 경우, DGDA[54]에 등록 및 허가를 득하여야 하는데 그 절차는 통상 2~3개월이 소요된다. DGDA는 최근 89개 품목의 제조 허가를 정지 시키고 19건의 허가는 영구 취소하는 조치를 취하는 등 의약품 품질 관리를 위해 노력하고 있으며 지난해는 14건의 허가를 보류시키고 61개 품목의 허가를 영구 취소한바 있다.

방글라데시는 1971년 독립 후 의약품을 수입에 대부분 의존했으나 1982년 자국 제약산업 보호 정책의 일환으로 Drug Control Ordinance를 시행하여 외국 회사들이 방글라데시 내에서 자국 약품을 판매하지 못하도록 했다.

이후 현지 제약회사들이 크게 성장하여 현재 200개 제약회사에 851개 공장이 가동 중이며, 최근 연간 10% 이상의 성장과 더불어 신규 투자 신고 금액도 8천만불에 이르고 있다.

방글라데시의 경우 대부분 복제약(generic medicine)을 생산하고 있으며 약품 원료 및 생산기계 대부분을 수입에 의존하고 있다. 방

---

53) 방글라데시 제약 산업, KOTRA, 2019.12.26
54) DGDA(the Directorate General of Drug Administration, 의약품 관리국) :
   보건부 산하의 의약품 관리 관청으로 모든 의약품 원료 및 약품의 수출입 정책
   및 허가를 관장하며 의약품 포장재료, 생산, 판매, 가격 등을 관리

글라데시는 90% 이상의 약품 원료를 수입에 의존하고 있어 현지 제약산업이 외부 충격에 다소 취약한 점이 있으며 현재 자국내 원료생산 시설 확충에 많은 투자를 하고 있다.

현재 자국 내에서 생산하고 있는 약품은 일반 의약품 이외에 인슐린, 호르몬, 장티푸스, 소아마비, 디프테리아, 인플루엔자 등 20여가지의 세균 및 바이러스성 감염을 치료할 수 있는 백신도 생산하고 있다.

그러나 종양(oncological)관련 의약품은 수입에 의존하고 있으며 현지 제약업체에서도 해당 약품의 자국내 생산을 위해 많은 연구와 투자를 진행하고 있다. 제약관련 기계는 주료 알약, 캡슐, 파우더 공정 장비 및 코팅, 벌크 생산설비 등 다양한데 캡슐 커버, 액상 포장, 알루미늄 호일 등 포장관련 기계 설비에 대한 수요가 많다.

방글라데시 의약품산업 협의회(BAPI)에 따르면, 30억 달러에 달하는 전체 수요의 98%가 국내 생산으로 충당되며 EU를 비롯한 전 세계로 제품을 수출하고 있다. 미국 IMS(Intercontinental Medical Statistics)에 따르면, 2025년 방글라데시 의약품 시장은 60억 달러를 상회할 전망이다. 그러나 의약품 원료 경우 수입에 크게 의존하고 있기 때문에 방글라데시 정부는 의약품 원료 자체 생산을 강화하기 위해 의약품 원료 제조공단 설립을 진행 중으로, 이에 따라 관련 기계류 및 설비 수입 수요가 크게 증가할 전망이다.

방글라데시 투자개발청(BIDA)의 '2025년 방글라데시 의약품시장 전망' 보고서에 따르면, 방글라데시 의약품 시장은 2019년부터 2025년까지 연평균 12% 이상 성장세를 보일 전망이다. 전체 수요 대부분을 국내 생산으로 충당하며 수출도 증가세를 보이고 있다.

방글라데시 의약품산업협의회에 따르면, 2021년 기준 방글라데시에 등록된 257개 의약품 제조업체 중 150개사가 공장을 가동 중으로, 방글라데시는 의약품 원료 생산을 위한 산업공단인 API(Active Pharmaceuticals Ingredient) 파크 설립을 통해 수출을 더욱 증대시킬 계획이다.

약 30억 달러에 달하는 방글라데시 의약품 시장은 10억 달러 이상 규모 의약품 원료를 필요로 하지만 전체 의약품 원료 수요의 8% 미만만 현지 생산으로 충당하고, 나머지는 수입에 의존하고 있는 실정이다.

방글라데시 정부는 의약품 원료에 대한 수입 의존도를 낮추기 위해 API 파크를 조성하고 국내외 기업들을 위치하기 위해 노력 중이다. 이로써 2032년까지 API 개발에 10억 달러의 투자를 유치하고 수입 의존도를 80%로 줄이는 것을 목표로 2018년 API 정책을 개발했다. 이 전략은 2032년까지 API 수출 수입을 늘리고 550만 명의 고용을 창출하는 것을 목표로 한다.

최근에는 특별 API 파크도 건설되었다. 연간 3개의 분자를 개발할 수 있는 회사는 75% 면세 혜택을 받을 수 있으며 연간 5개의 분자를 개발하는 회사는 100% 면세 혜택을 받을 수 있다. 또한 기업은 연간 매출의 최소 1%를 R&D에 투자하고 점차적으로 학계 및 연구기관과의 협력을 강화해야 한다. 앞으로 방글라데시는 API 시설을 업그레이드하고 API 정책에서 분명히 강조한 제약 부문에서 많은 FDI를 유치하기 위해 많은 투자와 노력을 할 것으로 전망된다.[55][56]

---

55) 방글라데시,의약품원료 제조공단 설립..제조 생산 기계 설비 수요 증가/ 팜뉴스
56) The Business Standard 'LDC graduation: What lies ahead for the pharmaceutical sector of Bangladesh?'

(6) 아랍에미리트[57]

2021년 UAE 의약품 시장 규모(판매액)는 37억 달러이며 2026년에는 50억 달러에 이르러 연평균 6%의 성장을 보일 것으로 전망된다. 2021년 370.4달러 선이었던 1인당 의약품관련 지출액은 2026년 477.3달러까지 늘어날 전망이나, GDP대비 지출 비중은 1% 미만을 유지할 전망이다.

구분 (년)	2021	2022	2023	2024	2025	2026
의약품 시장 규모 (십억 $)	3.701	3.914	4.141	4.391	4.667	4.965
1인당 의약품 지출액 ($)	370.4	388.3	407.3	428.6	452.0	477.3
GDP 대비 의약품 지출 (%)	0.92	0.85	0.86	0.88	0.89	0.91

[표 20] 아랍에미리트 의약품 시장 규모

늘어나는 인구 및 만성질환에 기인, 의약품 수요가 늘어나면서 UAE의약품 시장은 더욱 커질 것으로 보인다. UN에 따르면 928만 명으로 집계된 2020년 UAE 인구는 2030년 1,110만 명으로 수준으로 늘어날 것이며 더위로 외부 활동이 제한되고, 자동차 위주의 생활, 육식위주의 식습관으로 비만과 당뇨, 심장질환 등은 심각한 사회문제로 대두되고 있기 때문이다.

2022년 들어 UAE 보건부(Ministry of Health & Prevention)는 두바이 보건청(Dubai Health Authority), 아부다비보건청(Abu

---

57) UAE 의약품 시장동향, KOTRA, 2019.10.18

Dhabi Public Health)과 공조, 비만과 관련 합병증 예방을 위한 전담반을 신설하고 청소년들의 식사·운동습관 교정을 통해 건강한 사회를 구축하기 위한 노력을 시작하였지만 비만과 과체중인 인구 비중은 남성의 경우 70.8%, 여성의 경우 64.9%에 달한다.

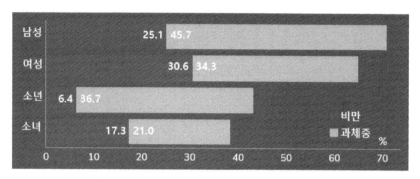

[그림 32] UAE 인구 중 비만 및 과체중 현황

이에 따른 아랍에미리트 전체 의약품 시장 내 처방의약품이 80% 이상으로 가장 큰 비중을 차지하고 있다. 이는 인구증가와 당뇨, 심혈관 질환 등 만성질환 환자 증가에 기인한 것으로 보인다.

구분(년)	2021	2022	2023	2024	2025	2026
처방의약품 판매액	3.231	3.430	3.641	3.874	4.131	4.410
처방의약품 비중	87.3	87.6	87.9	88.2	88.5	88.8

[표 21] UAE 처방의약품 시장동향 (단위:US$ 십억, %)

2021년 UAE 처방의약품(Prescription Drug) 시장규모는 32억 달러로 추산되며 2026년까지 연평균 6.4% 성장을 보일 전망이다. 전체 의약품 판매에서 처방의약품이 차지하는 비중은 85%를 이상으로 큰 비중을 나타낸다.

처방의약품은 크게 특허의약품(Patented Medicine)과 제네릭 의약품(Generic Medicine)으로 나뉘는데, 이때, 합성 의약품(복제품)이란 특허 기간이 만료된 의약품과 성분, 효능 등이 동일한 의약품을 의미 한다.

특허의약품의 경우 합성 의약품(복제품)보다 가격이 높은 편이나 브랜드 충성도가 높은 고소득층의 수요가 이어지고 있으며, 의료 보험 의무화 정책으로 의료비 개인 부담이 줄어든 것도 특허의약품 수요 증가에 영향을 미친 것으로 분석된다.

아랍에미리트 정부는 비교적 저렴해 부담이 적은 합성 의약품(복제품) 소비를 장려하고 있다. 아부다비 보건부(DoH, Department of Health)는 대체 의약품(합성 의약품, 복제품)이 있는 의약품 카테고리에 기준 가격을 설정해 의료시설에서 환자들에게 더 많은 합성 의약품(복제품)을 제공할 수 있도록 하고 있다.

구분(년)	2021	2022	2023	2024	2025	2026
특허의약품 판매액	2.518	2.668	2.828	3.004	3.198	3.407
합성의약품 복제품 판매액	0.713	0.761	0.813	0.870	0.933	1.002

[표 22] UAE특허의약품, 합성의약품 복제품 시장동향 (단위:US$ 십억)

2021년 특허의약품(Patented Drug) 시장규모는 25억 달러이며 2026년까지 연평균 6.0% 성장할 전망이다. UAE 정부가 가격이 저렴한 복제약 소비를 장려하고 있음에도 완비된 의료보험 시스템으로 약제 개인부담금이 낮으며 글로벌 브랜드에 대한 충성도가 높은 시장특성 상, 전체 처방의약품 중 특허의약품 비중은 80%에 달하고 있다. 반면 2021년 합성의약품 복제품(Generic Drug) 시장규모는 7억 달러로 전체 의약품 시장의 19.3%를 차지하고 있다. 2026년까지 연평균 7.0% 성장, 복제품의 성장세가 특허의약품의 성장세를 웃돌 전망이다.

구분(년)	2021	2022	2023	2024	2025	2026
일반의약품 판매액	0.470	0.485	0.500	0.517	0.536	0.556
판매액 증가율	2.98	3.14	3.15	3.40	3.61	3.71
전체 의약품 판매액 대비 일반의약품 비중	12.7	12.4	12.1	11.8	11.5	11.2

[표 23] UAE 일반의약품 시장동향 (단위: US$ 십억, %)

다음으로 아랍에미리트의 일반의약품 시장에 대해 살펴보도록 하자. 일반의약품은 의사의 처방 없이 소비자에게 판매가 가능한 의약품을 의미한다. 2021년 UAE 일반의약품(Over The Counter, OTC) 시장규모는 4.7억 달러이며, 인구 증가 및 약국 프렌차이즈의 공격적인 확장에 힘입어 2026년까지 연평균 3.4% 성장할 전망이다. 반면 의사 진료 후, 처방전을 통한 약제를 선호하는 소비자 특성상 전체 의약품 시장 내 일반의약품 비중은 점차 줄어들어 2031년경에는 10% 미만에 이를 것으로 보인다.[58]

아랍에미리트 정부는 석유•가스산업 의존도가 높은 자국 산업구조를 다각화하고 비석유부문의 GDP 기여도를 제고하고자 제조업 육성에 박차를 가하고 있다. 이때, 중점적으로 육성하는 제조업 분야에 제약산업이 포함되었다. 또한 제조업 육성을 통해 수입 의약품

---

58) Kotra 해외시장뉴스 'UAE의약품 시장동향'

에 대한 높은 의존도를 낮추고 UAE를 인근 지역 내 제약 허브로 만들고자 하고 있다.

또한 두바이 산업전략 2030을 통해 제조업을 통한 부가가치 창출과 GDP 기여도 제고를 통한 두바이의 글로벌 제조업 플랫폼으로의 변모를 목표로 하고 있다. 해당 전략에는 제약·의료기기를 포함해 6개 분야의 제조업 집중 육성 계획이 포함되어 있다.

(7) 사우디아라비아[59]

Mordor Intelligence가 발표한 보고서에 따르면 사우디아라비아의 제약 시장은 2021-2026년 예측 기간 동안 연평균 복합 성장률 (CAGR) 7.17%로 성장할 것으로 예상된다. 시장은 2026년까지 SAR 361억 1천만(약 USD 96억 3천만)에 이를 것으로 예상된다. 이같은 시장의 성장은 만성 질환의 부담 증가, 인구 고령화, 의료 인프라 활성화를 위한 정부 시책과 건강보험 적용 범위 확대 등 다양한 요인에 기인한 것으로 풀이된다.

사우디는 현재 달고 짠 식습관으로 인해, 심장병, 당뇨 등의 질병 환자 매년 증가하고 있으며, 친척 등 근친결혼이 널리 퍼져있어 이에 따른 각종 질병도 지속적으로 증가하고 있다.

사우디는 3,400만 인구로 현재 GCC 6개국 중 가장 큰 의약품 단일 시장을 보유하고 있으며, 인구의 50%가 30세 이하로 향후 10년 동안 의약품 시장 규모 대폭 증가할 전망이다.

구분	2017	2018	2019e	2020e	2021f	2022f
금액	7,519	7,897	8,293	8,711	9,185	9,704
증가율	0.99	5.03	5.01	5.01	5.04	5.07

[표 28] 사우디 의약품 시장 규모 (단위: 백만 달러, %)

---

59) 사우디 의약품 시장동향, KOTRA, 2019.10.16.

사우디는 고온건조한 기후로 인한 운동부족, 달고 짜게 먹는 식습관으로 인해 심장병, 고혈압, 당뇨병 환자가 많아 고혈압 치료제, 혈당조정제 등 의약품 수요가 지속적으로 증가하고 있다.

사우디는 사우디 비전 2030의 일환으로, 현지 의약품 제조업 육성을 추진하고 있다. 이 정책의 일환으로 보건의료 현지 육성을 위한 글로벌 빅파마(Big Pharma)와 현지 JV설립을 추진하고 있다. 또한, 기술 제휴 등을 통해 제네릭 의약품 현지생산을 추진하고 있으며, 2019년 4월 서울에서 개최된 한-사우디 비전 2030 경제공동위원회 이후 일부 한국 기업과 JV 설립을 추진했다.

사우디의 경우 의약품 수입업체 및 유통업체들은 도매업체 또는 직접적으로 약국에 제품을 공급하고 있으며, 외국 제약사의 사우디 내 의약품 유통은 법적으로 금지되어 있다. 따라서 모든 제약사는 사우디 내 현지 에이전트를 보유하고 있으며, 에이전트는 제품 수입부터 공급까지 수행하고 있다.

글로벌 제약사로부터 의약품을 수입한 사우디 에이전트는 전문도매업체 통하거나 자체적으로 약국에 의약품을 유통하고 있다. 유로모니터에 의하면 의약품 소비자 판매는 전체의 99.3%가 오프라인을 통해 이루어지며, 이 중 전문의약품 판매점이 86.3%를 차지하고 있다.

나. 주요 바이오의약품의 산업 현황

1) 항체의약품
가) 시장 전망[60]

항체는 특이적으로 항원과 결합해 이를 중화하거나 제거한다. 업계에 따르면 2018년 글로벌 의약품 매출 10위권 내 바이오의약품은 8개였고, 이 중에서 7개가 항체 의약품이다.

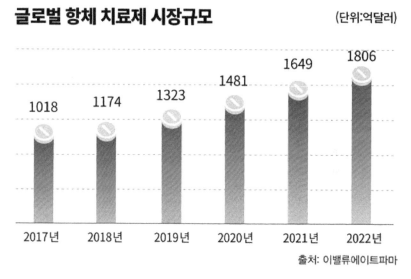

글로벌 항체 치료제 시장규모   (단위:억달러)

1018   1174   1323   1481   1649   1806

2017년 2018년 2019년 2020년 2021년 2022년

출처: 이밸류에이트파마

[그림 33] 글로벌 항체 치료제 시장 규모

---

60) 항체의약품 개발 기술 동향, 식품의약품안전처 식품의약품안전평가원, 2015. 12.

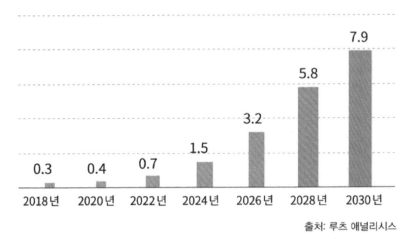

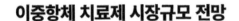

이중항체 치료제 시장규모 전망 (단위:십억달러)

7.9

5.8

3.2

1.5

0.3   0.4   0.7

2018년 2020년 2022년 2024년 2026년 2028년 2030년

출처: 루츠 애널리시스

[그림 34] 이중항체 치료제 시장규모 전망

전 세계에서 가장 많이 팔린 항체 의약품 '휴미라' 매출은 2018년 약 22조5600억원을 기록했다. 항체 의약품이 제약바이오 분야에서 혁신 치료제로 급부상하고 있는 가운데 '단일항체' 대신 동시에 두 표적을 타깃하는 '이중항체' 기술이 주목된다.

이중항체는 Y자 모양뿐만 아니라, 다양한 형태로 기존 항체 치료제의 안정성과 표적 항원 수, 반감기 증가 등 유효성을 개선하도록 개발됐다. 이는 2개 혹은 다수의 표적을 목표로 하는 항체 의약품 기술이다. 자연계에 없는 인공항체인 이중항체는 항원결정부 2개를 표적해 항체의 특이성과 친화성을 증가시킬 수 있다.

이중항체 신약은 100여개가 넘는 플랫폼 기술이 연구개발(R&D)되고 있지만, 2017년 글로벌 제약사 로슈의 A형 혈우병 치료제 '헴리브라'를 포함한 3개의 신약만이 시판허가를 받았다. 대표적인 이중항체 플랫폼 기술로는 글로벌 제약사 암젠의 BiTE, 로슈의 CrossMab 등이 있다.61)

순위	제품명	업체	매출액 (단위 : 십억 달러)		
			2017	2018	증감률
1	아바스틴	로슈	920	1,045	13.5%
2	휴미라	애브비	695	855	23.0%
3	허셉틴	로슈	836	800	-4.3%
4	키트루다	MSD	122	703	475.1%
5	옵디보	오노	125	575	361.2%
6	레미케이드	얀센	377	451	19.6%
7	솔리리스	한독	420	415	-1.1%
8	얼비툭스	머크	400	397	-1.0%
9	퍼제타	로슈	116	309	165.7%
10	맙테라	로슈	312	298	-4.4%

[표 29] 주요 항체의약품 매출액 추이(IQVIA) 62)

향후 의약품 시장에서 바이오의약품이 차지하는 비중은 화학의약품 규모를 추월할 것으로 예상되며 바이오의약품 중 항체의약품의 비중 또한 비약적으로 증가될 것으로 예상된다.

---

61) [바이오헬스, 사후약방문 안 된다] ③이중항체, 의약품 시장 판도 바꾼다, 황진중, 이코노믹리뷰, 2019.05.29
62) 항체의약품 시장 맹위, 8000억대 진입, 의약뉴스, 2019.03.04.

나) 품목 허가 현황[63]

2015년 12월 기준으로, 국내에서 43개의 항체의약품이 국내에 승인되어있다. 43개 제품 중 37개는 수입의약품이며 국내에서 개발된 제품은 6개이다. 국내 개발 의약품 중 5개는 바이오시밀러이고 1개는 희귀의약품으로 허가된 신약이다.

국내의 항체의약품 생산 능력은 세계 수준에 다가가고 있지만 신약 개발 역량은 선진국에 비해 매우 비약한 수준으로 평가된다.

	대분류	제품명	성분명	업체명	효능·효과
1		허셉틴	트라스투주맙	㈜한국로슈	유방암 치료
2		캐싸일라	트라스투주맙 엠탄신	㈜한국로슈	유방암 치료
3		퍼제타	퍼투주맙	㈜한국로슈	유방암 치료
4		허쥬마	트라스투주맙	㈜셀트리온	전이성 유방암 치료
5	항암	맙테라	리툭시맙	㈜한국로슈	림프종, 류마티스 관절염 치료
6		제바린키트	이브리투모맙 튜세탄	한국먼디파마(유)	비호지킨림프종 치료
7		아르제라	오파투무맙	㈜글락소스미스클라인	성인만성림프구성백혈병 치료
8		가싸이바	오비누투주맙 (GA101)	㈜한국로슈	만성림프구성백혈병 치료
9		얼비툭스	세툭시맙	머크㈜	직결장암 치료
10		벡티빅스	파니투무맙	㈜글락소스미스클라인	전이성 직결장암 치료
11		아바스틴	베바시주맙	㈜한국로슈	전이성 암 치료

---

63) 항체의약품 개발 기술 동향, 식품의약품안전처 식품의약품안전평가원, 2015. 12.

12		잘트랩	애블리버셉트	㈜사노피-아벤티스코리아	전이성 결장직장암 치료
13		애드세트리스	브렌툭시맙베도틴	한국다케다제약	호지킨림프종치료
14		엑스지바	데노수맙	㈜글락소스미스클라인	고형암의 골전이 환자에서 골격계 증상 발생 위험 감소
15		여보이	이필리무맙	(유)한국비엠에스제약	전이성 흑색종 치료
16		사이람자	라무시루맙	한국릴리(유)	위암 치료
17		옵디보	니볼루맙(ONO-4538)	한국오노약품공업㈜	전이성 흑색종 치료
18		키트루다	펨브롤리주맙(MK-3475)	한국엠에스디(유)	전이성 흑색종 치료
19	면역조절	씨뮬렉트	바실릭시맙	한국노바티스㈜	신장이식시 병용 면역억제제
20		레미케이드	인플릭시맙	㈜한국얀센	크론병, 류마티스 관절염 등 치료
21		램시마	인플릭시맙	㈜셀트리온	크론병, 류마티스 관절염 등 치료
22		렌플렉시스	인플릭시맙	삼성바이오에피스㈜	크론병, 류마티스 관절염 등 치료
23		엔브렐	에타너셉트	한국화이자제약㈜	류마티스 관절염 치료
24		다빅트렐	에타너셉트	한화케미칼㈜	류마티스 관절염 치료
25		졸레어	오말리주맙	한국노바티스㈜	알레르기성 천식 치료
26		휴미라	아달리무맙	한국애보트	크론병, 류마티스 관절염 등 치료

27		퍼스티맙	서톨리주맙 페골	한국오츠카제약㈜	성인 류마티스 관절염 치료
28		심퍼니	골리무맙	㈜한국얀센	성인 류마티스 관절염 등 치료
29		스텔라라	우스테키누맙	㈜한국얀센	중증의 판상건 선, 건선성 관 절염 치료
30		악템라	토실리주맙	제이더블유중외제약㈜	성인 류마티스 관절염 치료
31		오렌시아	아바타셉트	(유)한국비엠에스제약	류마티스 관절 염 치료
32		벤리스타	벨리무맙	㈜글락소스미스클라인	성인 전신홍반 루푸스 치료
33		킨텔레스	베돌리주맙	한국다케다제약	궤양성대장염, 크론병
34		브렌시스	에타너셉트	삼성바이오에피스㈜	류마티스 관절 염 치료
35		리오프로	압식시맙	한국릴리(유)	허혈성 심합병 증 예방
36		클로티냅	압식시맙	이수앱지스	허혈성 심합병 증 치료
37		시나지스	팔리비주맙	한국애브비㈜	RSV 소아환자 의 하기도 질환 예방
38	기 타	루센티스	라니비주맙	한국노바티스㈜	황반변성 치료
39		솔리리스	에쿨리주맙	㈜한독약품	야간혈색소뇨증 에서 용혈 감소
40		티사브리	나탈리주맙	㈜사이넥스	다발성 경화증 치료
41		아일리아	애플리버셉트	바이엘코리아㈜	황반변성 치료
42		프롤리아	데노수맙	㈜글락소스미스클라인	골다공증 치료
43		렘트라다	알렘투주맙	㈜젠자임코리아	다발성 경화증 치료

[표 30] 항체의약품 국내 허가 현황[64)]

---

64) 식품의약품안전처

허가된 항체의약품을 구분해보면 항암치료제가 18종(43%)으로 가장 많고, 면역조절제가 16종(36%), 골다공증치료제 등 기타 적응증 치료제가 9종(21%)인 것으로 나타났다. 항체 유형으로 분류해보면 단일클론항체가 대부분(30종,69%)을 차지하고 있었으며 그밖에 항체-약물 복합체(3종, 7%) 항원결합부위-Fc 복합체(6종, 14%), Fab(4종, 10%) 등으로 구분할 수 있었다.

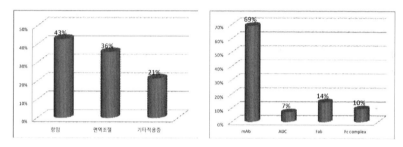

[그림 35] 국내 허가 항체의약품의 적응증 및 종류별 구분
65)

---

65) 식품의약품안전처

다) 개발 동향 분석[66]

바이오 의약품 개발 상황을 Pharmaprojects 데이터베이스를 이용해 분석한 결과, 전 세계적으로 개발 중인 바이오 의약품(1,815건) 중 항체의약품이 548건으로 가장 많아 전체의 30.2%를 차지했다. 이어서 백신(461건, 25.4%), 세포치료(228건, 12.6%), 유전자치료(157건, 8.7%) 순이었다. 이러한 데이터에서도 볼 수 있듯이, 바이오 의약품 중에서 항체의약품 개발이 가장 활발하며 가장 발전 가능성이 있는 분야라고 볼 수 있다. 개발 중인 항체의약품 488개 품목의 적응 질환을 보면, 여전히 암과 관절 류마티스가 상위를 차지하고 있다. 그러나 시판된 품목 중에는 제품수가 적은 감염증과 천식뿐만 아니라 기타 질환을 대상으로 한 항체의약품 역시 활발히 개발되고 있다.

국내에서 개발 중인 항체의약품의 임상 현황을 분석해보면, 2015년 9월 기준으로 임상시험 중인 93건의 항체의약품 중 84건(89%)은 외국개발자에 의한 것이고 9건(11%)만이 국내 업체에 의한 것이었다. 외국개발자에 의한 임상시험은 임상2상과 3상이 82%(각각 39%, 43%)이고 1상은 18%였으나 국내 개발 중인 항체의약품은 아직 임상1상중인 것이 대부분(7건, 78%)이었고 2상은 22%(2건)이었으며 임상3상에 이른 것은 없었다. 다른 한편 개발 중인 항체의약품은 항암치료 및 면역조절을 위한 것이 각각 47%와 38%로 대부분을 차지하고 있었다.

---

66) 항체의약품 개발 기술 동향, 식품의약품안전처 식품의약품안전평가원, 2015. 12.

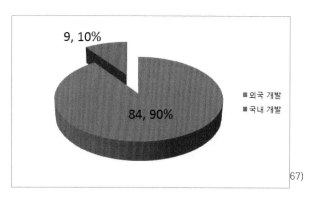

[그림 36] 국내 항체의약품 임상시험 현황

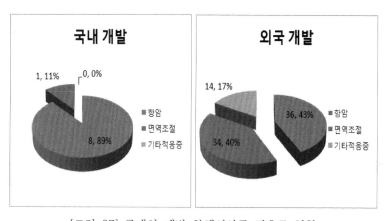

[그림 37] 국내외 개발 항체의약품 적응증 현황

---

67) 식품의약품안전처
68) 식품의약품안전처

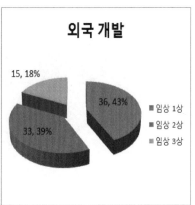

[그림 38] 국내외 개발 항체의약품 개발 진행 정도
69)

새로운 항체 의약품으로 개발될 수 있는 후보 물질은 이미 글로벌 제약회사에 의해 대부분 선점되어 있는 상황인데다 자체적으로 신규 항체 의약품을 개발하기까지는 긴 시간과 많은 비용이 소요되기 때문에 국내에서는 신약 개발보다는 기존 항체 의약품의 바이오시밀러나 바이오베터를 주로 개발하고 있다. 그러나 중장기적 안목으로 보았을 때 새로운 항체 의약품 신약을 개발하여야 글로벌 제약회사와 경쟁할 수 있을 것이다. 국내 항체 의약품 신약 기술은 아직은 초기 단계로 앞으로 더 많은 연구와 기술 개발이 필요하다.

국내 개발 중인 항체의약품 신약으로는 한올바이오파마에서 연구 중인 HL161이 있다. HL161은 FcRn의 기능을 억제하여 면역 억제 효과를 내며, 중증자가면역질환을 치료할 것으로 기대된다.

---

69) (상동)

또한 파멥신에서는 단일항체의약품인 Tanibirumab와 이중표적항체인 DIGKT를 개발 중이다. 호주에서 임상 2상 진행 중인 Tanibirumab은 VEGFR2/KDR을 타깃으로 하며, 혈관 형성을 억제하여 항암 효과를 내는 면역항암제이다. 이중표적항체기술을 기반으로 개발된 DIGKT는 신생혈관형성을 조절하는 두 인자인 VEGFR2와 Tie-2를 동시에 저해함으로써 항암 효과를 낸다.

라) 최근이슈

셀트리온 항체 치료제 효능 분석 중

셀트리온이 코로나19 항체치료제 `렉키로나`(CT-P59·성분명 레그단비맙)의 환자 대상 델타 변이 효능 분석 결과를 발표하겠다고 밝혔다.

셀트리온은 서울 강남구에서 열린 `2021 글로벌 바이오 콘퍼런스`(GBC)의 `코로나19 항체치료제 개발 시 고려사항` 발표 세션에서 "2021년 7월 중순 이후 국내 코로나19 바이러스 우점종은 델타 변이인 만큼 렉키로나 투여 환자에서 델타 변이 효능을 분석하고 있다"며 "이 결과는 곧 공개될 예정"이라고 말했다.

셀트리온은 국내 식품의약품안전처에서 임상 2상 결과를 바탕으로 렉키로나의 조건부 허가를 받았다. 이후 렉키로나는 국내 101개 병원의 환자 1만3천936명에게 투여됐다.

셀트리온 관계자는 "델타 이후 추가 변이가 발생할지도 모르는 상황에서 좋은 후보를 갖고 있다"며 "CT-P63은 `와일드 타입`(기존 바이러스)에 대해서는 중화능이 떨어지지만, 변이에 더 강한 항체"라고 언급했다.[70]

---

70) 셀트리온 "항체치료제 델타 효능 분석, 9월 말 공개". 2021.9.14. 한국경제TV

모더나, 앱셀레라와 치료용 항체 발굴 협력

모더나가 캐나다 기반의 생명공학기업 앱셀레라와 메신저리보핵산 (mRNA) 의약품을 위한 치료용 항체를 발굴하기 위해 협력하기로 했다고 밝혔다.

앱셀레라는 인공지능(AI) 기반 기술을 활용해 자연 면역 반응을 탐색하고 분석하면서 모더나가 선택한 최대 6개의 표적에 대한 치료용 항체를 식별하기 위해 모더나와 다년간의 다중 표적 연구 협력 및 라이선스 계약을 체결했다고 발표했다. 이 파트너십은 앱셀레라의 AI 기반 항체 발굴 플랫폼과 모더나의 mRNA 기술 플랫폼을 결합하며 여러 적응증에 걸쳐 mRNA 암호화 항체 치료제의 개발을 가속화할 잠재력이 있다.

계약 조건에 따라 모더나는 제휴를 통해 발굴된 항체의 개발과 상업화를 추진할 수 있는 권리를 갖게 된다. 앱셀레라는 모더나로부터 연구 지원금을 받고 후속 임상 및 상업적 성과 보수와 제품 순매출액에 따른 로열티를 받을 수 있는 자격을 획득한다.

앱셀레라의 칼 핸슨 CEO는 "모더나는 지난 한 해 동안 전 세계 사람을 보호하는데 도움을 주는 mRNA 백신 기술의 속도와 영향력을 보여줬다"며 "우리는 그들의 팀과 협력해 유전의료의 새로운 혁신으로서 RNA 암호화 항체를 발전시키게 돼 기쁘다"고 밝혔다. 앱셀레라와 릴리는 경증에서 중등도 코로나19 환자의 치료를 위한 항체 밤라니비맙(bamlanivimab)을 개발했으며, 현재 미국에서 시판 중이다.[71]

---

71) 모더나, 앱셀레라와 치료용 항체 발굴 협력. 2021.9.17. 의약뉴스

2) 백신

백신은 질병에 대한 면역력을 높이고자 면역체계에 인위적으로 항원을 주입하여 선택적으로 질병을 예방하는 치료제이다. 목적에 따라 예방용과 치료용, 항원의 수에 따라 1가 백신 및 다가 백신으로 구분되고 있다. 백신은 공공재적 성격이 강해 정부가 수요처이다.

형태	정의	종류
약독화 생백신	질병 유발 미생물을 약화시켜 인체 내에 주입하는 백신	홍역, 볼거리, 풍진, 수두 등
불활성화 백신	질병 유발 미생물을 화학제 또는 열처리하여 불활성화한 백신	A형간염, 인플루엔자 등
유전자재 조합백신	질병 유발 미생물로부터 항원 유전자를 분리 후 원하는 항원만을 생산하는 형태의 백신	B형 간염 등
변성독소 백신	질병 유발 미생물이 생산하는 독소에 대해 대항하는 항체를 유도하는 백신	파상풍, 디프테리아등
다당 백신	질병 유발 미생물의 세포벽 주성분인 다당을 추출하여 제조한 백신	폐렴구균, 수막염 등

[표 31] 주요 백신의 종류

성공적인 백신의 접종은 두 가지 면역 효과를 획득할 수 있다. 체액성 면역(Humoral immunity, antibody-mediated immunity, 항체 매개)과 세포성면역 (Cellular, cell-mediated immunity) 반응이다. 즉, 일반적으로 알고 있는 것처럼 백신을 맞게 되면 항체가 생겨나서 다음에 그 병원체의 침입이 있게 될 때 즉각 대응할 수 있는 능력인 체액성 면역뿐만 아니라, 해당 병원체를 항원으로 기억하고 있으면서 병원체의 침입이 있을 시, 식세포작용과 염증 유발물질인 싸이토카인(Cytokine)을 방출하여 직접적으로 병원체를 공격하는 T 림프구의 작용을 유발하는 세포성 면역 모두를 유도하게 하는 것이 백신 접종의 목표이다.

백신은 일생에 한두 번 접종함으로써 질병을 극복할 수 있는 가장 효과적인 예방법이다. 그러나 이러한 특성은 산업적 측면에서는 오히려 불리하게 작용한다. 또한 주로 아프리카, 동남아시아 등 경제적인 여력이 적은 국가의 사람들에게 현재 유용한 백신이 필요하다는 점 역시 사업적 측면으로 매력적이지 못한 요인이다.

그러나 최근 C형 간염, 에볼라, AIDS, SARS와 같은 신종 및 변종 전염병이 창궐하여 산업적, 사회적인 손해를 끼치고 있다. 또한 중동 테러단체등에 의한 생물 테러의 위험성도 점점 증가하고 있기 때문에 전염병은 국민의 보건과 건강의 범위를 넘어 사회, 경제, 정치적으로 큰 영향을 끼칠 수 있다.

이에 따라 전 세계적으로 100여 개 이상의 기업이 AIDS, Herpes, 암과 같은 질병에 적용할 수 있는 슈퍼백신과 말라리아, West nile 병 등의 전염병에 대한 백신을 개발하고 있다. 또한 만성질환에 대한 치료백신 또한 개발되고 있어 미래 백신 시장은 현재와는 매우 다른 양상을 형성할 것으로 예상되고 있다.

백신은 생물학적 제제이기 때문에 그 작용기전을 이해하고 적용하는데 많은 비용과 시간을 필요로 한다. 또한 배양 및 정제뿐만 아니라 바이러스 불활화나 독소의 무독화, 면역증강제와의 혼합 등의 과정이 필요해서 의약품 중 제일 긴 제조공정을 가지고 있다.

따라서 생산 하는 데에 많은 노하우와 초기 GMP설비에 많은 투자비용이 필요하다. 뿐만 아니라 안전성을 검증하는데도 오랜 시간이 걸리고, 접종 대상이 건강한 사람이기 때문에 임상 시 많은 수의 지원자를 필요로 하기 때문에 많은 비용이 소모된다.

또한 까다로운 규제를 받고 충족해야할 조건이 복잡하며 기 때문에 백신의 경우 개발 난이도가 높은 편이다. 이렇게 개발이 어렵기 때문에 아직까지도 개발되지 않은 백신이 많은 실정이다.[72]

---

72) 국내외 백신 산업에 대한 이해, 안동호

가) 시장 현황[73]

글로벌 백신 시장 규모는 2017년 335.7억 달러(약 39.5조원)에서 연평균 11%로 성장하여 2028년 1,035.7억달러(약 122조원) 규모에 달할 것으로 보인다.

최근 세계 인구의 빠른 고령화와 감염성 질환의 증가, 블록버스터 백신 출현으로 업계의 수익성 개선, 새로운 연구 및 제조 기술, 신규 자금 조달기회 등은 글로벌 백신 시장의 성장을 촉진할 전망이다.

또한, 국가 예방 접종사업을 통한 백신에 대한 인식이 높아지고 개발도상국 뿐만아니라 선진국에서의 도입률 증가는 전세계 백신 산업의 성장동력이 되고 있다.

이뿐만 아니라, 백신 개발에 대한 투자 증가, 최근 기술 발전으로 투여 방법 및 보관 방법 개선, 항체 지속 기간의 연장 등은 시장의 성장을 촉진하고 있다. 또한 DNA 및 암 백신 개발 및 상용화, 희귀질환 백신 접종, 합성생물학 및 구조백신학과 같은 신기술의 사용 등은 관련 시장의 성장을 견인할 것으로 보인다.

---

73) 글로벌 백신 시장현황 및 전망, 바이오인더스트리, 2019.06

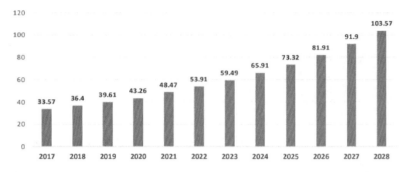

[그림 39] 글로벌 백신 시장현황 및 전망(2017~2028년, 단위: 십억달러)

백신 시장은 백신 타입, 대상 질환, 투여 경로에 따라 분류할 수 있으며, 북아메리카, 유럽, 아시아-태평양, 라틴아메리카 등 지역별로 분류가 가능하다.

타입별	질환별			투여경로별	지역별
아단위 및 결합	폐렴구균	간염		근육주사	북 아메리카
약독화	DTP (파상풍-디프테리아 -백일해)	MMR (홍역, 볼거리, 풍진)		피하주사	유럽
불활성화	인플루엔자	로타바이러스		경구투여	아시아- 태평양
재조합	암	수두		정맥주사	라틴 아메리카
톡소이드	HPV	기타		기타	중동 및 아프리카
차세대	수막구균				

[표 32] 백신 시장 분류

세계 백신 시장은 아단위 및 결합 백신에 의해 주도되며, 2017년 129.4억 달러 규모에서 연평균 10.8% 성장하여 2028년 389.1억 달러의 시장을 형성할 전망이다.

아단위 및 결합백신은 간염, HPV, 폐렴구균 및 수막 구균성 질병 치료에 백신의 사용이 널리 받아들여짐에 따라 성장을 지속하여. 백신 타입 중 가장 높은 점유율인 약 38%를 유지하고 있다. 특히, WHO는 소아에게 b형 헤모필루스 인플루엔자(Hib), 폐렴구균, 수막 구균 백신 접종을 권장하고 있다.

재조합 백신은 예측기간 동안 11.9%로 가장 높은 성장이 예상되며, 차세대 백신은 제품 출시가 2021년에 이뤄질 것으로 전망되어 2021년 10.8억 달러 규모에서 연평균 11.7%로 성장하여 2028년 37.9억 달러 규모를 형성할 전망이다.

구분	2017	2018	2019	2020	2021	2022	2023	2024	2025	2026	2027	2028	CAGR (%)
아단위 및 결합	12.94	14.02	15.25	16.65	18.26	20.1	22.22	24.66	27.47	30.73	34.51	38.91	10.8
약독화	7.15	7.81	8.55	9.37	10.28	11.31	12.46	13.73	15.16	16.76	18.57	20.6	10.2
불활성화	5.94	6.42	6.97	7.62	8.36	9.24	10.24	11.42	12.8	14.42	16.32	18.57	11.2
재조합	4.08	4.42	4.81	5.27	5.81	6.45	7.19	8.07	9.1	10.33	11.8	13.55	11.9
톡소이드	3.46	3.73	4.03	4.34	4.69	5.06	5.47	5.92	6.4	6.93	7.51	8.14	8.1
차세대	0	0	0	0	1.08	1.75	1.91	2.12	2.39	2.74	3.19	3.79	11.7

[그림 40] 백신 타입별 시장 현황 및 전망(2017~2028년, 단위: 십억달러)

현재 폐렴구균 백신 시장이 가장 크게 형성되어 있으나, 2028년까지 암, DTP 및 인플루엔자 백신의 시장점유율이 빠르게 상승할 것으로 전망된다. 암 예방 및 치료를 위한 백신 시장은 14.2%의 가장 높은 성장률을 보일 전망이다.

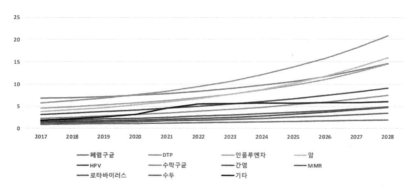

범례: ━━━ 폐렴구균 ━━━ DTP ┈┈┈ 인플루엔자 ┈┈┈ 암 ━━━ HPV ━━━ 수막구균 ━━━ 간염 ━━━ MMR ━━━ 로타바이러스 ━━━ 수두 ━━━ 기타

[그림 41] 질환별 백신 시장 현황 및 전망((2017~2028년, 단위: 십억달러)

Disease Type	2017	2018	2020	2021	2023	2024	2026	2027	2028	CAGR(%)
폐렴구균	6.79	6.96	7.45	7.82	8.97	9.74	11.73	13.04	14.56	7.6
DTP	5.79	6.29	7.53	8.32	10.61	12.08	15.8	18.13	20.83	12.7
인플루엔자	4.56	4.91	5.76	6.27	7.68	8.62	11.03	12.62	14.48	11.4
암	3.83	4.23	5.26	5.92	7.67	8.8	11.76	13.68	15.94	14.2
HPV	3.13	3.43	4.14	4.55	5.54	6.11	7.45	8.23	9.1	10.2
수막구균	2.3	2.55	3.14	3.49	4.32	4.82	5.98	6.67	7.42	11.2
간염	1.48	1.59	1.88	2.06	2.54	2.87	3.7	4.21	4.79	11.6
MMR	1.81	1.96	2.32	2.54	3.05	3.35	4.05	4.46	4.9	9.5
로타바이러스	1.17	1.28	1.55	1.71	2.09	2.32	2.86	3.18	3.52	10.6
수두	0.92	0.98	1.12	1.2	1.39	1.49	1.73	1.87	2.01	7.4
기타	1.8	2.21	3.12	4.6	5.63	5.71	5.81	5.83	6.02	10.5

[그림 42] 질환별 백신 시장 현황 및 전망(2017~2028년, 단위: 십억달러)

접종방법별 백신 시장 현황은 근육주사 53.7%로 가장 큰 시장을 형성하고 있으며, 피하주사 18.6%, 경구투여 11.6%, 정맥주사 8.9% 순으로 조사되었다.

향후 2028년 접종방법별 시장 점유율은 근육주사가 50%를 차지하는 가운데 정맥주사 시장(8.34%→ 11.8%)이 큰 폭으로 상승할 전망이다.

접종방법별 백신 시장의 연평균 성장률(2018~2028)은 근육주사 백신 10.4%, 피하주사 백신 11.8%, 경구투여 백신 9.2%, 정맥주사 백신 13.8%, 기타 12.2% 순으로 나타난다.

근육주사는 가장 일반적인 투여 형태이며 모든 연령대의 환자에게 권장된다. 디프테리아, 간염, 인플루엔자, 탄저병 등과 같은 여러 질환용 백신에서 적합한 투여 경로로 인정된다. 정맥주사는 바늘 또는 튜브를 이용해 약물을 정맥으로 직접 보내는 것으로 다른 투여경로에 비해 신속하고 확실한 효과를 볼 수 있으며, 특히 응급 상황 시 중요한 역할을 한다. 향후 차세대 백신과 암 백신에서 선호하는 투여 경로로 수요의 증가에 따라 같이 성장할 것으로 예측된다.

[그림 43] 투여경로별 백신 시장 현황 및 전망
(2017~2028년, 단위: 십억달러)

세계 지역별로는 북아메리카(33.4%)와 유럽(28.5%)이 60% 이상을 차지, 예측기간(2017~2028) 동안 주도적인 위치를 유지할 것으로 예상된다.

북아메리카(미국, 캐나다)의 백신 시장은 2017년 112.3억 달러로 연평균 11%로 성장하여 2028년 346.6억 달러의 규모를 형성할 전망이다. 2017년 미국 백신 시장은 88.3억 달러 규모로 현재 백신 시장의 최대 수요처로, 2028년 280억 달러에 달할 것으로 예상된다.

아시아-태평양 지역은 향후 10년 이내에 가장 빠르게 성장할 것으로 예상된다. 특히 인도, 중국은 2028년까지 연평균 12% 이상의 높은 성장이 기대된다. 중국과 인도는 경제 발전, 건강 관리 접근성 증가 및 노인의 예방 접종 프로그램 보조금 등의 요인으로 빠른 성장이 기대된다.

한국의 2017년 백신 시장 규모는 7.2억 달러로, 백신 R&D를 위한 투자 자금 지원 강화 및 예방 접종 범위 확대 등으로 관련 시장의 성장이 기대된다.

	2017	2018	2020	2021	2023	2024	2026	2027	2028	CAGR(%)
북아메리카	11.23	12.17	14.46	16.48	19.99	22.13	27.46	30.78	34.66	11.03
유럽	9.59	10.37	12.26	13.82	16.66	18.39	22.7	25.37	28.47	10.63
아시아-태평양	7.84	8.57	10.37	11.48	14.54	16.29	20.7	23.49	26.79	12.07
중국	2.17	2.41	2.97	3.32	4.17	4.69	5.99	6.8	7.73	12.39
인도	1.66	1.84	2.3	2.58	3.29	3.72	4.82	5.51	6.33	13.13
일본	1.43	1.58	1.94	2.15	2.65	2.95	3.68	4.12	4.61	11.3
호주	1.04	1.14	1.38	1.52	1.85	2.05	2.53	2.82	3.14	10.69
한국	0.72	0.79	0.96	1.06	1.3	1.44	1.78	1.99	2.22	10.84
라틴아메리카	3.02	3.25	3.79	4.12	5.1	5.59	6.81	7.56	8.42	10
중동 및 아프리카	1.9	2.04	2.38	2.57	3.2	3.5	4.25	4.7	5.23	9.86

[그림 44] 지역별 백신 시장 현황 및 전망
(2017 vs 2028년, 단위: 십억달러)

나) 품목 허가 현황[74]

백신종류	분류	제조·수입사	제품명	제조사
BCG	생백신	㈜엑세스파마	비씨지백신에스에스아이주	Statens Serum
B형간염	사백신	베르나바이오텍	헤파박스-진티에프주 헤파박스-진티에프프리필드시린지주	베르나바이오텍
		SK케미칼㈜	헤파뮨주 헤파뮨프리필드시린지	LG 생명과학
		㈜엘지생명과학	유박스비주 유박스비프리필드주	LG 생명과학
DTaP	사백신	㈜한국백신	정제디피티-코박스	비켄
		SK케미칼㈜	에스케이디피티트리백신주	가케츠켄
		㈜글락소스미스클라인	인판릭스주	가케츠켄
DTaP-IPV	사백신	사노피파스퇴르㈜	테트락심	사노피파스퇴르
		㈜글락소스미스클라인	인판릭스 IPV 주	GSK
Td	사백신	SK케미칼㈜	에스케이티디백신주	노바티스
		한국노바티스㈜	티디퓨어주	노바티스
		㈜엑세스파마	티디부스터에스에스아이주	Statens Serum
Tdap	사백신	사노피파스퇴르㈜	아다셀주	사노피파스퇴르
		㈜글락소스미스클라인	부스트릭스프릴드시린지	GSK
MMR	생백신	한국엠에스디㈜	엠엠알Ⅱ주	MSD
		㈜글락소스미스클라인	프리오릭스주	GSK
일본뇌염	사백신	㈜녹십자	녹십자일본뇌염백신주	녹십자
		㈜보령바이오파마	보령일본되염백신주	보령바이오파마
	생백신	글로박스㈜	씨디제박스	Chengdu

---

74) 2015년 의약품 허가 보고서, 식품의약품안전처

수두	생백신	㈜녹십자	수두박스주	녹십자
		비알바이오텍	바리-엘백신	Cehngdu
장티푸스	사백신	㈜보령바이오파마	지로티프주	ATV D-TEAM
		㈜한국백신	타이포이드코박스주	상해생물제품연구소
신증후군	사백신	㈜녹십자	한타박스	녹십자
폐렴구균	사백신	한국화이자제약㈜	프리베나 13주	와이어스
		㈜글락소스미스클라인	신플로릭스프리필드시린지	GSK
		사노피파스퇴르㈜	뉴모-23 폐렴구균백신주사	사노피파스퇴르
		한국엠에스디㈜	프로디악스-21	MSD
Hib	사백신	SK케미칼㈜	퍼스트힙주	노바티스
		㈜글락소스미스클라인	히베릭스주	GSK
		사노피파스퇴르㈜	악티브주	사노피파스퇴르
		한국노바티스㈜	박셈힙	노바티스
		㈜LG생명과학	유히브주	LG 생명과학

[표 33] 국내 필수예방접종 백신 종류

75)

75) 질병관리본부 홈페이지

백신 종류	분류	제조·수입사	제품명	제조사
인플루엔자	사백신	동아제약㈜	백시플루Ⅱ주사액프리필드시린지	사노피파스퇴르
			박시플루주사액프리필드시린지	녹십자
		베르나바이오텍	인프렉살브이프리필드시린지주	크루셀
		SK케미칼㈜	에스케이인플루엔자IX백신주	GSK
			에스케이인플루엔자텐백신주	녹십자
			에스케이인플루엔자백신주	사노피파스퇴르
		한국노바티스㈜	아그리팔S1프리필드시린지	노바티스
		㈜녹십자	지씨플루주	녹십자
			지씨플루프리필드시린지주	녹십자
		㈜보령바이오파마	보령플루백신Ⅴ(프리필드시린지)	녹십자
			보령플루백신Ⅵ(프리필드시린지)	사노피파스퇴르
			보령플루백신Ⅶ(프리필드시린지)	사노피파스퇴르
		㈜엘지생명과학	플루플러스티에프주	녹십자
		㈜한국백신	코박스플루PF주	녹십자
			플루HA코박스PF주	비켄
			인플루엔자에취에이백신코박스	비켄
		사노피파스퇴르㈜	박씨그리프주	사노피파스퇴르
		㈜글락소스미스클라인	플루아릭프리필드시린지	GSK
	생백신	㈜녹십자	플루미스트인트라나잘스프레이	메드이뮨

[표 34] 국내 허가된 인플루엔자 백신 종류

76)

76) 질병관리본부

백신 종류	분류	제조·수입사	제품명	제조사
BCG	생백신	㈜한국백신	경피용 건조 BCG 백신	BCG laboratory
A형 간염	사백신	㈜글락소스미스클라인	하브릭스주	GSK
		베르나바이오텍	이팍살베르나프리필드시린지주	크루셀
		사노피파스퇴르㈜	아박심80U소아용주	사노피파스퇴르
		사노피파스퇴르㈜	아박심160U성인용주	사노피파스퇴르
HPV	사백신	한국엠에스디㈜	가다실프리필드시린지	MSD
		㈜글락소스미스클라인	서바릭스프리필드시린지	GSK
로타바이러스	생백신	한국엠에스디㈜	로타텍액	MSD
		㈜글락소스미스클라인	로타릭스프리필드	GSK
대상포진	생백신	한국엠에스디㈜	조스타박스	MSD
수막구균	사백신	한국노바티스㈜	멘비오	노바티스

[표 35] 국내 허가된 기타 예방접종 백신 종류
77)

2015년에 허가된 백신 품목을 살펴보면, 인플루엔자 백신 5품목, 디프테리아·파상풍·백일해·B형간염백신·헤모필루스 인플루엔자 비형 혼합 백신 1품목, 일본뇌염 백신 1품목, 콜레라 백신 1품목이 허가 되었다.

인플루엔자 백신 중 일양약품㈜의 일양플루백신주는 3가 계절 인 플루엔자 예방용 백신으로 바이알 제형으로 허가되었다.

---

77) (상동)

2015년 국내에서 허가를 받은 4가 인플루엔자 예방 백신으로는 ㈜녹십자의 지씨플루쿼드리밸런트프리필드 시린지주와 에스케이케미칼㈜의 스카이셀플루4가프리필드시린지가 있다. 또한 ㈜녹십자의 대유행 전단계(pre-pandemic) 백신인 지씨플루에이치파이브엔원멀티주 역시 승인을 받았다.

㈜유바이오로직스의 유비콜은 국내 최초로 개발된 경구용 콜레라 백신으로 수출용으로 개발되었으며, WHO 사전적격성 평가 인증을 받았다. 사노피파스퇴르㈜의 이모젭주는 일본뇌염 예방을 목적으로 개발된 신규 일본뇌염백신으로, 황열바이러스에 일본뇌염의 항원을 치환시켜 제조한 재조합백신이다. 얀센백신(주)에서 수출용으로 허가받은 디프테리아·파상풍·백일해·B형간염 백신·헤모필루스 인플루엔자 비형 혼합백신인 퀸박셈엠디브이주는 동일한 효능·효과를 가진 퀸박셈주의 다회용량 제품이다.

2016년에는 에스케이케미칼㈜에서 개발한 폐렴구균 백신인 스카이뉴프리필드시린지와 ㈜녹십자가 개발한 디프테리아 및 파상풍백신인 녹십자티디프리필드시린지주가 승인을 받았다.

계절 인플루엔자 백신은 2017년도에 6품목의 완제의약품으로 추가로 허가 되면서 총 61품목이 되었다. 인플루엔자 백신 이외에도 대상포진 백신 1품목, 콜레라 백신 1품목이 허가되었다.

다) 개발 동향 분석[78)79)80)]

현재 백신으로 예방할 수 있는 질병의 숫자는 26개 정도이며, 말라리아, 결핵, 에이즈, C형 간염, 뎅기열, 에볼라 등의 감염성 질환의 경우에는 아직 백신이 개발되지 않았다. 이들 질병을 예방하기 위한 백신을 개발하기 위해 세계 각지에서 활발한 연구가 이루어지고 있으나, 목표항원이 지속적으로 변이하고 병원균이 내성을 획득하는 등 세균의 문제로 인해 질환동물모델의 부재 등의 이유로 현 시점에서 개발이 지지부진하게 이루어지고 있다.

세균성 감염질환	콜레라, 백일해, 디프테리아, 장티푸스, 파상풍, 결핵, 탄저병, 라임병, 헤모필루스 인플루엔자 type B, 수막구균성 감염, 폐렴쌍구균성 감염
바이러스성 감염질환	두창, 일본뇌염, 황열병, 아데노바이러스, 인플루엔자, A형 간염, B형 간염, 유행성 이하선염, 홍역, 풍진, 척수성 소아마비, 광견병, 수두, 대상포진, 자궁경부암, 로타바이러스

[표 36] 백신예방가능 질병
81)

---

78) 대신증권 트렌드를 알면 종목이 보인다 제약/바이오 overweight, 서근희
79) 면역백신분야 동향분석보고서
80) http://m.bioin.or.kr/board.do?num=230560&bid=report&cmd=view#
81) (상동)

지역, 기술, 질병 타입에 따라 다양한 형태를 띠는 백신 산업은 특히 선진국에서 발달한 편이다. 미국에서는 치료백신의 R&D가 활발하게 이루어지고 있으며, 유럽에서는 열대성 전염병이나 유행성 감기를 예방하기 위한 백신이 많이 개발되고 있다. 아시아의 경우에는 R&D보다는 생산에 집중하는 편이나, 인도나 중국 등지에서는 수막염, 인플루엔자 백신 등이 활발하게 연구되고 있다. 본시 백신 시장은 낮은 제품 가격, 자본 집약적 생산으로 인해 마진이 낮은 편이며, 시장에서 기존 대형 제약사들이 큰 비중을 차지하고 있어 새로운 기업이 진출하기 어려운 분야였다. 그러나 백신 개발에 있어 바이오 기술의 중요성이 증가하면서 중소 제약사, 바이오 벤처 기업, 대학, 계약제조사, 계약연구사, 코디네이터 등 백신 개발의 주체가 다양해지고 있는 추세이다.

최근 새롭게 던져진 백신 시장의 화두는 치료제로서의 백신의 사용이다. 기존에는 질병 예방 차원에서만 백신을 사용했다면, 이제는 면역반응을 유도함에 따라 질병을 치료하는 것으로 백신의 패러다임이 변화하고 있다. 현재 임상시험 진행 중인 치료백신 연구는 약 400건으로, 대부분 암을 치료하기 위한 백신이 개발되고 있다. 암 외에 대표적인 적응증으로는 에이즈, 성병, B형간염, 알츠하이머 등이 있으며, 결핵, 열대성 질병 등의 치료용 백신의 개발도 주목 받고 있다. 치료용 백신의 개발 상황을 살펴보면, 대부분 전임상 또는 초기 임상 단계에 머물러 있다.

그 외에 다당백신, DNA/RNA 백신, subunit 백신이나 소아들을 위한 재조합 백신 또한 R&D가 활발히 이루어지고 있다.

아직 개발 기술이 초기단계에 머물러 있기 때문에 치료백신 연구에 뛰어든 기업에는 글로벌 제약사들 보다는 바이오 벤처들의 비중이 큰 편이다. 이는 아직까지 치료백신에 대한 명확히 검증된 부분이 없기 때문으로, 충분한 임상 데이터가 축적된 이후에는 글로벌 제약사로 라이센싱 이전될 것으로 보인다. 국내 백신 개발 제약업체들이 성공하기 위해서는 지금까지 해외 백신 제품에 의존하고 있는 내수 시장을 확보하고, 국제적인 인증 허가를 받은 제품을 입찰, 수출하며, 기술 이전을 통해 글로벌 시장에 진출하기 위한 전략을 세워야 한다.

통상적으로 백신 개발에 대략 30여년 정도가 소요되기 때문에, 현재 대형 백신회사를 포함한 대부분의 제약회사는 다양한 신기술을 이용하여 신규백신을 개발할 뿐만 아니라 기존백신을 개량하는 연구 또한 수행 중에 있다. 대표적으로 패치형, 비강흡수형, 경구용 백신 등 주사형태가 아닌 다른 형태의 백신이 있으며, 접종률 줄인 백신, 열에 안정하고 장시간 보관이 가능한 백신, 기존 백신항원을 혼합한 다가혼합백신 등 전반적 효율성을 높이고 백신의 수율을 증가시키기 위한 R&D가 많이 이루어지고 있다.

다음엔 주요 질환별 백신 개발 상황을 살펴보도록 하자.

에이즈 백신의 경우, 가장 많이 연구되고 있으며 수요도 많고 가격도 비싼 편이기 때문에 높은 시장 가치를 가지고 있다. 그러나 대부분이 임상 1상에 머물러 있으며 임상 2상에 있는 연구들도 시장에 나오기까지 수년이 소요될 것으로 전망된다. 과거에 임상 2～3상까지 진행되었으나 여러 요인들로 인해 모두 시판에 실패하였던 경험에 비추어 볼 때, 에이즈 백신이 빨리 완성되기 위해서는 새로운 임상 디자인의 개발 필요할 것으로 보인다.

종양 치료용 백신 역시 활발하게 개발되고 있다. 종양 대상 백신의 경우에는 미국에서 집중적으로 개발되고 있으며 정부의 투자가 많이 일어나고 있으므로 앞으로도 기업의 개발 참여율이 증가할 곳으로 보인다. 종양 대상 백신의 경우 치료할 타깃에 정확히 작용하는 것이 관건이기 때문에 여러 기업이 이 기술을 개발하는데 집중하고 있다. 그 결과 전립선암 치료 백신의 경우 20개 이상의 파이프라인이 확보되었으며, 유방암이나 흑색종 등 다른 질환에 적용 가능한 백신도 여러 기업에서 연구되고 있다.

결핵 백신의 경우 다양한 임상 단계에 분포되어 있다. 개중에는 개발 마무리 단계에 위치해 있는 것도 다수로, 수년 내로 다음 세대 백신이 나올 것으로 기대된다. 전 세계적으로 결핵으로 인해 매년 180만 명 이상의 사망자가 나오고 있기 때문에, 결핵용 백신이 절실히 필요함에도 불구하고 기존의 BCG 백신이 비효율적이기 때문에 새로운 결핵용 백신 개발의 필요성이 대두되고 있다. 그러나 현재 가장 앞서 있는 결핵용 백신이 2020년까지 시장에 나오기 위해 8억 달러 가량의 추가 투자가 필요할 정도로 결핵 백신의 개발에는 난점이 많이 산재해 있다. 따라서 빠르게 새로운 백신을 만들기 위해 연구자 간의 협력이 이루어져야 할 것이다.

알츠하이머 백신을 비롯한 신경질환 백신 역시 그 필요성이 막대하나, 개발 최종 단계에 있는 것이 전무한 실정이다.

대사성 질환 관련 백신의 경우, 비만, 당뇨, 고지혈증의 예방과 치료를 위한 백신이 개발 중에 있다. 당뇨용 백신의 경우 과거에 여러 번 개발하고자 하는 시도가 있었으나, 대다수가 실패로 돌아감에 따라 이 분야에서 철수한 기업이 많다. 그러나 소수의 기업은 여전히 당뇨 백신을 개발하고 있다.

현재 국내에서 개발/생산중인 백신 현황은 다음과 같다.

구분	백신 종류		국내 생산 전망		
			'16	'18	'20
필수 (정기) 예방 접종 (19종)	B형 간염		O	O	O
	일본뇌염	사백신	O	O	O
		생백신	-	-	-
	신증후군출혈열		O	O	O
	수두		O	O	O
	인플루엔자		O	O	O
	장티푸스		O	O	O
	피내용 BCG		연구개발	O	O
	디프테리아·파상풍·백일해(DTaP)		연구개발	임상 1/2상	-
	성인용 디프테리아·파상풍(Td)		O	O	O
	사백신 소아마비 (IPV)		-	임상3상	O
	홍역·유행성이하선염·풍진(MMR)		-	-	-
	성인용 디프테리아·파상풍·백일해(Tdap)		비임상	임상3상	O
	디프테리아·파상풍·백일해·폴리오(DTaP-IPV)		-	-	-
	b형 헤모필루스 인풀루엔자(Hib)		O	O	O
	폐렴구균	PPSV(다당질)	-	-	-
		PCV(단백결합)	O	O	O
	A형 간염		-	-	-
	자궁경부암(HPV)		임상 1/2상	O	O
소계	19종		7종	11종	13종

기타 예방 접종 (5종)	수족구병	-	-	-
	소아장염(Rotavirus)	임상 1/2상	임상3상	O
	대상포진	임상3상	O	O
	콜레라	O	O	O
	수막구균성 수막염(MCV)	-	-	-
소계	**5종**	**1종**	**2종**	**3종**
대유행, 대테러 대비 (4종)	두창	O	O	O
	탄저	임상2상	임상2상	O
	조류 인플루엔자	O	O	O
	세포배양 인플루엔자	O	O	O
소계	**4종**	**3종**	**3종**	**4종**
계	**28종**	**13종**	**16종**	**20종**

[표 37] 국내 생산/개발 중인 백신 현황
82)

82) 식품의약품안전처 보도자료 : 식약처 올해 백신 자급률 50%로 높인다,
식품의약품안전처 안전평가원 바이오의약품정책과, 2017. 2

3) 유전자 치료제
가) 시장 전망[83]

BIS 리서치는 2018년 기준으로 10.7억 달러(약 1.2조 원) 규모를 형성하고 있는 글로벌 세포 및 유전자치료제 시장이 향후 연평균 41.2%로 성장하여 2025년에는 119.6억 달러(약 13.9조 원) 규모로 확대될 것으로 전망한다.

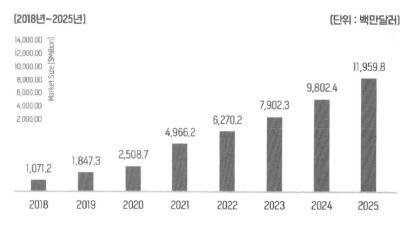

[그림 46] 글로벌 세포 및 유전자치료제 시장현황 및 전망

세계 지역별로 구체적으로 살펴보면, 전 세계 세포 및 유전자치료 제 시장 중 가장 큰 점유율을 차지하는 지역은 북아메리카이다. 북 아메리카는 2018년 기준 6.2억 달러(약 7,297억원) 규모로 약 58% 의 점유율을 차지하고 있다. 뒤이어, 유럽이 23%, 아시아·태평양이 19% 순으로 나타났다.

---

83) 세포 및 유전자치료제 시장의 현황과 성장요인, 대웅제약

반면 라틴아메리카, 중동 및 아프리카는 2019년부터 시장을 형성하기 시작했는데, 타지역에 비해 세포 및 유전자치료제 시장 규모가 매우 작은 편이지만 연평균 성장률은 각각 57.4%, 51.7%로 매우 빠른 성장이 기대되고 있다.

또한, 한국을 포함한 아시아·태평양 지역은 북아메리카나 유럽에 비해 시장 규모는 작지만, 한국과 중국이 세포 및 유전자치료제 시장의 주요 업체들을 보유하고 있어 향후 북아메리카와 유럽보다 더 빠르게 성장할 것으로 전망되고 있다.

이러한 유전자 치료제 시장의 성장요인을 살펴보도록 하자.

먼저, 세포 및 유전자치료제는 기존 암 치료법에 비해 표적 정확성이 높아 암 치료 분야에서 더욱 각광받고 있다. 전 세계적인 암 발병률의 증가는 세포 및 유전자치료제에 대한 기대감을 더욱 높이고 있다. 세계보건기구(WHO)에 따르면, 2018년 약 960만명이 암으로 인해 사망했으며 이 수치는 향후 지속적으로 증가할 전망이다.

노인 인구 증가에 따른 만성질환 증가 또한 세포 및 유전자치료 시장 성장에 기여하는 요인 중 하나다. 유전적 요인 및 스트레스, 음식, 흡연 등 환경적 요인에 의해 젊은 성인들에게도 만성질환이 많이 발병하고 있으며, 지역에 관계없이 만성질환 유행은 지속되고 있다. 특히 만성질환 중 하나인 당뇨병은 당뇨성 망막증(당뇨로 인한 망막 손상)과 같은 다른 합병증으로 이어질 가능성이 있는데, 당뇨성 망막증은 세포 및 유전자 치료 시장의 주요 응용 분야이다.

또한, 첨단의약품에 대한 지속적인 투자지원으로 인해 첨단의약품 임상시험이 급격하게 증가하고 있다

2015년 486건이었던 첨단 의약품 임상시험이 2018년 1,028건으로 2배 이상 급증했다. 기존 임상시험의 대부분은 세포치료 분야에서 진행되었으나, 2018년 3분기 처음으로 유전자 치료 및 유전자변형 세포치료 분야에서도 임상시험 건수가 증가했다.

관련 기업들의 활발한 M&A 활동 또한 시장성장 촉진 요인 중 하나로 꼽힌다. 2017년 8월, 미국 식품의약국(FDA)이 노바티스의 CAR-T 치료제를 승인한 이후 세포 및 유전자치료제 시장에서의 M&A 활동이 활발해지고 있다.

제약산업은 규제산업인만큼 시장의 성장요인에 있어 유리한 규제 환경은 필수적인 부분이다. 세포 및 유전자치료법에 대한 절실한 수요와 함께 임상환자의 희소성으로 인해 규제 환경의 변화가 요구되었고, 이에 따라 미국과 유럽 등에서는 첨단의약품의 신속한 개발 지원을 위해 새로운 법안 및 제도를 발표했다.

국내 세포 및 유전자치료제 시장은 2018년 6,510만 달러(약 765억원) 규모를 형성했다. 하지만 향후 2018년부터 2025년까지 연평균 41%로 성장하여 2025년에는 7.2억 달러(약 8466억원) 규모로 확대될 전망이다.

한국은 아시아·태평양 지역의 세포 및 유전자치료제 시장에서 가장 높은 점유율을 차지하고 있다. 국내 세포 및 유전자치료제 시장의 활성화를 위해 정부의 연구 지원 정책이 활발히 이뤄지고 있으며, 특히 기초연구의 임상연계를 위해 세포 및 유전자치료에 대한 임상 개발 지원을 지속적으로 확대하고 있는 추세이다.

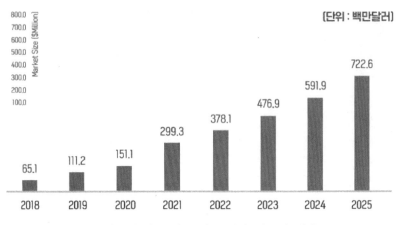

[그림 47] 한국 세포 및 유전자 치료제 시장

나) 품목허가 현황[84]

일부 국가에서 자체 승인된 건을 포함하면 세계적으로 2015년까지 총 7건의 유전자치료제가 허가되어 있다. 중국에서는 2003년에 두경부암 치료제인 Gendicine과 2005년에 Oncorine을 승인한 바 있고, 2007년에 필리핀에서 전이성 악성종양 치료제인 Rexin-G, 2011년에 러시아에서 중증 하지 허혈치료제인 Neovaculgen가 허가를 받은 바 있다. 그러나 이 제품들은 자국 내에서 한정적으로 사용될 뿐 글로벌 치료제로서 인정받지는 못하였다.

그러나 2012년 10월 지단백지질분해효소 결핍증 치료제인 Glybera가 유럽 EMA의 승인을 받음으로서 유전자치료제에 대한 관심이 커지고 있다. 네덜란드의 UniQure에서 개발한 Glybera는 lipoprotein lipase 유전자를 가진 바이러스 백터를 이용한 유전자 치료제이다. 2015년 10월에는 Amgen에서 개발된 Imlygic이 미국 FDA의 승인을 받았다. Imlygic은 악성흑색종 환자의 1차 시술후의 병변에 직접 주사하여 피부와 림프절의 병변을 치료하는 치료제이다.

이와 같이 유전자치료제에 대한 선진국의 허가가 이어지면서 연구개발이 더욱 더 활발해 지고 있으며, 유전자치료제 시장 역시 큰 성장을 이룰 것으로 보인다. 국내에서도 유전자치료제의 임상 시험이 활발히 진행되고 있다.

---

84) 유전자치료제 연구개발 및 규제 동향 2015, 식품의약품안전처 식품의약품안전평가원, 2015. 12.

제품명	승인일	국가	벡터	대상 질환
Gendicine	'03. 10.	중국	Adenovirus	두경부암
RIGVIR	'04. 4.	라티비아	ECHO-7 virus	흑색종
Oncorine	'05. 11.	중국	Adenovirus	두경부암
Rexin-G	'07. 12.	필리핀	Retrovirus	유방암, 췌장암
Neovasculgen	'11. 12.	러시아	Plasmid VEGF	말초동맥 질환
Glybera	'12. 10.	유럽	AAV	지단백질 분해효소 결핍증
Imlygic	'15. 10.	미국	Oncolytic virus	악성흑색종

[표 38] 해외 유전자치료제 허가 현황 (2015. 12. 기준)
85)

  우리나라에서는 2017년 인보사케이주 (코오롱생명과학)이 첫 허가
되어, 첫 생산 실적이 발생하였다. 기존 해외에서 허가 받은 유전자
치료제가 암과 같은 종양이나 희귀질환에 적응중인 것과 달리 만성
질환인 퇴행성관절염 치료제라는 점에서 고령화 시대 대표적 질환
으로 앞으로 시장 잠재력이 기대된다.

---

85) 유전자치료제 연구개발 및 규제 동향 2015, 식품의약품안전처 식품의
   약품안전평가원, 2015. 12.

다) 개발 동향 분석[86][87][88][89]

1995년부터 2015년까지의 총 293편의 유전자 치료 연구가 결과가 발표되었다. 발표된 논문을 대상 질환별로 분석하면 암(172편)이 가장 많은 비중을 차지하였으며, 심혈관계질환(54편)과 유전질환(41편)이 그 뒤를 이었고, 뇌신경계질환(13편), 감염질환(8편), 관절계질환(5편)의 순서로 나타났다.

유전자치료제를 작용기전별로 나누면 면역반응을 이용한 치료제(32.6%), 단백질 발현 분비(25.8%), 세포사멸(14.4%), 선천성 유전질환의 기능 복원(10.7%) 순이었다. 이 외에 종양 증식 억제 기전, 바이러스에 의한 세포 용해 기전, pordrug의 활성화 기전, 염증 혹은 면역반응 조절 기전 등이 조사되었다. 대부분의 연구는 임상 1상, 1/2상. 2상 단계에 집중되어 있었다.

---

86) 유전자치료제 임상연구 동향 보고서, 식품의약품안전처 식품의약품안전평가원, 2016. 5.
87) Gene Therapy Clinical Trials Worldwide
88) 유전자치료제로 난치병 치료 길 열릴까, 매일경제 이동인 기자, 2016. 6.
89) '5천억 수출' 코오롱 인보사, 국내출시 눈앞, 코메디닷컴뉴스 김용 기자, 2016. 11.

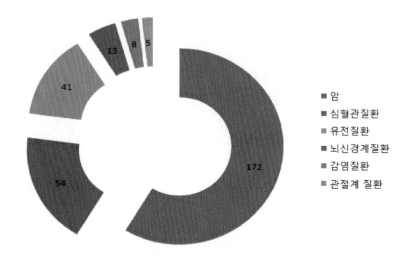

암
심혈관질환
유전질환
뇌신경계질환
감염질환
관절계 질환

[그림 48] 주요 적응증별 유전자 치료제 임상 연구 논문 현황

유전자 치료제의 국가별 임상연구 현황은 미국(53%), 영국(6%), 프랑스(5%), 중국(3%), 한국(2%) 순이다. 이 중 10분의 1가량은 여러 나라의 연구자들이 합작하여 임상 연구를 진행하고 있었다. 절반 이상의 연구가 이루어지고 있는 미국의 경우 암과 유전질환이 가장 많이 연구되고 있다. 우리나라에서는 11건의 임상연구가 이루어지고 있으며, 조직별 질환(5건), 유전질환(2건), 감염질환(2건) 및 암(1건) 연구가 진행되고 있다.[90] 유전자 치료제를 개발하고 있는 다른 국가에서는 대부분 난치성 질환에 대한 연구를 수행하고 있으나, 우리나라에서는 근골격계 질환 관련 연구가 많이 이루어지고 있다는 점이 독특한 점이다.

---

90) Gene Therapy Clinical Trials Worldwide

국외 유전자 치료제의 임상 현황을 분석해보면, 임상 3상 및 임상 2/3상 시험 단계에 있는 유전자 치료제는 총 38건이다. 임상 3상 중에 있는 치료제의 적응증을 살펴보면 암 및 급성 백혈병 유전자 치료제, 유전성질환, 관상동맥질환, 뼈 재생, 족부궤양, 조혈모세포 이식 치료 백신 등이 연구 중이다.

국내에서는 총 13건의 유전자 치료제 연구가 진행 중이다. 대표적인 글로벌 유전자 치료제로는 지단백지질분해효소결핍증 치료제인 글리베라와 악성흑색종 치료제인 임리직이 있다. 또한 바이로메드에서 연구 중인 족부궤양 치료제인 VM202와 당뇨병성 신경병증 치료제인 VM202-PAD가 임상 3상 진행 중이며, 신라젠에서 개발 중인 간암 치료제 Pexa-Vec 역시 임상 3상 시험 중에 있다. 임상 2상 진행 중인 치료제로는 제넥신에서 개발된 B형 간염 치료 백신 인 HB-110E가 있다.

코오롱생명과학에서 연구 중인 퇴행성관절염 치료제인 인보사는 일본 제약사와 최대 5000억 여 원의 기술 수출 계약을 성사시켰다. 또한 미국에서 현지 법인인 티슈진을 통해 임상 2상을 마치고 내년 초 임상 3상을 준비하고 있다. 큰 문제가 발생하지 않는다면 3~4년 내 FDA(미국식품의약국)의 품목허가를 받아 출시할 계획이다. 국내에서도 임상시험을 마무리 하고 지난 7월 세포유전자치료제로서는 처음으로 식품의약품안전처에 품목허가를 신청하는 등의 성과를 내었다.

선진국에 비해 국내 유전자 치료제 개발은 아직 저조한 실정이다. 그러나 타 국가에서 많이 연구되지 않은 질환을 대상으로 유전자 치료제가 개발되고 있으므로 조만간 차별화된 유전자 치료제가 출시될 수 있을 것으로 예상된다.[91]

연번	제품명 (코드명)	기업명	대상질환	단계
1	VM202-PAD	헬릭스미스 (구 바이로메드)	당뇨병성 허혈성 족부궤양	미국 임상 3상 진행중
2	VM202-DPN		당뇨병성 신경병증	
3	VM202-ALS		근위축성 측삭경화증	미국 임상 2상 진행중
4	VM202-CAD		협심증, 급성 심근경색, 심근경색(CAD)	미국 임상 2상 준비주
5	VM202RY		급성 심근경색증	국내 2상
6	GX-188E	제넥신	자궁경부전암	글로벌 임상 2b상 진행중
	GX-188E/Keytruda		자궁경부암	국내 임상 1b/2상 진행중
7	INVOSSA K	코오롱생명과학	무릎 골관절염	국내 임상 3상

[표 39] 유전자치료제 임상시험 현황(2018)

---

91) 유전자 치료(gene therapy) 방법 및 연구 동향. BRIC View
2016-T22, 이혜미, 2016

라) 최근이슈

K-바이오 세포 · 유전자치료제 시장 급부상

HELIXMITH

25년간 유전자치료제 개발을 해온 **헬릭스미스**는 당뇨를 타깃하는 혁신 유전자치료제 '**엔젠시스**' 임상 3상을 진행 중이라고 밝혔다. 직접 생산에도 뛰어들어 2022년 이후 연 110억 원 매출과 영업이익 40억 원을 목표로 하고 있다.

헬릭스미스 전략지원본부장은 "세포·유전자치료제 개발사들이 직접 생산하기 위해서는 비용과 공정 개발, 생산 역량 등이 필요하다 보니 CDMO 사업 진입이 어려운 것은 사실"이라며 "특히 임상 진행 비용과 생산 비용이 많이 드는데 궁극적으로는 규모 있는 고객 유치를 위해 CDMO 사업이 필요하다고 본다"라고 말했다. 이어 "자회사 카텍셀이 1호 고객이고 2~3개 외부 기업과도 논의 중"이라며 "국내 바이오 업체 40곳도 잠재 고객"이라고 덧붙였다.

엔젠시스(VM202)는 간세포성장인자(HGF)의 2가지 동형체(HGF728, HGF723)를 동시에 발현하도록 설계된 플라스미드 DNA 치료제로, HGF는 새로운 혈관을 생성하고 신경의 성장과 재생을 촉진하는 등의 다양한 기능을 가진 단백질입니다. 엔젠시스(VM202)를 근육에 투여했을 때 HGF 단백질을 높은 수준으로 생산하도록 합니다. 이를 통해 간단한 근육주사로 각종 허혈성질환이나 신경질환에 안전하고 효과적인 치료 효과를 기대할 수 있습니다. 진출하려는 시장은 심혈관질환 및 신경계질환 시장으로 현재까지 이 질환을 근본적으로 치료해 줄 효과적인 약물이 없습니다.

미국 FDA에서는 엔젠시스(VM202)의 과학적, 임상적 결과들을 인정하여 지난 2016년 희귀의약품(Orphan Drug)과 패스트트랙(Fast Track), 2018년 VM202-DPN(당뇨병성 신경병증)을 첨단재생의약치료제(RMAT, Regenerative Medicine Advanced Therapy)로 지정한 바 있습니다.

헬릭스미스의 유전자치료제 엔젠시스(VM202) 설명 (출처: 헬릭스미스 홈페이지)

근위축성 측삭경화증(ALS, 루게릭병)   +
손상된 운동신경의 미세혈관 및 신경섬유세포의 재생

당뇨병성 신경병증(DPN)   +
당뇨병의 합병증으로 손상된 미세혈관 및 신경섬유 세포의 재생

사르코마리투스병(CMT)   +
말초신경 손상이 일어난 부위에 근육 조직 재생

관상동맥질환(CAD)   +
HGF 기반 혈관 신생 기능을 통해 CAD 환자의 허혈 부위에서 혈관 형성을 촉진

파행증(Claudication)   +
혈류 감소로 인해 손상된 혈관조직을 재생

당뇨병성 족부궤양(DFU)   +
혈관이 막힌 부위에 HGF 유전자를 전달하며 신생우회혈관 생성 유도

엔젠시스의 타겟질환 및 치료방법

CHA Bi⬤tech

줄기세포 치료제 개발사로도 잘 알려진 **차바이오텍**도 세포치료제 분야 CDMO를 준비하고 있다. 차바이오텍은 미국 텍사스에 글로벌 수준 제조설비를 갖춘 cGMP(의약품 제조 및 품질관리 기준) 시설 착공을 시작해 연말 완공 예정으로 알려졌다. 글로벌 세포·유전자치료제 CDMO 시장을 선도하는 스위스 론자, 일본 후지필름등에서 전문 인력을 영입하면서 적극적인 시장 진입 의지를 보이고 있다.

차바이오텍 CDMO 판교 제 1공장(19年)　　차바이오텍 CDMO 판교 제 2 공장(24年)
출처: 차바이오텍 홈페이지

차바이오텍 관계자는 "풍부한 세포·유전자 치료제 임상경험과 제품화에 필수적인 생산 기술 강점을 보유하고 있어 글로벌 CDMO 사업에서 시너지 효과를 얻을 것"이라며 "2024년 완공 예정인 판교 제2테크노밸리 GMP시설과 연계해 글로벌 CDMO기업으로 진출을 계획하고 있다"라고 밝혔다.

최근 GC녹십자셀과 GC녹십자랩셀 합병으로 탄생한 **GC Cell**(지씨
셀)도 세포치료제 CDMO 시장에 출사표를 던졌다. 이미 GC녹십자
랩셀은 NK세포치료제 등 세포치료제를 꾸준히 개발해왔으며 GC녹
십자셀은 국내 최대 규모 세포치료제 제조시설(약 6300평)을 보유
하고 있다. 대규모 제조 시설 및 제조 경험, 공정기술을 통해
CDMO 사업영역에서 시너지가 기대된다.

GC녹십자셀의 면역세포치료제는 사이토카인 유도 살해세포(Cytokine
Induced Killer cell, CIK)와 활성화 세포독성 T 림프구(Cytotoxic T
Lymphocyte, CTL) 두 가지의 주요 세포군으로 이루어져있으며, 두 세
포는 암세포를인식하는 방법에서 차이가 있습니다.

CIK세포는 자연살해세포(Natural Killer cell, NK)와 동일하게 특정 항
원 없이도 암세포를 스스로 인식해 파괴하고, CTL은 제시받은 항원을
통해 암세포를 인식하여 파괴합니다.

두 세포는 활동하며 서로를 활성화 시키는 물질을 분비하는 등 상호보
완작용을 통해 효율적인 치료반응을 유도합니다.

GC Cell의 면역세포치료제 (출처: GC Cell 홈페이지)

현재 GC Cell의 면역세포치료제 개발 현황은 다음과 같다. (2021년 7월 기준)

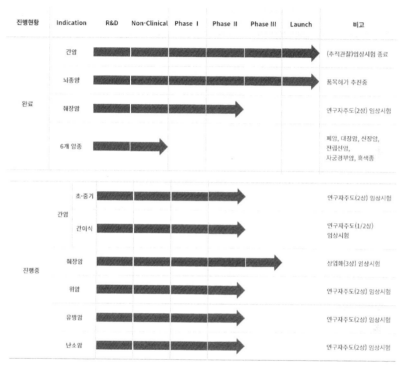

진행현황	Indication	R&D	Non-Clinical	Phase I	Phase II	Phase III	Launch	비고
완료	간암							(추적관찰)임상시험 종료
	뇌종양							품목허가 추진중
	췌장암							연구자주도(2상) 임상시험
	6개 암종							폐암, 대장암, 신장암, 전립선암, 자궁경부암, 흑색종
진행중	간암 초·중기							연구자주도(2상) 임상시험
	간암 간이식							연구자주도(1/2상) 임상시험
	췌장암							상업화(3상) 임상시험
	위암							연구자주도(2상) 임상시험
	유방암							연구자주도(2상) 임상시험
	난소암							연구자주도(2상) 임상시험

(출처: GC Cell 홈페이지)

해외 기업을 인수하거나 공격적인 투자에 나서는 기업도 있다. 합성의약품 CMO인 **SK팜테코**는 프랑스 세포·유전자치료제 CDMO 기업 이포스케시를 인수해 생산공장을 증설, 세포치료제 등 바이오의약품으로 영역을 확장 중이다.

항체치료제 CMO에 주력해왔던 **삼성바이오로직스**도 앞으로 5~6공장을 건설해 세포·유전자치료제 CDMO 사업을 본격화할 방침이다. 삼성그룹은 향후 반도체·바이오·차세대 통신 등 주력산업에 240조 원을 투자하겠다고 발표한 바 있다.[92]

---

92) K-바이오 새 먹거리 된 세포·유전자치료제 'CDMO'. 2021.9.22. 이투데이

4) 바이오시밀러
가) 시장 전망

생명공학정책연구센터가 프로스트&설리반(Forst & Sullivan)의 보고서를 분석한 결과에 따르면 전세계 바이오시밀러 시장은 2017년 97억달러(약 11조원)에서 2023년 481억달러(약 54조원) 규모로 확대될 전망이다. 연평균 성장률은 24.6%에 달한다.

동기간 전세계 바이오의약품 시장은 1,706억 달러(약 306조 원)에서 연평균 8.6%의 성장률을 보이며 2023년 4,420억 달러(약 500조원) 규모에 달할 전망이다.

결과적으로 바이오시밀러 부문의 높은 성장률이 전체 바이오의약품 시장의 성장을 촉진할 것으로 예상된다. 바이오시밀러가 전체 바이오의약품 시장에서 차지하는 비중 역시 2017년 3.5%에서 2023년 10.8%까지 확대될 전망이다.

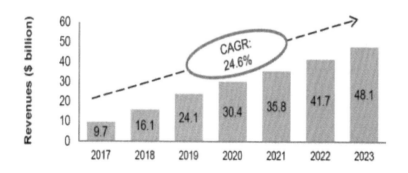

[그림 59] 바이오시밀러 글로벌 시장 현황 및 전망
(2017~2023년, 단위: 십억달러)

생명공학정책연구센터는 아시아-태평양(APAC) 시장에서 바이오시밀러 사용이 촉진됨에 따라 전체 시장이 큰 성장률을 보일 것이라고 말하며 아시아-태평양 시장은 미국과 유럽을 능가하는 임상시험 환경을 제공하며 특히, 한국, 인도 및 중국이 바이오 시밀러 임상시험 시장을 주도할 것이라고 예측했다.[93]

바이오시밀러는 특허가 만료된 바이오의약품에 대한 복제약을 일컫는 것으로, 제약회사가 신약을 출시하면 개발 과정에 투자한 시간과 노력, 연구개발(R&D) 비용을 보호하기 위해 일정 기간 특허권을 인정한다. 통상 20년 정도 보장되는 특허 기간이 끝나면 다른 제약사도 의약품 주성분을 합성해 판매할 수 있게 된다.

식품의약품안전처와 산업계에 따르면 지난 2016년부터 올해 연말까지 5년 동안 휴미라·엔브렐·레미케이드·맙테라·뉴라스타·허셉틴·고날에프·란투스 등 총 8개의 오리지널 바이오의약품 특허권이 종료하는 것으로 파악된다. 이들 8개 제품 시장가치는 약 460억달러(한화 56조원)로 추정된다.

전 세계 바이오시밀러 시장과 맞먹는 '블록버스터'급 바이오의약품들이 줄줄이 특허 만료되면서 복제약 시판이 가능해지자 바이오시밀러 시장 규모도 크게 확대되고 있다.

특히 한국 바이오시밀러 수출 실적은 2018년 10억8970만달러(1조3213억원)를 달성, 2014년 2억477만달러(2483억원)와 비교해 4년 사이 5배나 증가했다. 글로벌 성장 예상치보다 빠른 속도다. 현재 바이오의약품 전체 수출액의 70%(약 11억달러)를 차지한다.

---

93) 바이오시밀러, 매년 24.6%씩 성장..2023년 '481억弗', 장종원, 바이오스펙테이터, 2019.04.10

나) 품목허가 현황[94]

식품의약품안전처 식품의약품안전평가원은 국내 개발 바이오시밀러의 신속한 제품화 지원을 위한 '바이오 시밀러 제품화 지원단'을 출범하며 현재 국내 개발 바이오시밀러 허가 현황을 발표했다.

연번	회사명	제품명	오리지널 바이오의약품	효능효과	해외 허가
1	(주)셀트리온	램시마주100mg	레미케이드	류마티스관절염, 궤양성대장염 등	미국, 유럽, 일본, 캐나다, 호주, 스위스
2		허쥬마주 150mg/440mg	허셉틴주	유방암, 위암	미국, 유럽, 일본, 캐나다, 호주
3		트룩시마주	맙테라	류마티스관절염, 림프종 등	미국, 유럽, 호주, 스위스
4	삼성바이오 에피스(주)	에톨로체50밀리그램 프리필드시린지	엔브렐	류마티스관절염, 건선 등	미국, 유럽, 캐나다, 호주, 브라질
		에톨로체50밀리그램 프리필드펜주	엔브렐	류마티스관절염, 건선 등	유럽
5		레마로체주 100밀리그램	레미케이드	류마티스관절염, 궤양성대장염 등	미국, 유럽, 캐나다, 호주, 브라질
6		아달로체프리필드 시린지주40밀리그램	휴미라주	류마티스관절염, 크론병, 건선 등	미국, 유럽, 캐나다, 호주, 브라질
7		삼페넷주 150밀리그램	허셉틴주	유방암, 위암	미국, 유럽, 브라질
8	(주)엘지화학	유셉트오토인젝터주	엔브렐	류마티스관절염, 건선 등	일본
		유셉트프리필드시린지주	엔브렐	류마티스관절염, 건선 등	일본
9	(주)종근당	네스벨프리필드시린지주 20/30/40/60/120	네스프프리필 드시린지주	만성신부전환자의 빈혈, 고형암의 화학요법에 의한 빈혈	일본
10	(주)펜젠	펜포틴프리필드시린지주 20000IU/40000IU	이프렉스	만성신부전 환자에게 나타나는 빈혈 (증후성 빈혈, 수혈이 필요한 빈혈)	말레이시아

[그림 60] 국내 개발 바이오시밀러 허가 현황

---

94) 식약처, 바이오시밀러 전주기 맞춤형 개발 지원, 식품의약품안전처, 2020.04.09

다) 개발 동향 분석

바이오시밀러는 다양한 파이프라인을 갖추고 셀트리온의 램시마와 삼성바이오에피스의 베네팔리를 이을 차기작을 준비하고 있다. 먼저 셀리트리온은 바이오베터인 램시마SC를 개발하고 있다. 램시마SC 는 현재 임상 3상이 완료된 단계로 유럽의약품청(EMA)에 판매 허가를 신청할 계획으로 알려지고 있다.

삼성바이오에피스는 이미 개발 완료한 휴미라의 바이오시밀러 임랄디의 유럽 판매를 앞두고 있으며, 대장암 치료제 아바스틴 바이오시밀러 SB8과 황반변성 치료제 루센티스 바이오시밀러 SB11의 임상 3상을 진행 중에 있다.

업체명	후보물질(프로젝트명)	대상질환	단계	임상승인
셀트리온	CT-P13 SC, 램시마 피하주사제형	류마티스관절염 등	다국가 3상 완료	2016
	CT-P16, 아바스틴 바이오시밀러	대장암, 폐암 등	다국가 3상 신청	2018(예정)
	CT-P17, 휴미라 바이오시밀러	류마티스관절염 등	다국가 1/3상 신청	2018(예정)
삼성바이오에피스	SB8, 아바스틴 바이오시밀러	대장암, 폐암 등	다국가 3상 진행	2016
	SB1, 루센티스 바이오시밀러	황반병성	다국가 3상 진행	2017
동아ST	DA-3880, 네스프 바이오시밀러, 산와 가가쿠 이전	만성 신부전, 항암 빈혈	일본 3상	2016
프레스티지바이오	HD201, 허셉틴 바이오시밀러	유방암	다국가 3상 진행	2011
	HD204, 아바스틴 바이오시밀러	대장암, 폐암 등	호주 1상 진행	2017

[그림 61] 해외 임상이 진행 중인 한국 기업들의 바이오시밀러 파이프라인 95)

---

95) 바이오제약산업, 한국경제의 혁신성장을 이끌 것인가, 삼정경제연구원, 2018.10

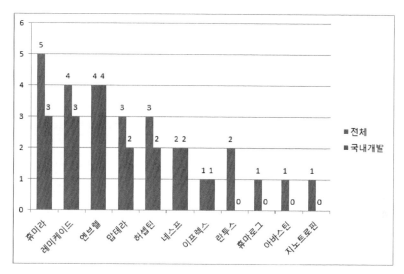

[그림 62] 국내 바이오시밀러 개발 동향 (오리지널의약품별)
96)

바이오시밀러의 오리지널의약품을 살펴보면 휴미라주(임상 5품목),
레미케이드주(임상 3품목, 허가 1개), 엔브렐주(임상 2품목, 허가 2
품목), 맙테라주(임상 3품목), 허셉틴주(임상 2품목, 허가 1품목) 등
의 순이며 판매량이 많거나 특허가 만료될 예정인 의약품의 바이오
시밀러에 집중적으로 개발되고 있는 것으로 분석되었다.

) 식품의약품안전처 보도자료 : 식약처 국내 바이오시밀러 개발 동향 발
표, 식품의약품안전처 안전평가원 유전자재조합의약품과, 2015. 9

연번	제품명 (코드명)	대조약 (성분명)	기업명	대상질환	단계
1	SB5	휴미라 (아달리무맙)	삼성바이오 에피스	비소세포폐암	3상
2	LBAL		LG화학	류마티스 관절염	3상
3	BCD100		바이오씨앤 디	류마티스 관절염	1상
4	LBEC0101	엔브렐 (에타너셉트)	LG화학	류마티스 관절염	3상
5	SAIT101	맙테라 (리툭시맙)	한국아이큐 비아	소포성 림프종	3상
				류마티스 관절염	1/3상
6	CT-P10		셀트리온	여포성 림프종	3상
				류마티스 관절염	3상
7	SB3	허셉틴 (트라스투주맙)	삼성바이오 에피스	유방암	3상
8	CKD-11101	네스트 (다베포에틴알파)	종근당	만선신부전빈혈	3상
9	CJ-49991		씨제이헬스 케어		
10	CT-P16	아바스틴 (베바시주맙)	셀트리온	전이성 또는 재발정 비편평 비소세포폐암 환자	3상
	SB8		삼성바이오 에피스	비소세포폐암	3상
11	CT-P13	레미케이드 (인플릭시맵)	셀트리온	활동성 크론병 및 활동성 궤양성대장염	1상
				건강한 지원자	
				활동성 류마티스관절염 환자	1/3상

[표 42] 바이오시밀러 임상시험 현황(2018)

바이오시밀러 시장을 주도하고 있는 셀트리온과 삼성바이오에피스 이외에도 프레스티지바이오제약은 유방암 치료제 허셉틴 바이오시밀러 HD201의 유럽허가 신청을 준비 중이며, 아바스틴 바이오시밀러 HD204의 호주 임상 1상을 진행하고 있다. 국내 제약사들의 빈혈치료제 네스프 바이오시밀러 개발도 막바지에 접어들고 있다. 동아에스티는 네스프바이오시밀러 DA-3880의 일본 3상을 진행하고 있으며, 종근당의 CKD-11101과 CJ헬스케어의 CJ-40001도 네스프 바이오시밀러로 기술수출을 통해 해외시장에 진출하고 있다.

라) 최근이슈

팜젠사이언스가 mRNA(메신저 리보핵산) 기반 코로나19 백신의 바이오시밀러(바이오의약품 복제약) 공동 개발에 나선다는 소식을 전했다. 팜젠사이언스는 미국 뉴욕에서 정부가 주최한 '한미 글로벌 백신 파트너십'에 참석해 미국 소재 자회사 엑세스바이오, 미국 벤처 아이비파마(IVY Pharma)와 '코로나19 백신 공동개발 및 상업화' MOU를 체결했다고 밝혔다.

2005년 미국 뉴저지에 설립된 아이비파마는 바이오의약품, 바이오시밀러의 공동 개발 및 라이선싱 전문 기업이다. 다양한 글로벌 제휴를 통해 30개국 이상에 바이오시밀러를 출시했다.

이번 MOU는 팜젠사이언스와 엑세스바이오가 백신 개발 비용을 투자해서 아이비파마의 코로나19 mRNA 바이오시밀러 백신 개발 프로그램에 참여하고 품목허가를 완료한다는 내용이 골자다. 3사는 코로나 백신의 원활한 공급을 통해 전세계 백신 수급 불균형 해소를 목표로 전략적 협력을 추진해 나갈 계획이다.

팜젠사이언스는 "이번 프로젝트는 글로벌 바이오시밀러 전문가인 아이비파마의 기술개발 최고 책임자 사파라즈 니아지 박사(Dr. Sarfaraz Niazi) 주도로 개발된 세계 최초의 mRNA 코로나 백신 바이오시밀러 후보물질에 대한 투자다"고 설명했다. 회사는 미국의 백신 개발능력과 한국의 생산 역량을 결합해 백신 생산을 촉진한다는 계획이다. mRNA 코로나 백신 바이오시밀러 개발을 통해 더 경제적이고 빠르게 백신을 공급하는 데 기여할 것으로 기대하고 있

다.97)

국내 제약·바이오 기업, 안과 바이오시밀러 시장에 뛰어들어

바이오시밀러 시장의 규모가 커짐에 따라, 국내 제약·바이오 기업들이 13조원 규모의 안과 바이오시밀러 시장도 선점하는 모양새다. 황반변성 등 안과질환 치료제 시장은 인구 고령화에 따라 환자 수가 급증하고 있고, 출시된 경쟁 바이오시밀러 제품이 없어 국내 기업들에게 선점의 계기가 될 것이라는 전망도 나온다.

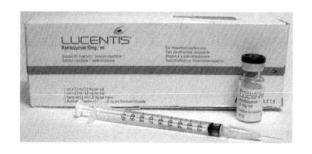

제약·바이오 업계에 따르면 삼성바이오에피스는 최근 미국 식품의약국(FDA)으로부터 **루센티스 바이오시밀러** '바이우비즈(성분명: 라니비주맙)'에 대한 판매 허가를 획득했다. 이는 루센티스 바이오시밀러 제품으로는 첫 정식 품목허가다. 삼성바이오에피스는 유럽에서도 바이우비즈의 판매 허가를 승인받았다고 밝혔다.

---

97) 팜젠사이언스·엑세스바이오, mRNA 백신 바이오시밀러 공동 개발 나서. 2021.9.23. 뉴시스20

루센티스는 제넨텍이 개발하고 로슈(Roche)와 노바티스(Novartis)가 판매하고 있는 황반변성 등의 안과질환 치료제다. 2020년 글로벌 매출은 약 4조원이며 이중 미국 시장 매출은 약 1조8000억원에 달한다. 삼성바이오에피스는 제넨텍과의 라이선스 계약에 따라 미국에서 제넨텍의 해당 SPC(의약품 추가보호 증명) 만료 전인 2022년 6월부터 제품을 판매할 수 있다. 유럽 출시 일정은 공개되지 않았다.

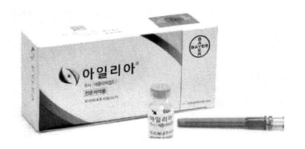

또 다른 황반변성 치료제 **아일리아 바이오시밀러** 시장에서도 국내 기업들이 두각을 나타내고 있다. 리제네론·바이엘이 공동개발한 황반변성 치료제 아일리아는 글로벌 매출이 약 8조원에 달하는 블록버스터 의약품이다. 현재 삼성바이오에피스, 셀트리온, 삼천당제약, 알테오젠 등이 해당 의약품의 바이오시밀러를 개발 중이다.

삼성바이오에피스, 셀트리온, 삼천당제약은 현재 아일리아 바이오시밀러 글로벌 임상 3상을 진행 중이다. 이들은 모두 2022년 2~3분기 중 임상 완료가 목표다. 임상 3상 완료 예정일은 미국 마일란이 2021년 9월로 가장 빠르지만 물질특허(미국 2022년·유럽 2025년) 및 제형특허(미국 2027년·유럽 2030년) 기간을 감안하면 실제 출시 시점은 비슷할 전망이다.

한편, 알테오젠도 2021년 말 글로벌 임상3상 신청을 할 계획이라고 밝혔다. 알테오젠은 2017년 아일리아의 제형 특허를 회피할 수 있는 기술을 개발해 물질특허 만료시 곧바로 출시가 가능하다. 앞서 바이엘은 에버그린 전략의 일환으로 물질특허 이후에 5년 후까지 독점권을 유지할 수 있는 제형 특허를 등록했다.

바이오 업계 관계자는 "국내 기업들의 아일리아 바이오시밀러 개발 속도는 글로벌 기업들과도 비교해도 뒤쳐지지 않는다"며 "알테오젠 역시 임상 진행 속도는 타 기업에 비해 느리지만 제형특허를 회피할 수 있기 때문에 가장 먼저 출시될 가능성도 있다"고 말했다.[98]

---

98) 韓 '13조' 안과 바이오시밀러 시장도 이끈다. 2021.9.27. PAXnet news

국내 바이오 기업들, 바이오시밀러 자체 생산시설 확보에 총력

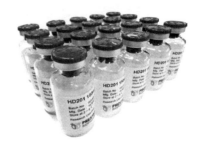

프레스티지바이오파마의 바이오시밀러 의약품
(출처: 공식 홈페이지)

국내 바이오시밀러 기업들이 자체 생산시설 확보에 적극적으로 나서고 있다. 최근 활발한 행보를 보이는 '프레스티지바이오파마'는 러시아 '스푸트니크V' 코로나19 백신의 위탁생산 컨소시엄에 백신원액을 제조하는 DS(Drug Substance) 생산업체로 참여해 코로나19 백신 CMO 사업으로 확장을 알린 바 있다.

또한 한미 글로벌 백신 파트너십에 초대돼 다수의 백신 개발기업 및 원부자재 생산기업과 사업협력을 논의하며 글로벌 기업으로서 경쟁력을 갖췄다는 평가를 받고 있다.

'프레스티지바이오파마'의 관계사 '프레스티지바이오로직스'는 충북 오송에 총생산 규모 10만 리터의 백신센터를 추가로 건립 중이며, 2021년 4분기부터는 본격적으로 백신 양산에 돌입할 예정이라고 밝혔다.

에이프로젠 오송공장
(출처: 공식 홈페이지)

한편, **'에이프로젠'**의 관계사 '에이프로젠바이오로직스'가 식품의약품안전처로부터 오송 공장에 대한 GMP 최종 적합 판정을 받았다. 오송 공장에는 약 3,800억원 규모가 투자됐으며, 연간 224만 리터 및 2,500kg 이상의 항체 생산이 가능해 글로벌 5위 규모의 생산캐파를 가져 향후 잠재력이 우수한 것으로 평가받고 있다.

또한 '에이프로젠KIC' 사명을 '에이프로젠 메디신(Aprogen Medicines Inc.)'으로 변경을 통해 바이오시밀러의 글로벌 공급 기업으로 전환을 모색했고, 모회사 '에이프로젠'은 △레미케이드 △허셉틴 △리툭산 △휴미라 △아바스틴 등 5가지 바이오시밀러 개발에 속도를 올리고 있다.

아울러 '에이프로젠'은 'GC녹십자'와 바이오의약품 상호협력 MOU를 체결하는 등 본격적인 수익 실현을 위한 전략을 펼치고 있다.

ALTEOGEN

'**알테오젠**'은 현재 '오송첨단의료산업진흥재단(KBio)'과 위탁생산 (CMO) 설비를 통해 인간 히알루로니다아제(ALT-B4) 원료의약품을 생산하고 있다. 이를 자체 생산으로 전환하기 위해 약 1,000억원의 전환 우선주를 발행해 자금을 확보했고, 이를 통해 공장 설계 및 건 설에 착수했다. 해당 공장은 유럽 GMP, 미국 cGMP 수준의 아일리 아(Eylea) 바이오시밀러와 인간히알루로니다아제(ALT-B4)를 생산할 예정이다.

또한 '알테오젠'의 아일리아(Eylea) 바이오시밀러 임상 1상 결과가 긍정적으로 나왔으며, 아일리아(Eylea)와 유사한 `ALT-L9`의 유효 성을 확인했고, 두 군 모두에서 약물 관련한 이상반응은 관찰되지 않았다고 회사 측은 밝혔다.

이에 따라 '알테오젠'은 자회사 '알토스바이오로직스'를 통해 글로 벌 임상 3상 IND제출 할 예정이며, 해외 마케팅을 위한 글로벌 회 사들과 접촉하며 유럽의 물질 특허가 만료되는 2025년도 출시할 계 획이다.[99]

---

99) 바이오시밀러 자체 생산시설 확보 총력…차세대 최강자는?. 2021-09-28. Yakup.com

다. 연구 개발 동향

글로벌 신약 개발 시 평균 1조~2조 원 상당의 개발 비용과 평균 10~15년 정도의 장기간의 개발기간이 소요된다.

신약개발은 크게 후보물질 탐색, 前임상, 임상시험 단계로 구분되며, 신약후보물질 탐색을 위한 기초 R&D(약 5년) 후 전임상 단계(약 3년)에서 인간에게 약물을 투여하기 전에 동물대상으로 약물 효능 및 안전성 평가를 진행한다.

전임상 자료를 바탕으로 보건당국에 IND((Investigational New Drug, 연구신약) 승인을 받고 임상단계에 진입하는데, 이때, 임상단계는 6~7년이 소요되며, 전문역량과 고비용이 요구되는 단계로 전체 신약개발 비용의 약 70%를 소모한다.

임상시험은 의약품 안전성과 유효성 증명을 위해 인간을 대상으로 실시하는 시험 또는 연구로서, 총4상(相, Phase)으로 구성된다.

임상 1상 단계에서는 대부분 소수의 건강한 성인을 대상으로 약물의 체내 흡수, 분포, 대사, 배설 등에 대한 자료를 수집하면서 안전성 평가(약 1~2년)를 진행한다.

임상 2상 단계에서는 100~300명 수준의 환자들을 대상으로 적정 용량의 범위(최적의 투여량 등)와 용법을 평가(약 2년)하며, 임상 3상 단계에서는 1,000~3,000명의 환자를 대상으로 약물 유효성과 안전성을 최종적으로 검증(약 3년)한다.

임상 3상을 통과하면 보건당국에 NDA(New Drug Application, 신약승인 신청서)를 신청하여 약물 제조 및 판매허가를 받게 되며 (약 1~2년), 판매허가를 득한 후에 대규모 상용화 단계로 진입한다. 임상 4상 단계에서는 약물 시판 후 부작용을 추적하여 안전성을 재고하고, 추가적인 연구를 시행(수년간 모니터링)한다.

구분	후보물질 탐색	전임상	IND*	임상 1상	임상 2상	임상 3상	NDA**	시판 후 임상 4상
내용	후보물질개발	기초적인 안전성과 유효성 확인	임상실험 개시 신청	안전성 및 투여량 측정단계	약효 및 부작용의 평가	약효 및 장기적 안전성	시판 승인 신청	제품 출시 후 부작용 관찰
대상	실험실 테스트	동물		20~100명의 정상인	100~300명의 환자	1000~3000명의 환자		
소요기간	약 5년	약 3년	1~3개월	약 1.5년	약 2년	약 3년	약 1~2년	수년간 모니터링
성공률	약 5천~1만 개 후보물질	약 5천~1만 개 후보물질 중 약 250개 진입		약 5개 정도의 신약후보 물질이 진입하여 임상테스트를 거치게 됨			1개	

*IND(Investigational New Drug): 임상시험 허가 승인단계로 각각 임상 1상, 2상, 3상 시험 앞에 있다.
**NDA(New Drug Application): 합성의약품 신약의 제품 판매 승인
[그림 70] 신약개발 단계

최근 R&D 투자 효율성 하락으로 글로벌 제약기업들의 R&D 지출액 증가율 둔화가 전망된다. 의약품 산업은 연구개발에서부터 신약개발 성공과 제품 상용화 생산에 이르기까지 높은 R&D 비용과 10년 이상의 기간이 소요되는 기술, 자본집약적 산업이다.

2000년 이후 글로벌 제약기업들의 투자 효율성(ROIC, 투자자본 수익률)은 감소세를 보이고 있다. 글로벌 대형 제약기업들이 신약 1개당 시판을 위해 드는 비용이 2010년 11.9억 달러에서 2018년 21.7억 달러로 급증했으며, 이는 각국 정부의 약가인하 유도 정책, 신약개발 비용 및 기간 증가, 경쟁 심화 등에 기인한 것으로 판단된다.

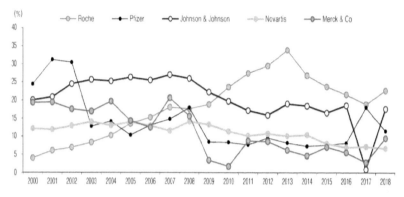

[그림 71] 글로벌 5대 제약기업들의 ROIC 추이

12개 대형 바이오제약 기업의 R&D 수익률은 2010년 10.1%에서 2018년 1.9%로 9년 만에 최저치로 하락했으며 신약 출시 비용은 2018년 기록적인 수준으로 증가했으나, 2018년 신약 당 예상되는 피크 판매액은 2010년 대비 절반수준으로 감소했다. 다만 전문화된 바이오제약 기업들은 높은 개발 비용에도 불구 높은 파이프라인 가치를 보유하고 있어, 대기업들을 능가하는 수익률을 기대할 수 있다.

글로벌 제약기업의 R&D 지출액은 지속 증가하겠으나 그 성장세는 둔화될 전망이다. 2010~2017년간 글로벌 의약품 시장의 R&D 지출액은 연평균 3.6%로 성장하여 2017년에는 1,650억 달러 수준으로 추정되었고, 2018년 약 1,710억 달러(매출액 대비 4.1%) 대비 2019년에는 약 1,770억 달러(매출액 대비 3.1%)의 R&D 지출액이 예상되었다. 향후 2018~2024년에도 R&D 지출액은 지속 증가할 것으로 전망되나 연평균 성장률은 3.1%로 2010~2017년 성장률 3.6% 대비 둔화될 것으로 전망된다.

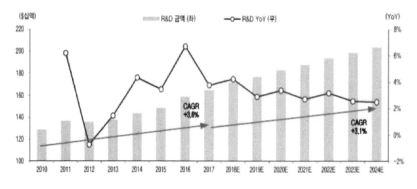

[그림 72] 글로벌 제약기업들의 R&D 비용 추이 및 전망

최근 신약개발 효율성 제고를 위해 의약품 개발의 전 단계를 아웃소싱하는 가상 비즈니스 모델 (Virtual business model)이 떠오르고 있다. 바이오 제약 기업들은 효율적인 연구개발(R&D)을 위해 학계 및 임상대행기업(Contract research organization, CRO)과의 제휴를 증가시키고 있으며, 글로벌 CRO 시장은 2016~2021년 연평균 12.8%로 성장, 2021년 645억 달러 규모에 달할 전망이다.

연구 및 생산시설이 없거나 부족한 중소규모 기업들 뿐 아니라 사업의 효율성을 높이고 리스크를 낮추기 위해 대기업들도 아웃소싱 서비스에 대한 수요가 증가하고 있으며, 환자 중심의 맞춤치료, 임상 시험의 디지털화 등도 임상 부문의 아웃소싱 확대로 이어지고 있다.

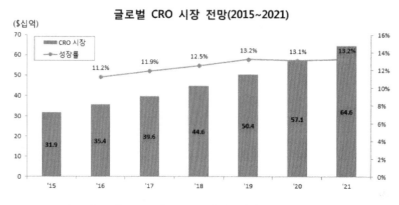

[그림 73] 글로벌 CRO 시장 전망(2015~2021)

바이오의약품 생산을 위해 의약품위탁생산기업(Contract Manufacturing Organization, CMO) 과의 제휴도 확대되어 CMO 시장은 2015~2020년 연평균 8.4%로 성장, 2020년 1,087억 달러에 다다를 전망이다.

CMO 업체들은 One Stop Shop 솔루션 제공업체로 거듭나기 위해 의약품 제조 서비스와 후보물질 도출, 개발 등 위탁개발 서비스(Development)를 통합한 CDMO 서비스를 제공하는 비즈니스 모델로 전환하는 추세이다.

바이오의약품, 맞춤 의학 부문의 성장에 따라 제조 역량의 중요성이 더욱 커지고 있으나 전체 제조의 3분의 1 정도만이 개발 단계나 상용 출시 후 사내에서 이루어지는 것으로 추정된다. 따라서, 제약기업들은 CMO 또는 CDMO와 장기적인 파트너십을 구축하여 안정적이고 효율적인 공급망 확보에 주력할 필요가 있다.

2019년 세포치료제 시장 확대에 따라 세포치료제 제조 및 관련 서
비스 수요도 증가할 것으로 예상되어 CMO 및 CDMO 등이 글로벌
공급사슬에서 전략적이고 필수적인 역할을 담당하게 될 전망이다.

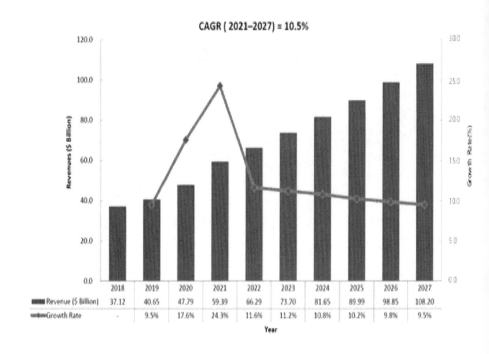

[그림 74] 글로벌 CRO 산업 시장규모 및 성장률(2018~2027)

1) 바이오의약품 임상시험 현황[100]

국내 바이오의약품 임상시험 건수는 (2017년) 213건, (2018년) 233
건, (2019년) 202건, (2020년) 291건, (2021년) 322건으로 나타났다.

바이오의약품 제제별 승인 현황으로는 2021년 유전자재조합의약품
임상시험이 243건으로 가장 큰 비중을 차지했고, 다음 생물학적제제
50건, 세포치료제 18건, 유전자치료제 등 11건의 순으로 나타났다.

	'17년	'18년	'19년	'20년	'21년	CAGR ('17~'21)
표적항암제	114	111	112	164	201	15.2%
면역항암제	89	92	55	89	64	-7.9%
기타	48	44	40	56	56	3.9%
항암제 임상시험 계	251	247	207	309	321	6.3%

자료: 식품의약품안전처, 2022

[그림 75] 항암제 임상시험 승인현황 (2017~2021)

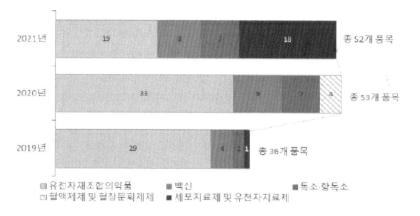

[그림 76] 국내 바이오의약품 제제별·연도별 신규 허가 품목 수
(2019~2021)

---

100) 2019 제약산업 DATABOOK 통계정보, 한국제약바이오협회

구분		2021년			2020년			2019년		
		허가	제조	수입	허가	제조	수입	허가	제조	수입
유전자재조합의약품		19	3	16	33	6	27	29	9	20
생물학적 제제	백신	8	3	5	9	7	2	4	4	
	독소·항독소	7	7	0	7	7	0	2	2	
	혈액제제	0			3	3	0	0		
	혈장분획제제	0			1	1	0	0		
첨단바이오 의약품	세포치료제	15	15	0	0			1	1	
	유전자치료제	3	0	3	0			0		
신규허가 품목 수 합계		52	28	24	53	24	29	36	16	20

최근 3년('19~'21년)간 바이오의약품은 국내에서 총 141개 품목이 허가되었다. 제제별 현황으로는 유전자재조합의약품이 81개로 가장 많은 제품이 허가되었고, 백신이 21개, 독소·항독소 및 세포치료제 각 16개, 혈액제제 및 유전자치료제 각 3개 순으로 나타났다.

2021년에는 '첨단재생의료 및 첨단바이오의약품 안전 및 지원에 관한 법률(첨단재생바이오법)' 부칙 제2조에 따라 기허가 세포치료제 15개 품목이 재허가를 받았고, 유전자 치료제는 3개 품목이 신규 허가를 받았다.

기업명 (품목 수)	제품명 (성분명)	허가일	비고
셀트리온 (7)	유플라이마원액(아달리무맙)	2021-10-15	제조
	유플라이마프리필드시린지주40mg/0.4mL(아달리무맙)	2021-10-15	수입
	유플라이마펜주40mg/0.4mL(아달리무맙)	2021-10-15	수입
	렉키로나주960mg(레그단비맙)(단클론항체, 유전자재조합)	2021-02-05	제조
	램시마펜주120mg(인플릭시맵)(단클론항체, 유전자재조합)	2020-10-12	수입
	램시마프리필드시린지주120mg(인플릭시맵)(단클론항체, 유전자재조합)	2020-02-25	수입
	램시마피하주사원액(인플릭시맵)	2020-02-25	제조
한국릴리 (6)	룸제브주100단위/밀리리터(인슐린라이스프로, 유전자재조합)	2020-12-28	수입
	룸제브퀵펜주100단위/밀리리터(인슐린라이스프로, 유전자재조합)	2020-12-28	수입
	앰겔러티100밀리그램/밀리리터프리필드시린지주(갈카네주맙, 유전자재조합)	2020-05-18	수입
	앰겔러티120밀리그램/밀리리터프리필드펜주(갈카네주맙, 유전자재조합)	2019-09-05	수입
	앰겔러티120밀리그램/밀리리터프리필드시린지주(갈카네주맙, 유전자재조합)	2019-09-05	수입
	휴마로그에이치디퀵펜주100단위/밀리리터(인슐린라이스프로, 유전자재조합)	2019-08-12	수입
삼성바이오에피스 (4)	온베브지주(베바시주맙)	2021-03-11	수입
	삼페넷주440밀리그램(트라스투주맙)	2020-10-14	수입
	아달로체주프리필드펜주40밀리그램(아달리무맙, 유전자재조합)	2020-07-03	수입
	에톨로체주50밀리그램프리필드펜주(에타너셉트)	2019-08-19	수입
한국로슈 (4)	페스코피하주사600/600밀리그램(퍼투주맙/트라스투주맙)	2021-09-06	수입
	페스코피하주사1200/600밀리그램(퍼투주맙/트라스투주맙)	2021-09-06	수입
	엔스프링프리필드시린지주(사트랄리주맙)	2021-04-25	수입
	폴라이비주(폴라투주맙베도틴)	2020-10-27	수입
한국애브비 (4)	스카이리치프리필드시린지주(리산키주맙, 유전자재조합)	2019-12-03	수입
	휴미라프리필드시린지주20mg/0.2mL(아달리무맙, 유전자재조합)	2019-04-25	수입
	휴미라펜주80mg/0.8mL(아달리무맙, 유전자재조합)	2019-02-14	수입
	휴미라프리필드시린지주80mg/0.8mL(아달리무맙, 유전자재조합)	2019-02-14	수입
머크 (3)	퍼고베리스펜주450/225IU	2019-04-29	수입
	퍼고베리스펜주900/450IU	2019-04-29	수입
	퍼고베리스펜주300/150IU	2019-04-29	수입
얀센젠코리아 (3)	오기브리주150밀리그램(트라스투주맙)	2020-08-26	수입
	에포틴플러스프리필드주2000IU/0.5mL(재조합사람에리스로포이에틴)	2020-01-20	제조
	에포틴플러스프리필드주10000IU/mL(재조합사람에리스로포이에틴)	2020-01-20	제조
한국쿄와기린 (3)	크리스비타주사액20밀리그램(부로수맙, 유전자재조합)	2020-09-17	수입
	크리스비타주사액30밀리그램(부로수맙, 유전자재조합)	2020-09-17	수입
	크리스비타주사액10밀리그램(부로수맙, 유전자재조합)	2020-09-17	수입

기업명 (품목 수)	제품명 (성분명)	허가일	비고
사노피- 아벤티스코리아 (2)	살클리사주(이사툭시맙)	2020-12-01	수입
	듀피젠트프리필드주200밀리그램(두필루맙, 유전자재조합)	2020-05-06	수입
씨에스엘베링 코리아 (2)	아이델비온주[알부트레페노나코그알파	2020-03-05	수입
	앱스틸라주[롯녹토코그알파(혈액응고인자Ⅷ, 유전자재조합)]	2020-01-20	수입
팬젠 (2)	팬포틴프리필드시린지주2000IU(에포에틴알파)	2019-11-28	제조
	팬포틴프리필드시린지주4000IU(에포에틴알파)	2019-11-28	제조
한국노바티스 (2)	비오뷰프리필드시린지(브롤루시주맙)	2020-07-28	수입
	비오뷰주(브롤루시주맙)	2020-06-15	수입
한국얀센 (2)	트렘피어원프레스오토인젝터주(구셀쿠맙)	2021-05-24	수입
	다잘렉스피하주사(다라투무맙)	2020-06-29	수입
한독테바 (2)	아조비프리필드시린지주(레마네주맙, 유전자재조합)	2021-07-27	수입
	아조비오토인젝터주(레마네주맙, 유전자재조합)	2021-07-27	수입
노보노디스크제약 (1)	줄토피플렉스터치주	2019-08-23	수입
대원제약 (1)	테로사카트리지주(테리파라타이드)	2019-10-29	수입
메디팁 (1)	브리뉴라주150mg(세르리포나제알파)	2020-09-08	수입
미쓰비시다나 베파마코리아 (1)	업리즈나주(이네빌리주맙)	2021-08-05	수입
보란파마 (1)	리콤비맥스주(필그라스팀)(수출용)	2020-10-30	제조
싸이젠코리아 (1)	싸이트로핀에이카트리지주15mg(45IU)(소마트로핀)	2021-07-09	수입
암젠코리아 유한회사 (1)	이베니티주프리필드시린지(로모소주맙, 유전자재조합)	2019-05-31	수입
유영제약 (1)	벰폴라프리필드팬(폴리트로핀알파, 유전자재조합)	2020-10-29	수입
제이더블유 중외제약 (1)	헴리브라피하주사(에미시주맙, 유전자재조합)	2019-01-17	수입
한국다케다제약 (1)	탁자이로주(라나델루맙)	2021-02-26	수입
한국아스트라 제네카 (1)	파센라프리필드시린지주30밀리그램(벤라리주맙)	2019-06-05	수입
한국오노약품공업 (1)	옵디보주240mg(니볼루맙, 유전자재조합)	2019-04-11	수입
한국파미에센시아 (1)	베스레미주(로페그인터페론알파-2b)	2021-10-13	수입
한국팜비오 (1)	본시티펜주(테리파라타이드)	2021-11-16	수입
한국페링제약 (1)	레코벨프리필드팬(폴리트로핀델타)(유전자재조합)	2019-12-27	수입
한독 (1)	울토미리스주(라불리주맙)	2020-05-21	수입
한미약품 (1)	롤론티스프리필드시린지주(에플라페그라스팀)	2021-03-18	제조

기업명 (품목 수)	제품명 (성분명)	허가일	비고
동아에스티 (9)	그로트로핀투주사액(재조합인성장호르몬)(수출용)	2020-07-24	제조
	그로트로핀투주(재조합인성장호르몬)(수출용)	2020-07-24	제조
	류코스팀주사액프리필드시린지(재조합휠그라스팀)(수출용)	2019-07-11	제조
	류코스팀주사액300마이크로그램(재조합휠그라스팀)(수출용)	2019-07-11	제조
	류코스팀주사액150마이크로그램(재조합휠그라스팀)(수출용)	2019-07-11	제조
	류코스팀주사액프리필드시린지480마이크로그램(재조합휠그라스팀)(수출용)	2019-07-11	제조
	류코스팀주사액75마이크로그램(재조합휠그라스팀)(수출용)	2019-07-11	제조
	고나도핀엔에프주사액프리필드시린지(인난포자극호르몬, 유전자재조합)(수출용)	2019-07-08	제조
	동아재조합휠그라스팀농축원액 II (원료)	2019-06-25	제조
한국화이자제약 (8)	마일로탁주4.5밀리그램(겜투주맙오조가마이신)	2021-11-18	수입
	자이라베브주(베바시주맙)	2021-05-17	수입
	소마버트주15밀리그램(페그비소만트)	2020-09-16	수입
	소마버트주10밀리그램(페그비소만트)	2020-09-16	수입
	소마버트주20밀리그램(페그비소만트)	2020-09-16	수입
	소마버트주25밀리그램(페그비소만트)	2020-09-16	수입
	소마버트주30밀리그램(페그비소만트)	2020-09-16	수입
	베스폰사주(이노투주맙오조가마이신)	2019-01-03	수입

국내 기업별 유전자 재조합의약품 신규 허가현황(2019~2021)

최근 3년('19~'21년)간 유전자재조합의약품 제품을 가장 많이 허가받은 업체는 '동아에스티'로, 9개 품목을 허가받았으며, 다음으로 '한국화이자제약'(8품목), '셀트리온'(7품목) 등의 순으로 나타난다.

연번	제품명	회사명	대조약 (성분명)	효능효과	허가일자	제조 /수입
1	램시마주100 mg	셀트리온	레미케이드 (인플릭시맵)	류마티스 관절염, 궤양성대 장염 등	2012-07-20	제조
2	허쥬마주150 mg	셀트리온	허셉틴주 (트라스투 주맙)	유방암, 위암	2014-01-15	제조
3	허쥬마주440 mg	셀트리온	허셉틴주 (트라스투 주맙)	유방암, 위암	2014-01-15	제조
4	싸이트로핀에 이 카트리지주5m g	싸이젠코리 아	지노트로 핀 (소마트로 핀)	소아의 성장부전 등	2014-01-28	수입
5	싸이트로핀에 이 카트리지주10 mg	싸이젠코리 아	지노트로 핀 (소마트로 핀)	소아의 성장부전 등	2014-01-28	수입
6	다빅트렐주사 25밀리그램	한화케미칼	엔브렐 (에타너셉 트)	류마티스 관절염, 건선 등	2014-11-11 (취하처리 2015-09-30)	제조
7	에톨로체50밀 리그램 프리필드시린 지	삼성바이오 에피스	엔브렐 (에타너셉 트)	류마티스 관절염, 건선 등	2015-09-07	수입 (국 내개 발)
8	베이사글라카 트리지 100단위/밀리 리터	한국릴리	란투스 (인슐린글 라진)	당뇨병	2015-11-25 (취하처리 2019-09-26)	수입
9	베이사글라퀵 펜 100단위/밀리 리터	한국릴리	란투스 (인슐린글 라진)	당뇨병	2015-11-25	수입
10	레마로체주 100밀리그램	삼성바이오 에피스	레미케이 드 (인플릭시 맵)	류마티스 관절염, 궤양성대 장염 등	2015-12-04	수입 (국 내개 발)
11	트룩시마주	셀트리온	맙테라주 (리툭시맙)	류마티스 관절염, 림프종 등	2015-07-16 2016-11-16 (내수용전환)	제조

12	아달로체프리 필드 시린지주40밀 리그램	삼성바이오 에피스	휴미라주 40밀리그 램 (아달리무 맙)	류마티스 관절염, 건선성 관절염 등	2017-09-20	수입 (국 내개 발)
13	삼페넷주 150밀리그램	삼성바이오 에피스	허셉틴주 (트라스투 주맙)	유방암, 위암	2017-11-08	수입 (국 내개 발)
14	글라지아프리 필드펜	녹십자	란투스 (인슐린글 라진)	당뇨병	2018-03-07	수입
15	유셉트프리필 드 시린지주	엘지화학	엔브렐 (에타너셉 트)	류마티스 관절염, 건선 등	2018-03-16	제조
16	유셉트오토인 젝터주	엘지화학	엔브렐 (에타너셉 트)	류마티스 관절염, 건선 등	2018-03-16	제조
17	네스벨프리필 드 시린지주20	종근당	네스프 (다베포에 틴알파	만성신부 전환자의 빈혈 등	2018-11-29	제조
18	네스벨프리필 드 시린지주30	종근당	네스프 (다베포에 틴알파	만성신부 전환자의 빈혈 등	2018-11-29	제조
19	네스벨프리필 드 시린지주40	종근당	네스프 (다베포에 틴알파)	만성신부 전환자의 빈혈 등	2018-11-29	제조
20	네스벨프리필 드 시린지주60	종근당	네스프 (다베포에 틴알파)	만성신부 전환자의 빈혈 등	2018-11-29	제조
21	네스벨프리필 드 시린지주120	종근당	네스프 (다베포에 틴알파)	만성신부 전환자의 빈혈 등	2018-11-29	제조
22	에톨로체50밀 리그램 프리필드시린 지주	삼성바이오 에피스	엔브렐 (에타너셉 트)	류마티스 관절염, 건선 등	2019-08-19	수입 (국 내개 발)
23	테로사카트리 지주	대원제약	포스테오 (테리파라 타이드)	골다공증	2019-10-29	수입

24	팬포틴프리필드 시린지주 2000IU	팬젠	이프렉스 (재조합에리스로포이에틴)	만성신부전환자의 빈혈	2019-11-28	제조
25	팬포틴프리필드 시린지주 4000IU	팬젠	이프렉스 (재조합에리스로포이에틴)	만성신부전환자의 빈혈	2019-11-28	제조
26	아달로체프리필드펜주 40밀리그램	삼성바이오에피스	휴미라주 40밀리그램 (아달리무맙)	류마티스관절염, 건선성관절염 등	2020-07-03	수입 (국내개발)
27	오기브리주 150밀리그램	알보젠코리아	허셉틴주 (트라스투주맙)	유방암, 위암	2020-08-26	수입
28	삼페넷주 440밀리그램	삼성바이오에피스	허셉틴주 (트라스투주맙)	유방암, 위암	2020-10-14	수입 (국내개발)
29	벰폴라프리필드펜	유영제약	고날-에프펜주 (폴리트로핀알파)	난소과자극, 무배란증	2020-10-29	수입
30	온베브지주	삼성바이오에피스	아바스틴 (베바시주맙)	전이성직결장암 등	2021-03-11	수입 (국내개발)
31	자이라베브주	한국화이자제약	아바스틴 (베바시주맙)	전이성직결장암 등	2021-05-17	수입
32	싸이트로핀에이 카트리지주15mg	싸이젠코리아	지노트로핀 (소마트로핀)	소아의 성장부전 등	2021-07-09	수입
33	유플라이마 프리필드시린지주 40mg/0.4mL	셀트리온	휴미라 40mg/0.4mL (아달리무맙)	류마티스관절염, 건선성관절염	2021-10-15	수입 (국내개발)

| 34 | 유플라이마펜주 40mg/0.4mL | 셀트리온 | 휴미라 40mg/0.4mL (아달리무맙) | 류마티스 관절염, 건선성 관절염 | 2021-10-15 | 수입 (국내개발) |
| 35 | 본시티펜주 | 한국팜비오 | 포스테오 (테리파라타이드) | 골다공증 | 2021-11-16 | 수입 |

국내 동등생물의약품 총 허가현황(2012~2021)

연번	제조/ 수입	제품명	성분명	업체명	허가일자	효능효과
*세포치료제						
1	제조	콘드론	자기유래 연골세포	셀론텍	2001-01-30 (재허가 2021-08-26)	무릎관절의 부분 적 연골결손 환자 (결손부위 크기: 단독병변의 경우 15㎠이하, 다발성 의 병변의 경우 2 0㎠이하)의 치료
2	제조	홀로덤	자가유래 피부각질 세포	테고사이 언스	2002-12-10 (재허가 2021-08-27)	1. 심한 이도화상 이 체표면적의 3 0% 이상을 차지하는 화상, 2. 삼도화상이 체 표면적의 10% 이 상을 차지하는 화 상에 이식하여 기 능적인 표피층이 생성되도록 한다.
3	제조	칼로덤	사람유래 피부각질 세포	테고사이 언스	2005-03-21 (재허가 2021-08-27)	1. 심부이도화상 의 재상피화 촉 진, 2. 혈액공급이 원 활하고 감염증 소 견이 없는 당뇨성 족부궤양의 상처 치유 촉진
4	제조	케라힐	자가유래 피부각질 세포	바이오솔 루션	2006-05-03 (재허가 2021-08-25)	1. 심한 이도화상 으로 체표면적의 30%이상을 차지 하는 화상, 2. 삼도화상이 체 표면적의 10% 이 상을 차지하는 화 상에 이식하여 기 능적인 표피층이 생성되도록 한다
5	제조 (수출)	크레아 박스- 알씨씨 주	자가유래 수지상세 포	제이더블 유 크레아젠	2007-05-15 (취하 2021-08-27)	신적출술이 가능 한 전이성 신세포 암

6	제조	이뮨셀 엘씨주	활성화 티림프구	지씨셀	2007-08-06 (재허가 2021-08-27)	간세포암 제거술 (수술, 고주파 정 제술, 경피적 에 탄올 주입술) 후 종양 제거가 확인 된 환자에서 보조 요법
7	제조	알엠에 스 오스론	자기유래 뼈세포	셀론텍	2009-08-26 (재허가 2021-08-06)	국소 골형성 촉진
8	제조	퀸셀	자가지방 조직유래 최소조작 지방세포	안트로젠	2010-03-26 (재허가 2021-06-09	피하지방 결손 부 위의 개선
9	제조	큐어스 킨	자가유래 피부 섬유아세 포	에스바이 오 메딕스	2010-05-11 (재허가 2021-07-29)	피하지방 결손 부 위의 개선
10	제조	하티셀 그램- 에이엠 아이	자가골수 유래 중간엽줄 기세포	파미셀	2011-07-01 (재허가 2021-08-26)	흉통 발현 후 72 시간 이내에 관상동맥성형술을 시행하여 재관류 된 급성심근경색 환자에서의 좌심 실구혈률의 개선
11	제조	카티스 템	동종제대 혈유래 중간엽줄 기세포	메디포스 트	2012-01-18 (재허가 2021-08-19)	퇴행성 또는 반복 적 외상으로 인한 골관절염 환자(IC RS grade IV)의 무릎 연골결손 치 료
12	제조 (희귀)	큐피스 템	자가지방 유래 중간엽줄 기세포	안트로젠	2012-01-18 (재허가 2021-08-24)	크론병으로 인한 누공 치료
13	제조 (희귀)	뉴로나 타-알 주	자가골수 유래 중간엽줄 기세포	코아스템	2014-07-30 (재허가 2021-08-27)	리루졸과 병용하 여 근위축성 측삭 경화증의 질환 진 행 속도 완화
14	제조	케라힐 -알로	동종피부 유래 각질세포	바이오솔 루션	2015-10-16 (재허가 2021-08-25)	심부 2도 화상의 재상피화 촉진
15	제조	로스미 르	테고자가 피부유래 섬유아세 포	테고사이 언스	2017-12-27 (재허가 2021-08-24)	중등도 이상의 비 협골 고랑의 개선

16	제조	카티라이프	바솔자가연골유래연골세포	바이오솔루션	2019-04-24 (재허가 2021-07-22)	무릎 연골결손 (ICRS grade III 또는 IV, 결손면적 2 내지 10 cm 2) 의 치료

*유전자치료제

1	수입 (희귀신약)	킴리아주	티사젠렉류셀	한국노바티스	2021-03-05	1. 25세 이하의 소아 및 젊은 성인 환자에서의 이식 후 재발 또는 2차 재발 및 이후의 재발 또는 불응성 B세포 급성 림프성 백혈병의 치료 2. 두 가지 이상의 전신 치료 후 재발성 또는 불응성 미만성 거대 B세포 림프종 성인 환자의 치료
2	수입 (희귀신약)	졸겐스마주	오나셈노진 아베파르보벡	한국노바티스	2021-05-28	Survival Motor Neuron 1(SMN1) 유전자에 이중대립형질 돌연변이가 있는 척수성 근위축증 환자에서 다음 중 어느 하나에 해당하는 경우 : - 제1형의 임상적 진단이 있는 경우 - Survival Motor Neuron 2(SMN2)유전자의 복제 수가 3개 이하인 경우
3	수입 (희귀)	럭스터나주	보레티진 네파보벡	한국노바티스	2021-09-09	이중대립유전자성 (biallelic) RPE65 돌연변이에 의한 유전성 망막디스트로피로 시력을 손실하였으며, 충분한 생존 망막세포를 가지고 있는 성인 및 소아의 치료

국내 세포치료제 및 유전자치료제 총 허가현황(2001~2021)

2) COVID-19[101]
가) 개요

코로나바이러스(coronavirus)는 낙타, 고양이, 박쥐를 포함하는 여러 종(species)의 포유류에 흔히 감염되는 바이러스로 드물게 동물 코로나바이러스가 인간을 감염시키기도 한다. 인간코로나바이러스(human coronavirus, HCoV)는 건강한 사람에서는 '감기(common cold)'와 같은 경증의 감염을 유발하여 그리 중대히 여겨지던 병원체로 여겨지지는 않았다.

그러나 21세기 들어 2종의 전염성이 강한 중증급성호흡기증후군 코로나바이러스(severe acuterespiratory syndrome-associated coronavirus, SARS-CoV), 중동호흡기증후군 코로나바이러스(middle east respiratory syndrome coronavirus, MERS-CoV)가 동물 숙주로부터 출현하여 사람 간 전파로 세계적 유행을 일으킨 바 있다.[102]

WHO는 이번에 발발한 '신종 코로나바이러스감염증'을 발병 초기 'novel coronavirus (2019-nCoV)'로 표현했으나, 2020년 2월 11일 공식명칭을 'coronavirus disease 2019(COVID-19)'로 정했다.

'CO'는 코로나(corona), 'VI'는 바이러스(virus), 'D'는 질환(disease), '19'는 신종 코로나바이러스 발병이 처음 보고된 2019년을 의미한다. 한국은 한글 공식 명칭을 '코로나바이러스감염증-19'(국문 약칭 코로나19)로 명명했다.

---

101) 코로나바이러스감염증-19 관련 A to Z, KoNECT 브리프, 2020.03.12
102) 신종코로나바이러스(2019-nCoV)의 이해, 약학정보원, 2020

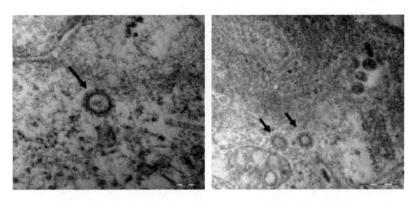

[그림 80] 국내 코로나19 환자 유래 바이러스 고새항 투과전자현미경 사진

코로나바이러스(Coronavirus, CoV)는 사람과 동물 모두에게 감염
될 수 있는 유전자 크기 27~32kb(kilo base)의 (+)Single strand
RNA 바이러스다. 미국 국립보건원(NIH)이 공개한 코로나바이러스
모형을 보면, 파란색 표면에 왕관모양의 빨간 뿔(Spike
Glycoprotein, 표면 돌기 당단백질)이 박힌 모습이다.

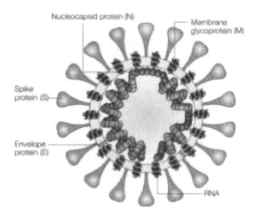

[그림 81] 코로나바이러스 구조

이 파란 표면은 미끄러운 지방질과 단백질 분자로 구성돼있으며 그 안에 바이러스를 숨기고 있고, 빨간 뿔은 단백질로 구성되어 있다. 코로나바이러스과는 알파, 베타, 감마, 델타의 4개 속(genus)이 있으며, 설치류와 박쥐에서 유래한 알파와 베타는 사람과 동물에게, 조류에서 유래한 감마와 델타는 동물에게 감염될 수 있다.

사람감염 코로나바이러스는 현재까지 7종류가 알려져 있으며, 감기 유발 유형 (229E, OC43, NL63, HKU1)과 중증폐렴 유발 유형 (SARS-CoV, MERS-CoV, SARS-CoV-2)이 보고되고 있다.

CoV의 표면 돌기 당단백질은 머리(S1)와 줄기(S2)로 구성되어 있다. 체내 침투한 CoV의 S1 부분은 기도 표면의 DPP4, ACE2와 같은 특정 단백질(수용체)과 결합한다.

MERS-CoV의 S1은 숙주세포의 DPP4(Dipeptidyl Peptidase-4)에만 결합하고, SARS-CoV의 S1은 숙주세포의 ACE2(Angiotensin Converting Enzyme2)에만 결합한다.

SARS-CoV-2도 SARS-CoV처럼 숙주세포의 ACE2에만 결합한다. 지방질 표면의 막을 뚫고 S2를 통해서 세포에 침투한 CoV는 탈외피 후 바이러스 RNA가 복제되는 곳인 세포질로 방출된다.

바이러스 복제 복합체(viral replication complex)가 합성한 (-)RNA는 (+)mRNA를 합성하기 위한 주형으로 사용되며, 유전체 RNA와 뉴클레오캡시드 단백질(Nucleocapsid Protein)이 결합하여 나선형의 뉴클레오캡시드를 형성한다. 이와 같이 인체 내에서 증식 및 복제된 CoV는 엑소시토시스(exocytosis)를 통해 세포에서 방출된다. 위의 증식 과정에서 변이 및 유전자 재조합이 빈번하게 일어

나며, 특히 결손 돌연변이가 주로 발생하고 있다.

나) COVID-19 진단시약

COVID-19 검사 초기에는 중합효소연쇄반응(PCR, Polymerase Chain Reaction) 검사를 통해 코로나바이러스 여부를 우선 확인 후, 양성반응일 경우에는 대상자의 바이러스 유전자 염기서열을 SARS-CoV-2 유전자와 비교·분석해 최종적으로 확진 판정을 했으며, 약 1~2일이 소요되었다.

이후 2020년 2월 4일 COVID-19만을 특정하여 진단할 수 있는 실시간 중합효소연쇄반응법(RT-PCR) 진단키트가 국내 진단기업 코젠바이오텍에 의해 개발 및 보급되면서 6시간 이내로 신속한 진단이 가능해졌다.

[그림 82] 코젠바이오텍

이는 세계 최초로 상용화된 COVID-19 진단키트가 개발된 것으로, 빠른 상용화에는 지난 메르스 이후 도입된 긴급사용 승인제도의 역할이 컸다. 긴급사용 승인제도는 신종 감염병의 대유행이 우려돼 긴급히 진단키트가 필요하나 국내에 허가제품이 없는 경우에 원활한 감염병 검사 및 진단을 위해 마련된 제도로, 식품의약품안전처가 승인한 경우 한시적으로 제조·판매 및 사용할 수 있게 된다.

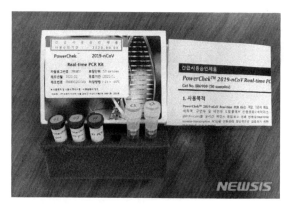

[그림 83] 코젠바이오텍의 코로나 검사 키트

지금까지 긴급사용승인을 받은 기업은 코젠바이오텍, 씨젠, 솔젠트, SD바이오센서 4개다. 국내 진단 기업들은 RT-PCR 검사법보다 더 빠르고 정확한 진단키트를 개발하기 위해 연구 개발 중이다.

현재 식품의약품안전처가 2023년 2월 17일 기준으로 발표한 코로나19 진단시약 국내 정식허가 현황에 의하면 총 137건의 PCR 52개, 항원 61개, 항체 24개로 나타났다.[103)

---

103) 식품의약품안전처(2023) 「코로나19 진단시약 국내 정식허가 현황 ('23.2.17)」

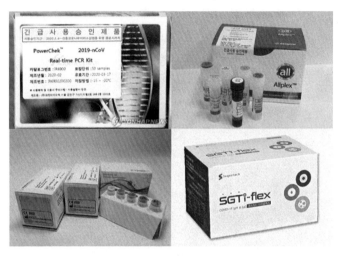

[그림 84] (왼쪽 위부터 시계 방향으로)
코젠바이오텍, 씨젠, 수젠텍, 솔젠트의 코로나19 진단키트

식품의약품안전처는 1월 28일부터 2월 28일까지 42개 진단 기업
이 질병관리본부를 통해 64건의 진단시약 긴급사용승인을 신청했
다.

검토완료(19)	
긴급사용승인	4건
성능 미흡으로 부적합	6건
임상 성능평가 불가	1건
업체 자진 신청 취하	8건
검토 중(45건)	
질병관리본부 임상 성능평가 예정	8건
식약처 검토결과 평가자료 보완 중	8건
식품의약품안전처 서류 검토 중	29건

[표 46] 진단시약 긴급사용승인 신청 현황

다) COVID-백신

(1) 해외

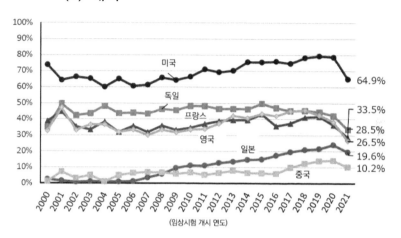

[그림 85] 주요 국가의 국제 공동 임상시험 참가 비율 연차 추이

코로나19 백신 개발 임상시험이 2020년 시작된 가운데 2021년도 까지 900건 이상 진행된 것으로 확인됐다.

한국보건산업진흥원은 글로벌 보건산업동향에서 일본 의약산업정 책연구소가 분석한 '제약산업의 최근 국제 공동 임상시험 동향'을 통해 이같이 전했다.

보고서에 따르면 코로나19는 2019년 12월 세계보건기구(WHO)에 바이러스가 최초 보고된 이후 백신 개발로 대표되는 임상시험이 2020년부터 각국에서 개시됐다.

전세계 임상시험을 확인할 수 있는 사이트 ClinicalTrials.gov를 통해 임상1상부터 3상까지의 질환별 내역을 분류한 결과 코로나19 임상은 2020년 504건, 지난해 408건이 실시됐다. 전체에서 차지하는 비율은 각각 11.4%, 7.8%로 모두 암 영역에 이어 두 번째를 기록한 것으로 확인됐다.

2021년에는 코로나19 관련 임상시험이 전년대비 96건 감소한 가운데 총 시험 수는 795건 증가한 것으로 나타났다. 이는 코로나19 대책이 진척을 보이면서 2020년 중단·지연됐던 시험이 재개된 결과로 추정되고 있다.

특히 2021년에는 의료현장에서 코로나19 대처법이 확립되면서 임상시험 실시 기반도 회복된 것으로 나타났다. 코로나19와 관련, 시각을 제외한 모든 영역의 임상시험은 두 자리 수 증가세를 보였으며, 정신·호흡기·피부는 각각 51.5%, 42.2%, 41.5% 증가한 것으로 나타났다.

코로나19 관련 국제 공동 임상시험에서는 미국이 114건으로 합계 1위의 참가율을 기록했고, 브라질이 72건, 멕시코가 55건으로 뒤를 이었다. 단일국가 시험에서는 미국이 241건으로 1위였으며, 다음은 중국 49건, 브라질 30건, 한국 29건 순으로 확인됐다. 코로나19가 각국의 감염상황, 환자 수, 각국 정부의 감염대책 방침 차이 등이 있는 만큼 다른 질환의 임상시험과는 차별화된 경향을 보인 것으로 분석된다.

또한 보고서는 국제 공동 임상시험이 자국 환자들에게 최신 의약품을 신속히 전달하는데 필요한 중요한 역할을 수행하며, 다른 나라보다 신약 시판이 지연되는 드러그랙(drug lag) 해소에도 기여하고 있다고 전했다.

일본 의약산업정책연구소는 2000~2021년 누적 임상시험 수를 국가별·시험 타입별로 분류해 분석했는데, 그 결과 미국이 국제 공동 임상시험 1만1,708건, 단일국가 시험 1만5,560건으로 1위를 기록한 것으로 나타났다. 일본은 국제 공동 임상시험 순위 23위, 한국은 14위였다. 특히 중국의 경우 단일국가 시험에 편중하는 경향으로 국제 공동 임상시험은 35위를 기록한 반면, 단일국가 시험은 2,087건으로 이전보다 약 2배 증가해 2위로 순위가 상승했다.

보고서는 최근 임상1상의 존재감이 커지고 있으며, 특히 암 영역에서 바스켓 임상시험·엄브렐러 임상시험 같은 플랫폼형 시험이 실시되면서 피보탈(Pivotal) 임상 사례가 등장하기 시작했다고 분석했다.

국제 공동 임상시험의 경우 2010년 총 180건이었던 임상1상 및 1/2상은 2017년 299건으로 1.7배 증가했고, 2010년 이후 모든 임상단계를 합산한 총수는 신장세가 완만해진 반면 1상 및 1/2상 비율은 늘었다. 반대로 3상 시험 수는 2006년부터 보합세를 보이고 상대적으로 비율이 감소한 것으로 나타나 국제 공동 임상시험이 조기 스테이지화가 진행되는 것으로 판단됐다.[104]

세계 최대 임상시험 레지스트리인 미국국립보건원(NIH)의 ClinicalTrials.gov에 2020년 3월 11일 기준 신규 등록된 COVID-19 관련 약물 중재 임상시험은 56건 이다.

이중 치료제 관련 임상시험은 53건, 백신 관련 임상시험은 3건이다. 미국 생명공학 회사 모더나 테라퓨틱스(Moderna

---

104) 약업신문 '코로나19 임상, 암 이어 2번째⋯최근 2년간 900건 진행'

Therapeutics)와 미국 NIH 산하 국립 알레르기감염증연구소(NIAID, National Institute of Allergy and Infectious Diseases)가 공동 개발한 이 백신은(NCT04283461), 카이저퍼머넌트 워싱턴 건강 연구소(KPWHRI, Kaiser Permanente Washington Health Research Institute)에서 3월 19일부터 45명을 대상으로 1상 임상시험을 진행할 예정으로 빠르면 7월 결과 도출이 가능하며, 2021년 6월까지는 개발을 완료할 예정이다.

중국 선전 제노 면역 의학 연구소(Shenzhen Geno-Immune Medical Institute)는 100명 규모의 1상 임상시험 2건을 2월 24일 시작해 2023년 7월 31일 종료할 예정이다(NCT04276896, NCT04299724).

중국은 이외에도 자체 레지스트리인 ChiCTR에 2020년 3월 8일 기준 228건의 COVID-19 관련 연구자 임상시험을 등록한 상태다. 이중 백신 관련 임상시험은 1건으로, 중국 광시의과대학(Guangxi medical university)에서 60명 규모의 4상 임상시험을 2월 2일 시작해 2022년까지 완료할 예정이다(ChiCTR2000030016).
이외에도 사노피파스퇴르는 COVID-19 백신 개발을 위해 미국 보건복지부의 질병예방대응차관보(OASPR) 산하 생물의약품첨단연구개발국(BARDA)과 협력하고 있고, GSK와 이노비오(INO)는 전염병대비혁신연합(CEPI)과 새로운 협력 체계를 구성했다. 존슨앤존슨은 BARDA과의 협력을 확장해 백신 개발 프로그램을 가속화하는 협약을 맺었고, 칼레트라(Kaletra)를 보유한 애브비는 COVID-19 치료옵션을 연구하는 유럽 혁신 의약품 이니셔티브(IMI)와의 연구 협력을 모색 중이다.

미국, 코로나19 백신 패치 개발

미국에서 3D프린팅 기술을 이용한 반창고 형태의 코로나19 백신 패치가 개발됐다는 소식이 전해졌다. 미국 스탠퍼드대와 노스캐롤라이나 채플힐대 공동연구팀이 3D프린팅 백신 패치 '마이크로니들 백신' 기술을 개발했다. 백신 패치는 반창고처럼 붙이기만 하면 된다. 약물이 체온에 의해 녹으면서 미세침을 통해 피부 안쪽으로 흡수되는 방식이다.

연구팀은 피부에 직접 도포된 마이크로네들 패치가 일반 백신보다 10배 더 큰 면역 반응을 나타냈다고 밝혔다. 그뿐만 아니라 패치는 사용하기 쉽고 통증이 없으며, 자가 관리가 가능하다는 등 여러 가지 장점이 있다.

게다가 냉장고나 냉동고에 보관해야 하는 일반 백신과 달리, 특별 관리 없이 전 세계 곳곳으로 쉽게 배송될 수 있다. 연구팀은 이번 백신 패치 개발이 예방 접종률이 높아지는 결과로 이어질 수 있다고 자평했다.

공동연구팀은 앞으로 테스트를 통해 화이자와 모더나 코로나19 백신과 같은 백신을 3D 인쇄 마이크로네들 패치 형태로 만들 예정이다. 이들은 이미 해당 백신을 백신칩 형태로 만들기 위한 상용화 연구에 착수한 것으로 알려졌다.[105]

---

105) "주사 대신 붙이면 끝"...美 '코로나19 백신 패치' 개발. 2021.9.27. YTN

(2) 국내

① 한국화학연구원 CEVI(신종 바이러스) 융합연구단

COVID-19 유전체 분석을 통해 기존 사스 중화항체 2개와 메르스 중화항체 1개가 특이적으로 COVID-19의 표면돌기 당단백질에 결합할 수 있다는 것을 발견했으며, 이 연구 결과는 COVID-19 치료용 항체와 백신 개발에 활용 가능하다고 밝혔다.

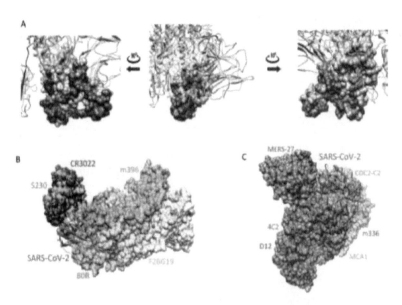

[그림 86] COVID-19 스파이크 단백질(A), 사스 중화항체(B), 메르스 중화항체(C)의 구조

② 질병관리본부 산하 국립보건연구원

코로나19 관련 긴급 현안지정 학술연구용역 12건을 실시하고 있으며, 이중 백신 후보물질 개발 관련 과제는 4건이다.

③ 국내 제약바이오 기업

약 5개의 국내 제약·바이오 기업이 백신 후보물질을 개발하고 있으며, 기타 복수의 제약·바이오 기업도 백신 개발 준비를 하고 있다. 다만 RNA 바이러스인 코로나바이러스 계열은 변이에 취약해, 백신이 개발되어 상용화 되는 시기에는 효력을 보일 적응증이 제한적이고, 백신이 감염 확산을 막을 가능성은 낮다는 지적도 있다.

이연제약, 셀루메드와 mRNA 백신 공동개발 MOU 체결

이연제약은 바이오기업 셀루메드와 5종의 'mRNA 생산효소'의 대량 생산 및 mRNA를 이용한 백신 공동 연구개발을 위한 양해각서(MOU)를 체결했다고 밝혔다.

계약에 따라 이연제약은 셀루메드가 개발 중인 5종의 'mRNA 생산효소'를 충주 바이오 공장에서 대량으로 생산할 예정이며, mRNA 백신 기반 기술을 이용하여 백신, 암 백신, 치료제 등에 대한 공동 연구개발도 추진할 예정이라고 덧붙였다.

셀루메드는 국내에서 드물게 mRNA 백신 생산효소를 개발하는 기업이다. 국산 코로나19 mRNA 백신을 개발 중인 아이진과 연구개발 및 사업화 공동 협력을 위한 본계약을 체결하기도 했다. 이에 따라 향후 생산되는 mRNA 백신 효소는 아이진에 우선 공급하고, 이연제약과 셀루메드는 대량 생산 공정개발과 의약품품질관리기준(GMP)에 부합한 시설 구축에 나선다.

이연제약 관계자는 "양사간 시너지를 기대하고 있다"라며 "우선 mRNA 생산효소 생산에 집중하고 이후 mRNA 백신 및 치료제 개발에 속도를 더하겠다"고 언급하였고, 셀루메드 관계자는 "이번 이연제약과의 MOU 체결로 당사가 개발중인 mRNA 생산효소의 대량생산이 차질 없이 진행될 것"이라면서 "향후 mRNA 백신 및 치료제 연구에도 기여할 수 있다"고 덧붙였다.106)

백신 패치, 국내외서 활발한 개발 움직임

미국의 백신 패치 개발 움직임에 따라, 국내·외에서 마이크로니들을 활용한 패치 방식 백신과 치료제를 개발하려는 움직임이 활발하다. 코로나19 펜데믹으로 전문 의료진 없이도 간편하게 적용할 수 있는 마이크로니들 패치 기술의 중요성이 더욱 강조되고 있다. 국내에서는 라파스와 쿼드메디슨, 에이디엠바이오사이언스 등이 관련 기술을 개발 중인 것으로 알려졌다.

마이크로니들은 기존 주사제보다 크기가 작고 상온 안정성이 뛰어나 보관과 유통이 편리하고 전문의료진의 도움 없이 주사할 수 있다. 또 주사 통증이나 외상은 물론 감염 위험도 낮다. 이 때문에 세계보건기구(WHO)나 유니세프(UNICEF) 등의 국제기관들로부터 누구나 공평하게 백신에 접근할 수 있게 하는 차세대 기술로 평가받고 있다.

---

106) 이연제약, 셀루메드와 mRNA 백신 공동개발 MOU 체결. 2021.09.27. news1

시장 전망도 밝다. 퓨처마켓 인사이트가 발간한 보고서를 보면 마이크로니들 시장 규모는 앞으로 연 평균 6.5% 성장해 2030년에는 12억달러(약 1조4000억원)로 성장할 것으로 분석됐다.

국내 바이오 업체도 발 빠르게 마이크로니들을 개발 중이다. 의료용으로 상업화된 사례는 아직 없다. 식품의약품안전처와 소통을 하면서 의료용을 개발하는 기업은 다섯곳 안팎으로 추산된다.

업계 관계자는 "국내는 여드름과 주름, 기미 등 피부개선 화장품용으로 마이크로니들 패치를 활용해왔다"며 "최근 일부 기업을 중심으로 의료용으로 개발되고 있는 상황"이라고 말했다.

라파스는 마이코박테리아를 이용한 마이크로니들 패치 코로나19 백신을 개발 중이며, '마이크로니들-파티클' 제조 특허를 취득했다고 밝혔다. 이 기술은 마이크로니들에 저장된 유효성분을 피부에 효과적으로 광범위하게 전달할 수 있는 기술이다.

편리한 사용	낮은 부작용	무통증 제제
·편리한 휴대성 ·식이와 관련 없이 사용 가능 ·환자 상태의 제한없는 용이한 투약	·경구 복용에 따른 소화위장관계 부작용 감소 ·주사에 의한 2차 감염 예방	·피부를 통한 무통 패치 ·Needle phobia 사용 가능 ·어린이/노약자에게 사용 편리

용해성 마이크로니들의 장점(출처: 라파스 홈페이지)

비상장사에서는 **쿼드메디슨**이 있다. 쿼드메디슨은 빌게이츠 재단에서 출자한 라이트펀드의 지원을 받아 저개발국 영유아에게 투약이 쉬운 5가 마이크로니들 백신을 LG화학과 공동개발계약을 맺고 세계 최초로 개발 중이다. 업계에서 기술력을 인정받아 최근 NH투자증권을 상장주관사로 선정해 코스닥 상장도 추진하고 있다. 상장 시점은 지금으로부터 1년 내외로 보고 있다는게 회사 측의 설명이다.

For the No.1 clinical service provider

또 **에이디엠바이오사이언스**가 유바이오로직스와 마이크로니들 코로나19 백신을 위한 양해각서를 체결했다. 현재 유바이오로직스는 유전자재조합 항원을 이용한 코로나19 백신을 개발중이다. 이 밖에도 복강경 수술기구 제조업체 **세종메디칼**도 최근 신사업으로 마이크로니들을 추진키로 하고 사내 특별팀(TFT)을 꾸렸다.[107]

---

107) "백신, 이제 간편하게 붙이자"...국내외서 개발 속도내. 2021.9.27.
     Pharm Edaily

라) COVID-19 치료제

(1) 해외

코로나19 팬데믹으로 인해 매우 단축된 기간에 백신과 치료제 개발 및 상용화가 이루어져 15년이 소요되던 백신 개발 기간이 10~18개월로 크게 단축됐다. 의약품 개발속도에 혁신이 이뤄졌다는 평가가 나온다.

2018년 기준 항생제 포함 모든 감염병에 대한 백신 후보물질이 214개, 치료제 후보물질이 80개였던 반면 2021년 10월 기준 임상시험단계의 코로나19 백신은 92개, 치료제는 419개인 것으로 나타났다.

코로나19 백신 개발은 임상시험의 두 단계 이상을 통합해 실시하는 심리스설계(seamless design)를 통해 단계별 승인 및 행정절차, 세팅시간을 절약할 수 있었다.

모더나 백신은 코로나19라는 긴급한 상황을 고려한 판단으로 임상시험과 동물실험의 동시 진행을 전제로 인간 대상 임상시험을 시작한 바 있다.

기존에 구축된 글로벌 임상시험 네트워크를 적극 활용해 최단기간에 환자를 모집할 수 있었던 것과 임상시험 실시 전부터 제조공정과 품질관리 등 상업용 규모의 제조를 준비해 사용 승인 후 최단기간 제품의 대량 생산 및 공급을 가능하게 한 것도 요인으로 꼽힌다.

미국 FDA는 코로나19 대응의 긴급성에 따라 코로나19 백신 효능 인정 기준을 위약보다 최소 50%의 효능을 권고하는 등 상대적으로 낮게 설정하는 한편 심사기간 단축을 위한 '롤링 리뷰 프로세스'를 적용했다.

롤링 리뷰 프로세스는 해당 의약품을 위한 전담팀을 구성하는 한편 허가자료 검토를 전체 자료가 완성된 이후가 아닌 소분야별 자료가 완성되는 대로 착수해 심사 기간을 단축하는 방식을 말한다.

최근의 코로나 19 백신 및 치료제 개발 현황을 살펴보면 2022년 4월 25일 기준, 미국에서 긴급사용승인(EUA) 및 허가승인을 받은 백신과 치료제는 총 11개, 임상시험 단계 글로벌 백신은 153개, 글로벌 치료제는 557개가 현재 임상시험 중이며, 관련 임상시험은 총 1,664건에 달한다.

혁신적인 바이오 제약 회사들은 안전하고 효과적인 COVID-19 백신과 치료제를 개발하고 제조하기 위한 노력에 앞장서 왔다. 오늘날, 120억 도스 이상의 백신이 생산되었고, 세계 인구의 60% 이상이 적어도 한 번의 백신을 접종했다.

코로나 펜데믹 기간 동안 글로벌 제약사들은 전세계에 코로나 백신 공급을 위해 신속하게 타 제조업체들과 협력하였고, 이러한 파트너십은 제조 및 유통 용량을 늘리고 환자가 치료 및 백신에 접근할 수 있도록 핵심적인 역할을 수행하고 있다. 또한, 글로벌제약사들은 COVID-19 치료제에 대한 중저소득 국가의 접근성을 증대하기 위해 다양한 글로벌 파트너십을 체결하고 있다.

신종 코로나바이러스 감염증(코로나19) 확진자가 폭증하면서 '먹는 (경구용) 치료제'에 대한 관심이 높아졌다. 미국 머크 앤드 컴퍼니(MSD)와 스위스 로슈가 현재 전 세계에서 가장 앞서 있으며 화이자도 최근 임상 2상에 착수했다.

전세계에서 먹는 치료제 선두주자는 미국 MSD다. MSD와 리지백바이오테라뷰틱스가 개발 중인 '몰누피라비르'는 임상 3상에 진입했다.

스위스 로슈도 'AT-527'을 연내 경구용 치료제 상용화를 목표로 임상 3상을 진행 중이다. 업계에선 글로벌 제약사들이 빠르면 2021년 11월에 미국 식품의약국(FDA)에 긴급사용 승인을 신청할 것으로 예상하고 있다.

관련 업계에 따르면 화이자는 성인 2660명을 대상으로 알약 형태의 코로나19 치료제 'PF-07321332'에 대한 임상 2상을 돌입했다.[108]

(가) MSD

세계 최초의 COVID-19 치료제를 개발하며 COVID-19 종식에 큰 기여를 하고 있다. MSD는 2022년 1분기까지, 전 세계 30개 이상의 국가에 630만명분 이상의 라게브리오 공급을 마쳤다. 앞으로 추가로 최소 2000만명분을 생산할 계획이다. 또 전세계 100개이상의 중저소득 국가를 위해 국제의약품특허(Medicines Patent Pool: MPP)와 자발적 라이선스 계약(Voluntary licensing agreement)을 맺은

108) '먹는 코로나 치료제' 세계 각축전⋯이르면 다음달 1호 치료제 가능. 21.9.29. 뉴스핌

바 있다. MPP를 통해, 3개의 한국기업이 중저소득 국가를 위한 제품(라게브리오 제네릭) 생산에 힘을 보태고 있다.

- 2021년 5월 11일, 국제의약품특허풀(MPP)과 중저소득 국가에서의 접근 확대를 위한 COVID-19 경구용 항바이러스 치료 후보 라이센스 계약 체결
- 2021년 11월 4일, 영국 MHPR이 경구용 COVID-19 항바이러스제인 라게브리오 사용을 허가하며 세계 최초의 치료제 인증 성공
- 2021년 12월 16일, 뉴잉글랜드 저널 오브 메디슨에서 라게브리오 3상 연구 결과를 발표하며 COVID-19에 걸린 고위험 미접종 성인의 병원 입원 또는 사망 위험을 크게 감소시켰다는 것을 입증함[5]
- 2021년 12월 23일, 미국 FDA가 경중도의 COVID-19 고위험 성인을 위한 라게브리오사용 허가
- 2022년 1월 18일, UNICEF와 경구용 항바이러스제인 라게브리오에 대한 공급 계약 발표
- 2022년 1월 28일, 라게브리오에 대한 체외 연구에서의 오미크론 변이체에 대항하는 활동 입증
- 2022년 3월 23일, 한국 긴급 사용 승인 및 현재까지 10만명분 공급

(나) 머크(Merck)

글로벌 제약사 머크(Merck)가 자사 코로나19 경구용 치료제 후보 물질 '몰누파라비르'가 델타 등 변이 바이러스에도 효과적일 가능성이 높다고 밝혔다. 몰누피라비르는 바이러스의 리보핵산(RNA)에 오류를 주입해 바이러스의 자가 복제를 막도록 설계됐다.

코로나19 바이러스의 변이 종류 간 차이는 바이러스가 세포에 결합하는 돌기 부위인 스파이크 단백질로 결정된다. 그동안 코로나19 백신들은 스파이크 단백질을 겨냥해 설계돼 바이러스가 변이할 때마다 효과가 떨어지는 결과가 나타났다.

그러나 몰누피라비르는 스파이크 단백질을 타깃으로 하지 않다 보니 바이러스가 전염력을 높이는 방향으로 진화해도 효과가 똑같이 유지된다는 설명이다. 특히 감염 초기에 투여했을 때 가장 효과가 높다고 덧붙였다.

머크의 이번 연구는 몰누피라비르 초기 임상 참가자들에게서 채취한 코 면봉 샘플 테스트로 진행됐다. 당시에는 델타 변이 유행이 심각하지 않았지만, 진행 과정에서 델타 변이로 인한 입원과 사망이 급증했다. 머크는 델타 변이가 지배종이 돼 입원 환자와 사망자가 급증하자 기존 표본으로 연구실 실험을 시행해 이번 결과를 얻었다. 한편, 머크는 소규모 중간 단계 임상을 진행한 결과 긍정적인 결과를 얻은 바 있다. 몰누피라비르 투여 5일 뒤 환자들 중 아무도 양성 반응이 나타나지 않았다고 머크는 밝혔다. 현재 머크는 제약업체 리지백 바이오테라퓨틱스와 함께 두 종류의 항바이러스제에 대해 3차 임상시험을 진행하고 있다.[109]

---

109) "머크의 먹는 코로나 치료제, 델타 등 모든 변이에 효과". 2021.9.30. 서울신문

(다) 화이자(pfizer)

미국 제약사 화이자가 알약 형태의 코로나19 치료제 2상 임상시험을 시작했다고 밝혔다.

화이자가 개발 중인 경구용 치료제는 코로나19 초기 환자들에게 투여할 수 있어 추가 확산을 빠르게 막을 수 있다는 장점이 있다. 코로나19 확진자의 대부분은 경증 환자다. 또 경구용 치료제는 주사제와 달리 복용이 편리하다. 굳이 입원을 하지 않고 이른바 '재택치료'가 가능하다는 것이다.

업계 관계자는 "코로나19 확진자 다수가 경증이기에 경구용 치료제가 시급하다"며 "경구용 치료제는 물론 백신, 주사제 등 다양한 방법이 필요한 시점"이라고 말했다.

AFP·블룸버그 통신 등은 화이자가 코로나19 확진자와 같은 가정에 사는 성인 2천660명을 대상으로 경구용 항바이러스제 2상 시험에 들어갔다고 전했다. 이 항바이러스제는 코로나19 감염 증상이 나타나기 시작했거나 바이러스에 노출됐음을 인지한 초기 환자들을 위한 치료제다.

미카엘 돌스텐 화이자 최고과학책임자는 "이 바이러스에 대응하려면 병에 걸리거나 노출된 사람들을 위한 효과적인 치료제가 필요하다고 믿는다"며 "백신의 효과를 보완할 수 있을 것"이라고 설명했다.[110)]

화이자는 중저소득 국가의 코로나 백신과 코로나 치료제에 대한 접근을 확대하기 위해 노력하였으며, 빠르게 치료제 물량을 전 세계로 전달하며 COVID-19 극복에 앞장서고 있다. 2022년 3월 22일, 화이자가 유니세프에 400만 개의 새로운 COVID-19 경구용 치료과정(treatment course[6]) 제공했다. 또한, 2022년 4월부터 세계 인구의 약 53%를 차지하는 95개 저소득·중진국에 대한 치료 과정 공급 예정이다. 이 밖에도 유니세프와 95개 저소득 및 중간 소득 국가에 코로나바이러스 경구용 치료제인 PAXLOVID™ 에 대해 최대 400만 개의 치료 과정을 제공하기로 합의했다

- 2021년 5월 11일, 국제의약품특허풀(MPP)과 중저소득 국가에서의 접근 확대를 위한 COVID-19 경구용 항바이러스 치료 후보 라이센스 계약 체결
- 2021년 12월 17일, 영국에 250만개의 COVID-19 치료제 제공, 2022년까지 총 275만 개의 치료제가 영국에 제공될 예정
- 2021년 12월 22일, 미국 FDA가 COVID-19 경구용 항바이러스 치료제 긴급 사용 허가
- 2021년 12월 22일, 미국 정부에 1,000만 개의 경구용 치료제 추가 제공
- 2021년 12월 27일, 한국 긴급 사용 허가
- 2022년 2월 25일, 소아과 참가자를 통한 코로나19 경구용 치료제 2/3단계 임상 연구 시작

---

110) 화이자, 알약 형태 코로나 치료제 2상 임상시험 개시. 2021.9.28. YTN

(2) 국내

한국도 기존 출시 의약품 검토(신약 재창출, drug repositioning) 및 신약후보물질 발굴을 진행 중이다. 대부분 신약후보물질 발굴 단계 및 임상시험 이전 단계로, 상용화를 위해서는 앞으로도 상당한 시간이 소요될 예정이다.

국내 제약사들도 약물 재창출 방식으로 경구용 치료제 개발에 속도를 내고 있다. 국내에선 품목 허가 된 치료제는 **길리어드의 '베클루리주'와 셀트리온의 '렉키로나주'**가 유일하다. 베클루리와 렉키로나는 경구용이 아닌 주사제다.

(가) 길리어드

그동안 특례수입으로 공급됐던 베클루리주(성분명 렘데시비르)의 안정적 공급을 위한 품목허가가 이뤄졌다. 식품의약품안전처(처장 이의경)는 현재 특례 수입을 통해 국내 공급되고 있는 코로나19 치료제인 길리어드사이언스코리아의 '베클루리주(성분명 렘데시비르)'를 품목 허가했다고 밝혔다.

식약처에 따르면 그동안 길리어드사이언스코리아와 '렘데시비르' 제제의 안정적 공급방안을 지속적으로 논의해 왔으며, 긴급한 코로나19 상황을 감안해 우선적으로 국내 환자들이 사용할 수 있도록 특례수입 승인을 통해 공급해 왔다.

다만 최근 전 세계적인 코로나 19 장기화 및 확산상황 및 다른 국가의 품목허가를 통한 공급 등을 종합적으로 감안해 국내 환자 치료를 위한 지속적·안정적인 물량 확보를 위하여 수입품목허가를 결정하게 됐다.

이번 '베클루리주(렘데시비르)' 허가는 조건부 허가로서, 비임상시험 문헌자료 및 임상시험 중간 분석 결과를 바탕으로 임상적 개선과 안전성을 확인하고, 위해성관리계획을 검토한 것으로 알려졌다.[111]

(나) 셀트리온

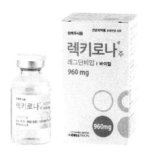

코로나19 항체치료제 '렉키로나주'(출처:셀트리온)

111) 코로나19 치료제 '베클루리주(렘데시비르)' 국내 품목 허가. 2020.7.24. 메디파나뉴스

식품의약품안전처는 셀트리온이 개발한 코로나19 항체치료제 '렉키로나주'(성분명 레그단비맙)의 조건부 허가를 '정식 허가'로 전환했다고 밝혔다.

렉키로나주의 효능·효과는 기존 '고위험군 경증에서 중등증 코로나19 환자의 임상증상 개선'에서 '고위험군 경증 및 모든 중등증 코로나19 환자의 치료'로 변경됐다. 이번 변경허가를 통해 '고위험군 경증'에 대한 정의도 이전보다 넓어지면서 경증 환자에서의 사용 대상이 확대됐다.

앞서 식약처는 렉키로나주의 임상 2상 결과를 바탕으로 60세 이상이거나 심혈관계 질환, 만성호흡기계 질환, 당뇨병, 고혈압 중 하나이상을 가진 경증 환자에만 투여할 수 있도록 조건부 허가했으나, 식약처는 렉키로나주의 안전성과 유효성이 확보됐다고 보고 허가조건을 삭제하고 투약 환자 범위를 확대하기로 했다.
이번 변경으로 투여 대상의 나이가 50세 초과로 낮아지고 기저질환의 범위에 비만자, 만성 신장질환자, 만성 간질환자, 면역 억제 환자가 추가됐다. 중등증 성인 환자에게는 모두 투여할 수 있게 됐다. 투여시간도 90분간 정맥투여에서 60분간으로 단축됐다.

식약처는 렉키로나주의 안전성이 전반적으로 양호했다고 설명했다. 임상 3상에서 렉키로나주의 이상사례 발생빈도는 위약군과 유사했고, 증상은 대부분 경증이나 중등증으로 나타났다. 비교적 빈번하게 보고된 이상사례는 간효소 수치상승, 고중성지방혈증 등이다. 중대한 이상사례는 주입관련반응(환자 1명)으로 며칠 안에 회복됐다.

셀트리온은 변경허가를 신청할 때 치료 대상을 '모든 경증'으로 확대해달라고 요청했으나, 식약처는 고위험이 아닌 경증의 경우 중증

이환 빈도가 낮아 효과성에 대한 확증이 부족해 사용 범위에 포함하지 않았다. 12세 이상 소아의 경우에도 임상 대상에 포함되지 않아 사용 범위에 넣지 않는 것이 타당하다고 봤다.

셀트리온은 식약처의 렉키로나 정식 품목허가를 발판 삼아 각국 규제기관에서 진행 중인 렉키로나 사용허가 협의에도 속도를 올린다는 계획이다. 미국 식품의약국(FDA), 유럽의약품청(EMA) 등에 정식 품목허가 신청을 제출할 계획이며, EMA는 이미 렉키로나주의 정식 품목허가 전 사용 권고 의견을 낸 바 있다. 회사는 또 사용이 승인된 국가에서는 제품이 빠르게 공급돼 치료에 적극적으로 활용될 수 있도록 최선을 다한다는 방침이다.[112]

국내 코로나19 경구용 치료제 개발 현황은 다음과 같다.

업체명	임상용 의약품 제품명	임상단계
신풍제약	피라맥스정	임상 3상
대웅제약	DWJ 1248정	임상 2/3상
부광약품	레보비르캡슐 30mg	임상 2상
크리스탈지노믹스	CG-CAM20	
동화약품	DW2008S	
진원생명과학	GLS-1027	

자료: 의약품안전나라

---

112) 셀트리온 코로나19 치료제 '렉키로나주' 정식 품목허가. 21.9.17. 서울경제

(다) 신풍제약

먼저 신풍제약은 임상 3상에 진입했다. '피라맥스정'을 코로나19 치료제로 개발하고 있는 신풍제약은 임상 2상 탑라인 결과에서 바이러스의 음성 전환율은 대조군과 차이가 없었으나 바이러스 억제 효과에 대한 근거와 임상지표의 개선 가능성을 확인했다고 판단해 임상 3상을 신청했고, 식약처의 승인을 받은 상태로 알려졌다. 신풍제약의 코로나19 치료제는 3일간 1일 1회 식사와 관계없이 경구 투여하는 방식으로 설계됐다. 회사 측은 성인 1420명을 대상으로 2022년 8월 내 임상 3상을 끝내기로 했다.

(라) 대웅제약

![대웅제약 로고]

대웅제약은 'DWJ1248정(상품명 가칭 코비블록)'을 먹는 치료제로 개발 중이다. 경증과 중등증 환자를 대상으로 임상 2/3상을 승인 받았다. 임상 2b상 탑라인 결과에서 임상적 증상이 개선되기까지 걸린 시간에 대한 통계적 차이는 없었지만 중증으로 전이될 확률이 높은 50대 이상 환자에선 호흡기 증상 개선에 걸리는 시간이 절반 이하로 줄어들었다.

대웅제약의 임상시험용 의약품은 1일 3회, 1회 1~2정을 일정한 시간에 투여하는 식으로 임상 2/3상을 설계했다. 대웅제약 관계자는 "2021년 10월 중 2b상 결과가 나올 것으로 예상된다"며 "이 결과를 바탕으로 유관 기관과 논의해 임상 3상 진입 여부 등 상세 사항을 결정할 것"이라고 말했다.

(마) 부광약품

부광약품의 경우 '레보비르'를 코로나19 치료제로 개발하고 있다. 부광약품은 주 지표를 변경·설계한 새로운 임상 2상을 진행했다. 임상시험용 의약품은 1일 1회 5캡슐씩 10일간 투약하는 방식이다. 부광약품 관계자는 "늦어도 2021년 10월 초에는 임상 2상 탑 라인 결과를 공개할 것"이라며 "유효한 결과가 나오면 전문가, 관계 당국 등과 차후 방안에 대해 협의 할 것"이라고 했다.

이 외에 크리스탈지노믹스(임상 2상), 동화약품(임상 2상), 진원생명과학(임상 2상) 등도 경구용 코로나19 치료제를 개발 중이다.[113]

---

113) '먹는 코로나 치료제' 세계 각축전…이르면 다음달 1호 치료제 가능. 21.9.29. 뉴스핌

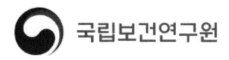

국립보건연구원 국립감염병연구소장은 정례브리핑에서 "SK바이오사이언스사 백신의 3상 임상시험이 국내 14개 임상시험 실시기관에서 진행 중이며, 이번 주 환자 투약이 개시됐다. 국외 임상시험도 추진 중"이라고 밝혔다.

임상 3상은 시판허가를 얻기 위한 마지막 단계의 임상시험이다. 정부는 2021년 말까지 백신 임상을 완료하고 2022년 상반기까지 국산 백신을 상용화하는 것을 목표로 하고 있다.

먹는 치료제인 경구용 치료제는 국내에서 5건의 임상시험이 진행 중이며, 경증과 중등증에 대한 경구용 치료제는 코비블록(카모스타트), 피라맥스(알테수네이트, 피로나리딘), 레보리르(클레부딘)가 임상시험 2상을 완료했다. 중증환자에 대해서는 렘데시비르와 코비블로(카모스타트) 병합치료에 대한 3상 임상에 166명이 참여하고 있다. 국립보건연구원은 총 71개 기관에 889건의 코로나19 바이러스 변이주를 분양했다.

활용 목적별로는 ▲백신 및 치료제 연구용 284건 ▲진단기술 개발용 589, ▲기타 융합연구 등 16건이 분양됐다. 지난주 대비 델타형의 분양신청이 76건에서 85건으로 가장 많이 증가했다.

변이 유형별로는 ▲알파형(138건), 베타형(136건), 감마형(84건), 델타형(85건) 등 주요 변이주 443건 ▲입실론형(144건), 제타형(75건), 에타형(65건), 이오타형(70건), 카파형(92건) 등 기타 변이주 446건 등이 분양됐다.[114]

(사) 현대바이오

HYUNDAI
BIOSCIENCE

한편, 현대바이오는 신종 코로나바이러스 감염증(코로나19) 먹는 치료제 후보물질인 'CP-COV03'의 동물실험 결과를 가지고 사람을 대상으로 한 임상 1상을 신청한다고 밝혔다.

현대바이오 대주주 씨앤팜에 따르면 니클로사마이드에 대한 약물 재창출 방식으로 항바이러스 치료제인 'CP-COV03'를 개발하고 있다. 현대바이오·씨앤팜은 동물실험 결과를 토대로 국내 임상 1상을 신청할 계획이다.

---

114) 코로나 경구용 치료제 국내에서 5건 임상시험 진행 중. 21.9.3.뉴시스

이들은 임상1상 신청을 위한 항바이러스 효능실험을 정부출연 바이오 전문 연구기관에 위탁해 코로나19 감염 햄스터를 대상으로 수행한 결과 현재 임상 데이터가 공개된 전세계 항바이러스 경구제 중 CP-COV03가 인체 투여량 내에서 폐렴 병변 개선율, 폐조직 바이러스 농도, 폐손상 수치 등 모든 항바이러스제의 효능지표에서 효능이 가장 우수했다고 주장했다.

임상1상은 임상시험용 의약품을 최초로 사람에게 투여하는 것으로 시작해 약 20~100명의 건강한 사람을 대상으로 실시한다. 초기 안전성, 내약성 평가, 약동학적 평가, 약력학적 평가, 초기 잠재적 치료효과 평가 중 1개 이상이 복합적으로 실시한다. 이후 치료적 유효성이 확보되면 임상2상·3상 등으로 진행된다.

이들은 니클로사마이드의 단점을 기술을 통해 개선했다고 주장했다. 니클로사마이드는 1958년 바이엘이 구충제로 개발한 약물이다. 항바이러스 효능과 안전성이 높지만 구충제 특성상 반감기가 짧고 체내 흡수율이 낮다는 단점이 있다. 이에 씨앤팜은 약물전달기술(DDS)을 활용해 니클로사마이드의 생체이용률을 10배 이상 높였다.CP-COV03의 치료적 유효성이 확인되면 이후 임상 및 상업화는 현대바이오가 진행할 예정이다.115)

115) 현대바이오, '먹는' 코로나 치료제 도전… 구충제로 약물 재창출.
2021.9.30. MoneyS

(아) 국내 제약·바이오 기업

약 10개의 제약·바이오 기업이 치료제 후보물질 개발에 착수했으며, 다수의 제약·바이오 기업도 치료제 개발을 준비 중이다.

〈 국내 도입된 백신 및 치료제 현황 〉

구분	승인날짜	개발사 및 제품명
백신	2021. 02. 10	• 아스트라제네카 백스제브리아
	2021. 03. 05	• 화이자 코미나티
	2021. 04. 07	• 얀센 코비드-19백신얀센
	2021. 05. 21	• 모더나 스파이크박스
	2022. 01. 12	• 노바백스 뉴백소비드
	2022. 06. 29	• SK바이오사이언스 스카이코비원
치료제	2020. 07. 24	• 길리어드사이언스 베클루리
	2021. 02. 05	• 셀트리온 렉키로나
	2021. 12. 27 (긴급승인)	• (경구용) 화이자 팍스로비드
	2022. 03. 23 (긴급승인)	• (경구용) MSD 라게브리오

3. 대표적인 바이오제약기업

3. 대표적인 바이오제약기업

가. 셀트리온
1) 업체 현황
가) 개요

소재지	인천광역시 연수구
설립일	1991.02.27
웹사이트	www.celltrion.com
매출액	22,839억 원 (2022년 기준)

셀트리온의 모체는 1991년 2월 세워진 (주)동양연구화학이다. 2001년 12월 (주)오알켐으로, 2008년 8월 (주)셀트리온으로 상호가 변경되었다. 셀트리온의 주력 사업은 바이오시밀러 사업, 항체 신약 개발 사업, 단백질 의약품 계약생산사업이다.

셀트리온은 항체 바이오시밀러 개발에 성공해 2012년 세계 최초로 제품허가를 획득한 이후 바이오베터, ADC, 독감 치료제 등 혁신적 신약 개발에 역량을 집중하고 있다.

셀트리온에서 개발된 램시마는 세계 최초의 항체 바이오시밀러이자 자가면역질환 치료제로, 2012년 7월 한국 식품의약품 안전처의 허가를 획득했으며, 2013년 유럽의약품청(EMA)과 미국 식품의약국(FDA)로부터 판매 허가를 획득했다.

이후 셀트리온은 휴미라의 바이오시밀러인 CT-P17, 아바스틴의 바이오시밀러인 CT-P16을 후속제품군으로 선보였으며, 유방암 치료용 항체 ADC(Antibody-Drug Conjugate) CT-P26 역시 임상 2a/b상까지 완료한 상황이다.

셀트리온의 주요 생산제품에는 바이오의약품(CT-P13 바이오시밀러), 케미컬의약품(고덱스, 램시마) 등이 있다. 계열회사로는 (주)셀트리온홀딩스, (주)셀트리온헬스케어, (주)셀트리온지에스씨, (주)셀트리온에스티, (주)셀트리온제약, (주)셀트리온화학연구소, 등이 있다.

주요 매출 구성은 바이오의약품 84.63%, 케미컬의약품 15.16%, 용역 0.21% 등으로 나타난다.

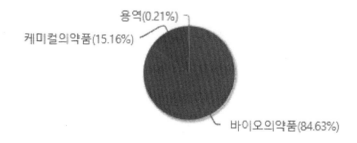

[그림 101] 셀트리온 주요 매출 구성(2023/03)

셀트리온은 2022년 연결 기준 매출액 2조2839억 원, 영업이익 6471억 원, 영업이익률 28.3%를 달성했다고 밝혔다. 전년 대비 매출액은 20.6%가 증가한 것으로 역대 최대 규모의 연간 매출을 기록했다.

2022년 4분기의 경우 매출액 5106억 원, 영업이익 1006억 원으로 코로나19 및 CMO 관련 매출이 감소했음에도 불구하고 바이오시밀러 사업 매출은 전년 동기 대비 50% 이상 성장하며 순항 중에 있다.

셀트리온은 본업인 바이오시밀러 사업의 성장에 힘입어 역대 최대 연간 매출을 달성했다. 특히, 램시마IV의 미국 점유율 증가와 신규 제품 출시로 매출이 증가했으며, 케미컬의약품 매출 역시 전년 대비 30% 이상 증가하며 매출 성장을 견인했다.

영업이익은 전년 대비 일부 감소했으나 상대적으로 수익성이 낮은 램시마IV의 매출 비중 증가 및 진단키트 관련 일시적 비용 발생에 의한 것으로, 진단키트 관련 일시적 비용을 제외하면 연간 30%대 영업이익률을 유지했다. 또한, 진단키트 평가손실은 지난 2022년 4분기까지 모두 처리 완료했으며 향후에는 관련 영향이 미미할 것이다.

셀트리온은 신규 바이오시밀러 제품 출시, 바이오시밀러 제형 및 디바이스 차별화, 바이오신약 개발 등 미래 신성장 동력 확보를 통해 2023년에도 성장을 지속한다는 계획이다.[116]

---

116) HIT NEWS '셀트리온, 매출 2조2839억... 역대 최대 매출'

나) 주요제품

셀트리온의 주요 생산제품에는 최초의 항체 바이오시밀러인 램시마(성분명: infliximab)가 있다. 레미케이드의 바이오시밀러인 램시마는 2012년 세계최초로 항체 바이오시밀러 제형으로 허가받아, 2013년 유럽의약품청(EMA)로부터 판매승인을 받았으며, 2016년에는 미 식품의약국(FDA)에도 승인을 받았다. 미국에서는 인플렉트라(inflectra)로 판매되고 있다.

또 다른 주요 제품에는 트룩시마(성분명 : Rituximab)와 허쥬마(성분명 : trastuzumab)가 있다. 리툭산의 바이오시밀러인 트룩시마는 2017년 2월 유럽의약청(EMA)으로부터 판매승인을 받았으며, 연간 약 8조원의 매출을 올리는 허셉틴의 바이오시밀러인 허쥬마는 2018년 2월 유럽의약품청(EMA)으로부터 판매허가를 획득했다.

성분	인플릭시맵(infliximab)	
적응증	류마티스 관절염, 강직성 척추염, 궤양성 대장염, 성인 크론병, 소아 크론병, 건선, 건선성 관절염	
Protein Type	단일 클론 항체 (mAb)	
작용기작	류마티스 관절염 등 자가면역 질환의 원인이 되는 종양 괴사인자(TNF-α)에 대한 중화반응을 유도하여 질환의 진행을 완화	

[표 50] 램시마

성분	트라스투즈맙(trastuzumab)
적응증	HER2 과발현된 전이성 유방암과 조기 유방암, 전이성 위암
Protein Type	단일 클론 항체 (mAb)
작용기작	유방암 세포 표면에서 특이적으로 과다하게 발생하는 특정항원 (HER2)에 결합하는 항체로써 유방암 세포의 증식 및 성장을 억제

[표 51] 허쥬마

성분	리툭시맙(rituximab)
적응증	림프종, 류마티스관절염, 만성 림프구성 백혈병, 베게너육아종증 및 현미경적 다발혈관염
Protein Type	단일 클론 항체 (mAb)
작용기작	악성 B세포에 발현되는 CD20항원을 표적으로 체내 면역체계가 표지된 B세포를 용해함으로써 해당 적응증에 약리작용을 일으킴

[표 52] 트룩시마

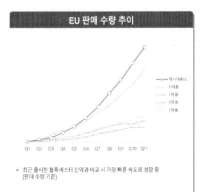

[그림 105] 램시마 시장 판매량,점유율 추이

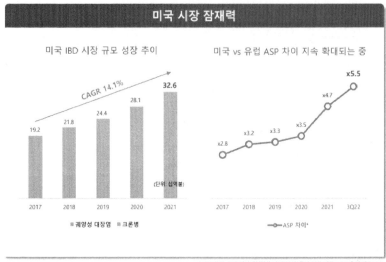

[그림 106] 미국 시장 잠재력 추이[117)

117) 셀트리온 홈페이지

다) R&D

셀트리온 연구소는 신약 후보물질 탐색, 유전자 재조합을 통한 세포주 개발 및 발현, 바이오의약품 대규모 생산 등 바이오 산업 전 과정에 걸쳐 축적한 연구 역량 및 기술을 보유하고 있다.

이러한 기술력을 바탕으로 셀트리온은 여러 질환을 치료하기 위한 차세대 의약품을 개발하고 있다. 특히 향후 각종 바이러스성 질환을 극복하는 데 큰 역할을 할 것으로 예상되는 항체 개발 기술과 차세대 바이오의약품 기술로 각광받고 있는 항체와 합성의약품의 융합 기술 등 다양한 핵심 기반기술을 보유하고 있으며, 이러한 선도기술을 바탕으로 우리나라의 바이오 신약 개발을 이끌고 있다.

셀트리온의 주력 연구 분야는 새롭게 신약이 될 수 있는 후보 항체를 개발하는 것이다. 항체 스크리닝 및 Poc를 통한 후보항체 발굴, 타깃 질환 선정 및 표적물질 발굴. 표적 물질의 효용성 검증, 후보항체의 작용 기전 규명 등을 통하여 차세대 신약으로 각광받고 있는 항체 의약품을 연구·개발하고 있다.

또한 램시마, 허쥬마, 트룩시마 등 다양한 항체 의약품의 바이오시밀러 개발에도 주력하고 있으며, 바이오시밀러 뿐만 아니라 감염성 질환 치료제, 바이오베터, 백신 등의 분야에서 자체 신약을 개발하고자 하는 연구에 많은 투자를 하고 있다.

항체 바이오시밀러

프로젝트	성분	오리지널의약품	적응증	개발현황	임상정보
CT-P39	Omalizumab	XOLAIR®	천식, 두드러기	임상 3상	↵
CT-P41	Denosumab	PROLIA®	골다공증, 골 소실	임상 3상	↵
CT-P43	Ustekinumab	STELARA	건선, 크론병, 궤양성 대장염 등	임상 3상	↵
CT-P42	Aflibercept	EYLEA®	당뇨병성 황반부종	임상 3상	↵
CT-P47	Tocilizumab	ACTEMRA	류마티스관절염	임상 3상	↵
CT-P53	Ocrelizumab	OCREVUS	다발성경화증	임상 3상	↵

항체 신약

프로젝트	적응증	개발현황	임상정보
CT-P27	유행성·계절성 독감	임상 2상	↵

케미컬 신약

프로젝트	적응증	개발현황	임상정보
CT-G20	비후성심근증	임상 1상	↵

[그림 108] 셀트리온 R&D 파이프라인[118]

118) 셀트리온, 신영증권, 2019

셀트리온에서는 신약 개발 연구뿐만 아니라 생산공정도 개발하고 있다. 높은 항체 생산 능력을 갖춘 세포주119)를 확립한 이후 이를 배양하고 정제시킬 수 있는 최적의 공정개발 방법을 수립하였다. 이후, R&D 노하우를 생산단계까지 기술 접목시켜, 높은 생산률에도 기여하고 있다. 이러한 노력의 결과 효율적인 자체 설비를 갖추고 있으며, 글로벌 제약회사로부터 생산 공정 개발과 제품 생산을 의뢰받는 등의 성과를 거두었다.

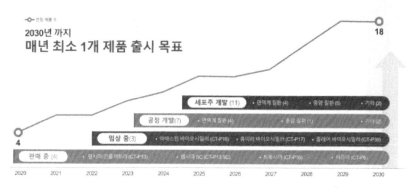

[그림 109] 중장기 바이오시밀러 파이프라인 개발 계획

---

119) 세포주: 유전자 재조합 기술을 활용해 특정 세포가 원하는 목표 단백질을 생산할 수 있도록 유전자를 변형한 무한증식세포로 바이오의약품 생산의 기초가 되는 물질.

라) 신규 사업 및 전망

국산 1호 코로나19 치료제 '렉키로나'

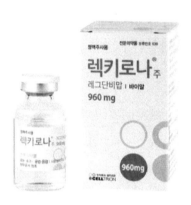

셀트리온의 코로나19 항체 치료제 '렉키로나'

셀트리온의 코로나19 항체 치료제 '렉키로나'는 동물 효능 시험에서 베타, 감마, 델타 변이에 대해 중화 능력이 있다는 결과를 확보했고, 유럽 EMA에 델타 변이 관련 동물 자료 또한 제출했다. 또한 2021년 7월 인도네시아 식품의약품감독청으로부터 긴급사용승인을 받았고, 8월엔 브라질 내 긴급사용승인을 획득한 바 있다.

셀트리온의 렉키로나가 2021년 하반기에 더욱 주목받는 이유는 변이 바이러스 출현에 따라, 코로나19가 '엔데믹(주기적 유행병)'으로 가고 있는 상황에서 효과 있는 치료제에 대한 연구와 관심이 계속되고 있기 때문이다. 이에 따라 셀트리온은 렉키로나의 변이 바이러스에 대한 효능과 폭넓은 환자군에서 부작용이 없음을 입증하는 게 관건이다.

셀트리온의 렉키로나는 정맥 주사제다. 생산이나 보급 등에 한계가 있을 수 있다. 이에 전문가들은 스프레이나 가루, 알약 형태의 백신과 치료제에도 주목하고 있다. 가격과 생산적 측면에서 지금보다 더 나아지고 아프리카, 동남아시아 등 백신 공급이 어려운 지역에도 원활한 공급이 예상되기 때문이다.

이에 따라 셀트리온은 흡입형 렉키로나를 개발 중이다. 셀트리온은 2021년 8월 4일 호주 식품의약품안전청(TGA)으로부터 코로나19 치료제 렉키로나 흡입제형의 개발을 위한 임상1상 시험계획서(IND)를 승인받았다. 셀트리온에 따르면 흡입형 렉키로나는 코로나19 바이러스에 감염된 기도 점막에 항체를 전달하는 방식이다. 폐에 약물을 전달하기 때문에 환자 편의성 증대 측면에서 감염자 정맥에 투여하는 항체치료제보다 접근성이 높을 것으로 보고 있다.

따라서 증권업계는 셀트리온과 셀트리온헬스케어가 2021년 하반기엔 실적 반등을 꾀할 수 있을 것으로 보고 있다. 기존 제품의 판매 성과가 늘어날 뿐만 아니라 코로나19 치료제 렉키로나를 판매하는 국가가 늘어날 가능성이 커서다.

이에 대하여 증권업계 연구원은 "9~10월 렉키로나 유럽 승인을 받게 되면 공급 계약이 이어질 것으로 전망된다"며 "렉키로나는 신약이기 때문에 고마진으로 추정되며 계약 규모에 따라 실적 개선 폭이 커질 수 있다"고 설명했다. 그는 이어 "유럽 내 국가에서 레퍼런스 승인으로 면제 받는 국가들이 나타날 수 있으며, 관련 국가 비축 물량 계약 확대로 이어질 것으로 예상된다"고 덧붙였다.[120]

---

120) 셀트리온 실적 반등 키워드 '렉키로나'…글로벌시장 공략하나. 2021.8.24. 이코노미스트

한편, 브라질 식약위생감시국(ANVISA)으로부터 긴급사용승인을 받은 셀트리온의 렉키로나가 브라질에 도착했다는 소식이 전해졌다. 셀트리온헬스케어는 이미 민간 병원들을 상대로 치료제 사용데 대한 협상을 강화했다. 브라질 현지에서 평균 15일이 소요되는 반입 절차를 거쳐 2021년 9월 말 이전에 약 1200명의 환자에게 제공될 것으로 예상된다. 아직 약가는 책정되지 않았다.

앞서 브라질 보건당국은 제출된 자료를 종합적으로 검토해 코로나19로 확진된 성인 고위험군 경증환자, 중등증 환자를 대상으로 렉키로나의 긴급사용을 승인했다. 이와 같은 렉키로나의 브라질 입성을 앞두고 현지 의료계에서도 기대가 높아지는 분위기다.

'국산 1호' 코로나19 치료제인 렉키로나는 브라질과 인도네시아에 이어 미국과 유럽 진출도 임박한 것으로 알려졌다. 미국 식품의약국(FDA)과 긴급사용승인 신청을 위한 사전 미팅을 수차례 진행했고, 조만간 FDA에 승인을 신청할 예정이다. 증권가에서는 코로나19 치료제들의 사례를 감안했을 때 신청 이후 약 1개월 후 승인이 이뤄질 것으로 기대되는 만큼 이르면 2021년도 4분기부터 미국 진출이 본격화될 것으로 내다본다.

특히 셀트리온은 렉키로나의 변이대응력을 높일 이른바 '칵테일 임상'에 돌입해 미국과 유럽 시장 진출에 탄력을 더한다는 계획이다.[121]

---

121) 셀트리온 코로나19 치료제 '렉키로나', 내일 브라질 도착. 2021.9.2. The GURU

다케다제약에서 인수한 복합제 2종 임상시험 중

셀트리온이 일본 다케다제약으로부터 인수한 복합제 2종의 국내 임상시험에 속도를 내고 있다. 식품의약품안전처에 따르면 셀트리온의 CT-L08과 CT-L09가 2021년 7월, 임상 1상 시험계획승인을 받고 현재 환자 모집을 하고 있다는 소식이다. 두 후보물질은 모두 셀트리온이 일본 다케다제약으로부터 인수한 것이다.

둘 중 먼저 임상에 돌입한 CT-L08은 고혈압약 성분 '아질사르탄'과 고지혈증약 성분 '로수바스타틴'을 합친 2제 복합제로 파악되고 있다. 이 약의 임상 1상에선 총 36명의 건강한 성인이 목표 대상자다.

CT-L09는 '아질사르탄'과 '로수바스타틴'에 고지혈증약 성분 '에제티미브'를 추가한 3제 복합제로 알려졌다. 임상 1상에선 40명의 건강한 성인을 모집할 예정이다. 이 두 후보물질에 공통적으로 포함된 '아질사르탄'은 전 세계 연간 1조원대의 매출을 기록했던 '이달비정'의 주성분이다. 이달비정은 다케다제약이 셀트리온에 권리를 넘겼던 약물에 포함됐다.

국내 케미컬의약품 부문에서는 2021년도 2분기에만 172억원의 매출을 올린 간장용제 '고덱스캡슐'을 비롯한 기존 주력 제품과 당뇨병치료제인 '네시나', '엑토스', 고혈압치료제 '이달비'로 대표되는 신규 편입 제품이 안정적 매출을 올리며 성장을 견인했다.

셀트리온제약 관계자는 "자가면역질환 치료제 램시마SC는 물론 다케다 품목 인수로 신규로 편입된 당뇨병치료제와 고혈압치료제 등의 마케팅에 집중해 성장 속도를 올릴 것"이라고 말했다.122)

2) 증권 정보

가) 개요

주식코드	068270
상장위치	코스피
업종	제약
WICS	제약

[표 53] 셀트리온 증권 정보 개요

시가총액	22조 4124억원
시가총액순위	코스피 13위
상장주식수	146,390,862
액면가/매매단위	1,000원 / 1주
외국인한도주식수(A)	146,390,862
외국인보유주식수(B)	29,210,912
외국인소진율(B/A)	19.95%

[표 54] 셀트리온 투자정보(2023.6.29.기준)

---

122) 셀트리온, 다케다 인수 복합제 2종 임상 순항. 2021.9.3. CEOSCORE DAILY

나) 종목분석 및 재무 현황

투자의견/목표주가	4.00매수 / 224,375
52Weeks 최고/최저	207,105 / 142,500
PER/EPS(2021.6)	38.34배 / 3,996원
추정 PER/EPS	35.24배 / 4,342원
PBR/BPS(2021.6)	5.26배 / 29,094원
배당수익률	N/A
동일업종 PER	85.21배
동일업종 등락률	+0.15%

[표 55] 셀트리온 투자정보(2023.6.29.기준)

별도손익계산서	2021/12	2022/12	2023/12(E)
매출액	18,934	22,840	25,721
영업이익	7,442	6,472	7,994
영업이익 (발표기준)	7,442	6,472	-
세전계속사업이익	7,386	6,262	7,923
당기순이익	5,958	5,426	6,442

[표 56] 셀트리온 손익계산서 표 (단위: 억원,%)

연결 제무상태표		2019/12	2020/12	2021/12	2022/12
자산	유동자산	16,107.3	22,942.0	26,997.8	25,805.3
	비유동자산	20,637.9	24,869.2	26,155.8	29,909.4
	자산총계	36,745.2	47,811.2	53,153.6	55,714.8
부채	유동부채	5,175.6	9,005.7	9,501.7	11,053.3
	비유동부채	2,862.9	4,592.6	3,653.8	2,961.9
	부채총계	8,038	13,598	13,155	14,015
자본	자본금	1,283	1,350	1,379	1,408
	자본잉여금	1,283.3	1,349.9	1,379.4	8,286.0
	기타자본	-1,272.1	-1,275.7	-1,454.1	-3,973.4
	기타포괄이익 누계액	25.9	132.0	47.4	49.3
	이익잉여금	20,805.9	25,885.0	31,621.9	35,683.8

[표 111] 셀트리온 재무상태표(단위: 억원,%)

나. 신라젠

1) 업체 현황
가) 개요

소재지	부산광역시 북구 효열로 111, 부산지식산업센터 6층
설립일	2006년 3월
웹사이트	www.sillajen.com
매출액	50.1억 원 (2022년 기준)

신라젠은 항암 바이러스 면역치료제 (Oncolytic Virus Immunotheraphy)를 연구 및 개발할 목적으로 2006년 3월에 설립된 바이오 벤처기업으로, 암세포를 선택적으로 감염/사멸시키고, 면역세포가 암세포를 공격할 수 있도록 설계된 유전자 재조합 항암 바이러스에 기반한 차세대 항암치료제의 연구 및 개발 등을 주요사업으로 영위하고 있다.

연혁을 살펴보면 신라젠은 2010년 11월 기업부설연구소를 개소했고, 이듬해 12월에는 부산대기술지주와(주)와 공동으로 ㈜피엔유신라젠을 설립했다. 2012년 12월에는 미국의 바이오벤처 제네렉스(Jennerex)와 글로벌 임상시험수탁업체(CRO)Service&Royalty 협약을 체결했다.

2013년 5월 신라젠(주)과 양산부산대병원 임상시험센터(센터장 황태호)공동 연구팀은 토끼의 암(VX2)을 대상으로 바이러스 항암제 '펙사 벡'(Pexa-Vec·일명 JX-594)을 투여한 결과, 완치된 토끼의

혈청에서 항암 항체가 생성됨을 확인했고, 이 항체를 다른 토끼의 암에 투여한 결과 역시 암 치료 효과가 있음을 확인했다.

신라젠은 2013년 6월 ㈜피엔유신라젠을 흡수합병했으며, 10월에는 미국에 위치한 완전자회사 SillaJen USA, Inc.를 설립했다. 2014년 미국 제네렉스를 인수 완료한 뒤, 제네렉스의 사명을 SillaJen Biotherapeutics, Inc로 변경했다.

이후 2014년 11월 미국 소재의 자회사인 SillaJen Biotherapeutics, Inc.로부터 펙사벡에 대한 판권 미판매지역의 판권과 특허사용권을 부여받는 배타적 라이선스 계약을 체결하기도 하였다. 2015년 4월에는 펙사벡(Pexa-Vex)에 대해 미국 FDA로부터 전 세계 약 20여 개국 600여 명의 간암 환자를 대상으로 하는 글로벌 임상 3상 시험의 허가를 받았다.

신라젠은 2015년 4월 자회사인 SillaJen Bio와 자산양수계약을 체결함으로써 신라젠(주)은 한국, 중국(홍콩, 마카오 포함)지역에서 펙사벡의 라이선스를 부여한 주체가 되었으며, 중국 및 한국지역에서 펙사벡 관련 판권을 보유하고 있는 Lee's Pharmaceutical 및 (주)녹십자로부터 펙사벡 관련 임상비용과 펙사벡 판매에 따른 일정비율의 로열티를 직접 받을 수 있는 권리를 보유하게 되었다. 같은 해 10월 미래창조과학부 및 보건복지부 공동주관 글로벌첨단바이오의약품 기술개발사업의 주관 연구기관으로 선정되었다.

최근 신라젠은 항암바이러스 펙사벡과 미국 리제네론의 면역관문억제제 세미플리맙의 신장암 대상 병용 후기 임상1상 중간 분석 결과를 미국암연구학회(AACR)에서 발표했다.

학회에 공개된 자료를 분석해 보면 정맥투여 환자군 16명 중에서 12명의 환자가 종양 크기가 감소하였고 그 중 9명의 환자가 30%이상의 종양 크기 감소를 보인 것으로 나타났다. 다만 이들 중 3명은 새로운 병변 발생 등의 이유로 PD와 SD로 구분됐다. 3등급 이상의 부작용은 5.7%에 불과하며 약물 투여 직후의 발열, 일시적 혈압 상승 등의 경미한 부작용이 대부분이었다.[123]

또한, 신라젠은 캐나다에서 항체 생성 여부를 확인할 목적으로 코로나19 백신 후보물질의 동물실험을 시작했다. 신라젠이 예상하는 동물실험 소요 기간은 6주로, 백신 후보물질인 2종의 유전자 재조합 바이러스 외에 후속으로 도출 예정인 백신 후보물질들도 순차적으로 실험을 진행할 계획이다.[124]

신라젠은 바이러스를 이용한 항암제 신약후보물질을 개발중인 회사로 제품이나 상품의 판매에 의한 매출은 없고, 상품 외 100%, 라이선스수익 0%, 마일스톤수익 0%, 공동연구개발수익 0% 등으로 매출을 구성하고 있다.

---

123) 신라젠, 펙사벡 신장암 1상 중간 결과 발표, 우영탁, 서울경제, 2020.04.28
124) 신라젠, 코로나19 백신 동물실험 시작, 정민하, 조선비즈, 2020.04.27

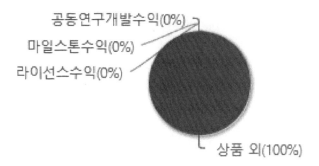

공동연구개발수익(0%)
마일스톤수익(0%)
라이선스수익(0%)

상품 외(100%)

[그림 32] 신라젠 주요 매출 구성(2023/03)
125)

125) 신라젠, 임상시험 결과에 울고 웃고… 경영실적은?, 김대성, 조세일보, 2020.01.08

나) 주요제품 및 R&D

신라젠은 현재 제품이나 상품 판매는 하지는 않지만 파이프라인, 즉 발명 특허는 있으나 아직 시험이 필요해 제품화 과정이 오래 걸리는 발명품들은 보유하고 있다.

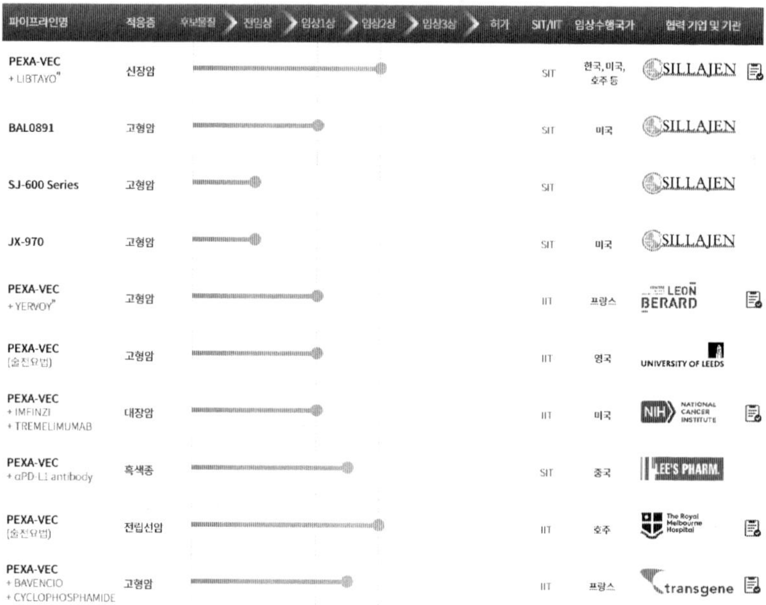

[그림 125] 신라젠 파이프라인126)

신라젠이 항암바이러스 치료제 '펙사벡'의 간암 환자를 대상으로 한 PHOCUS 임상3상을 조기종료하고, 앞으로는 펙사벡과 면역항암제 병용투여 임상에 집중하기로 했다.127)

---

126) 신라젠 홈페이지
127) 신라젠, 펙사벡 임상3상 조기종료.."IO 병용에 집중", 김성민, 바이오스펙테이터, 2019.08.04

이는 독립적 데이터 모니터링위원회의 임상중단 권고를 받아들인 것으로, PHOCUS 임상3상에 대한 DMC의 중간분석결과, 간암 1차 치료제로 펙사벡과 표적치료제 넥사바를 순차적으로 투여하는 것은 넥사바 단독투여 대비 생존기간을 향상시키지 못했다.

이후 신라젠은 펙사벡의 가치를 입증하기 위해 간암이 아닌 신장암에 주력할 계획이다. 신라젠은 간암을 제외하고 신장암, 유방암, 소화기암 등 다수 암종을 타깃으로 면역항암제와 병용요법을 통해 약물 개발에 나섰다. 신장암은 미국과 한국, 호주에서 임상1상을 진행하고 있으며, 대장암은 미국에서 연구자 주도 임상1/2상이 진행 중이다.[128]

최근 신라젠과 미국 바이오기업 리제네론 파마슈티컬스(Regeneron Pharmaceuticals)와 공동연구를 진행하는 신장암 대상 펙사벡과 PD-1 항체 'REGN2810' 병용투여 임상1b상에서 임상 대상을 확대한다고 밝혔다. 이는 면역관문억제제 불응 환자(ICI refractory)에게 펙사벡을 정맥투여(i.v.)하는 디자인이다. 신라젠에 따르면 확대된 임상은 환자 모집 및 스크리닝이 시작됐으며, 적합성 기준을 만족하면 1분기 내 첫 환자 등록이 가능할 것으로 예상한다.[129]

128) 위기의 신라젠⋯ 탈출구 있나?, 1boon
129) 신라젠, '펙사벡+PD-1' 美임상 "PD-(L)1 불응 신장암 추가", 김성민, 바이오스펙테이터, 2020.03.05

다) 신규 사업 및 전망

신라젠이 현재 주식거래 재개를 목표로 경영정상화에 속도를 내고 있다는 소식이 전해졌다. 신라젠은 경영정상화를 위한 중장기적 플랜을 제시하며, 신약 후보물질 2개를 추가해 파이프라인도 확대할 것이라고 밝혔다.

신라젠은 면역항암제 '펙사벡'을 앞세워 한때 시가총액이 10조원을 넘어 한국 바이오벤처 성공 신화를 썼지만 전 경영진의 배임 등의 혐의로 주식 거래가 정지되는 등 존폐 기로에 몰렸었다.

하지만, 철강 제품 제조업체 엠투엔이 구원 투수로 등판하면서 신라젠은 부활의 날개를 달았다. 신라젠은 최근 엠투엔 출신의 김 대표의 대표 선임을 비롯한 경영진 전면 교체 등으로 경영정상화에 고삐를 죄고 있다.

김 대표는 엠투엔의 신라젠 인수에 나선 것에 대해 "엠투엔은 미국 GFB(Greenfire Bio)와 파트너십을 맺고 바이오 사업 진행중이다. GFB에서 항암바이러스 파이프라인 검토를 했었고, 마침 신라젠이 개발중인 후보물질이 GFB가 보고있던 항암바이러스와 같기 때문에 같이 해보자고 해서 인수를 결정하게 됐다"면서 "엠투엔은 자본, GFB는 기술을 주고, 신라젠을 키워 과거의 영광 되찾을 계획"이라고 강조했다.

신라젠은 경영정상화를 위한 파이프라인 확대에도 드라이브를 걸고 있다. 이를 위해 연구개발 인력도 예년 수준으로 충원할 계획이다.

신약 파이프라인의 확대는 조만간 확정될 예정이다. 현재 신라젠은 후보물질과 플랫폼 형태의 물질을 확보한 상태다. 그는 "신라젠의 단점은 파이프라인에 팩사벡 하나밖에 없다는 것"이라면서 "정맥투여 효율을 크게 향상하기 위해 개발한 신라젠의 차세대 파이프라인인 'SJ-600'이 있지만 추가적인 파이프라인 확보가 필요하다"고 설명했다. 그는 "펙사벡과 SJ-600 사이에 물질(추가 파이프라인)을 넣어 실적을 일으킬 것"이라고 강조했다.

신라젠은 경영정상화가 이뤄지면 신약 후보물질의 기술수출을 통해 수익 확보에 나설 계획이다. 김 대표는 "장기적으로는 항암바이러스로 세계적인 기업으로 도약하는 게 목표"라고 덧붙였다.[130]

---

130) 신라젠 경영 정상화 속도 "11월까지 주식거래 재개". 2021.8.31. 파이낸셜뉴스

신라젠, 항암제 파이프라인 도입 추진

바이오기업 신라젠이 파이프라인(신약후보물질) 다각화를 통해 기업가치 높이기에 나섰다. 관련업계에 따르면 신라젠은 미국 유수 기관에서 연구 중인 항암 바이러스(OV·Oncolytic Virus) 물질 도입을 검토하고 있다. 경영 정상화를 추진 중인 신라젠이 기술도입 비용 부담이 적잖은 선진국 연구기관의 연구 물질 도입을 추진한다는 점에서 눈길을 끈다.

현재 미국 연구 기관과 해당 파이프라인 도입을 위한 협상이 마무리 단계에 접어든 것으로 파악된다. 이에 따라 2021년도 안에 신라젠의 정식 파이프라인으로 등재될 가능성이 높다. 단일 물질이 아닌 복수 물질 도입이 유력하다.

신라젠은 추가적인 항암 바이러스를 확보하고 후속 연구를 거쳐 기술수출을 꾀할 것으로 예상된다. 항암 바이러스는 초기 단계에서 비교적 높은 금액으로 기술수출이 이뤄지는 편이다. 동물 시험 데이터로 1000만달러(약 117억원) 이상의 라이선스 계약을 맺기도 한다.

신라젠은 다른 신약보다 상대적으로 이른 단계에 라이선스 아웃(기술수출)을 시도할 수 있는 항암 바이러스를 추가로 확보해 단일 파이프라인에 의존한다는 지적에서 벗어나겠단 전략이다.

특히 해당 항암 바이러스 후보 물질 도입은 신라젠의 과학자문위원회(SAB·Scientific Advisory Board)가 주도한 것으로 알려져 관심이 높다. 또 산지브 문시(Sanjeev Munshi) 신라젠 미국 법인 대표도 해당 물질 도입을 지원하고 있다.

신라젠 관계자는 "아직 구체적으로 밝힐 수 없지만 미국 유수 기관이 연구 중인 항암 바이러스 파이프라인 도입을 검토하고 있다"며 "신라젠을 돕는 세계적인 연구자와 전문가가 선정한 물질인 만큼 향후 신라젠의 가치 향상에 기여할 것으로 기대한다"고 말했다.131)

---

131) 정상화 속도 내는 신라젠…美 항암제 파이프라인 도입.2021.8.30.머니투데이

2) 증권정보

가) 개요

주식코드	215600
상장위치	코스닥
업종	제약
WICS	생물공학

[표 58] 신라젠 증권 정보 개요

시가총액	5,123억원
시가총액순위	코스닥 137위
상장주식수	102,867,125
액면가/매매단위	500원/1주
외국인한도주식수(A)	102,867,125
외국인보유주식수(B)	1,495,837
외국인소진율(B/A)	1.45%

[표 59] 신라젠 투자정보(2023.6.29.기준)

나) 종목분석 및 재무 현황

투자의견/목표주가	N/A / N/A
52Weeks 최고/최저	16,550 / 4,905
PER/EPS(2023.3)	N/A / -223원
추정 PER/EPS	N/A / N/A
PBR/BPS(2023.3)	6.81배 / 730원
배당수익률	N/A
동일업종 PER	-31.39배
동일업종 등락률	+0.12%

[표 60] 신라젠 투자정보(2023.6.29.기준)

별도손익계산서	2020/12	2021/12	2022/12
매출액	17	3	50
영업이익	-342	-204	-245
영업이익 (발표기준)	-342	-204	-245
세전계속사업이익	-478	-221	-239
당기순이익	-478	-153	-253

[표 61] 신라젠 손익계산서 표 (단위: 억원,%)

연결 제무상태표	2019/12	2020/12	2021/12	2022/12
자산총계	651	458	1334	1020
부채총계	97	249	279	269
자본총계	553	208	1054	751

[표 114] 신라젠 재무상태표(단위: 억원,%)

다. 한미약품

1) 업체 현황
가) 개요

소재지	경기도 화성시 팔탄면 무하로 214
설립일	2010/07/05
웹사이트	http://www.hanmi.co.kr
매출액	13,315억 원(2022년 기준)

한미약품은 의약품 제조 및 판매를 주 목적사업으로 하고 있으며, 주요 제품으로는 복합고혈압치료제 '아모잘탄', 복합고지혈증치료제 '로수젯', 고혈압치료제 '아모디핀', 역류성식도염치료제 '에소메졸' 등이 있다.

사업부문은 의약품, 원료의약품, 해외의약품 부문으로 한미약품(주), 한미정밀화학(주), 북경한미약품유한공사 각 기업을 하나의 영업부문으로 구분한다. 주요 종속회사인 한미정밀화학은 원료의약품 전문 회사로, 국내는 물론 미국, 영국, 독일 등 선진국 시장에서도 세팔로스포린계 항생제 분야의 품질력을 인정받고 있다. 현재 40여 개국에 원료의약품을 수출한다.

북경한미약품유한공사는 의약품 연구개발에서부터 생산, 영업 등 전 분야를 수행할 수 있는 독자적인 제약회사로, 어린이용 제품인 정장제 마미아이와 감기약 이탄징이며, 성인용정장제 매창안 등 총 20여 품목을 현지 시판하고 있다.

회사 연혁을 살펴보면 1973년 한미약품공업(주)으로 설립되어 2003년 상호명을 한미약품(주)로 변경한 후, 12월 '암로디핀' 제조 방법을 개발한 공로로 특허청으로부터 충무공상을 수상한 바 있으며, 2004년 고혈압치료제 '아모디핀'이 미국 특허를 획득했다.

또한, 2006년 12월 세계 최초로 유소아용 해열시럽제 개량신약인 '맥시부펜'을 출시했으며, 2008년에는 한미약품이 개발한 주사용 항생제 세프트리악손이 미국 식품의약국(FDA)으로부터 승인을 받았다. 2009년에는 고혈압치료 복합 개량신약 '아모잘탄'을 출시했다.

이후 2010년 7월 인적분할을 통해 존속법인으로 한미홀딩스(현, 한미사이언스)를, 신설법인으로 한미약품을 세웠다. 한미약품의 투자사업 부문은 지주회사인 한미홀딩스로 넘어갔고, 의약품 제조 판매 부문은 한미약품이 그대로 승계했다.

2013년 12월 역류성식도염치료제 '에소메졸'이 미국 식품의약국(FDA)으로부터 승인을 받고, 미국 시장에 진출했다. 또 프랑스의 사노피(Sanofi)사와 국내 첫 ARB+스타틴 복합신약인 '로벨리토'를 공동개발해 발매하기 시작했다. 2014년 7월 수출 파트너사인 악타비스와 손잡고 주사용 관절염치료제 '히알루마주'를 미국시장에 수출했다. 2014년 9월 상장 제약회사 중 최초로 연구개발(R&D) 투자 금액이 1,000억 원을 돌파했다.

현재 종속회사는 원료의약품 제조 및 판매업을 영위하는 한미정밀화학(주), 북경한미약품유한공사 2개 회사로 구성된다. 주요 종속회사인 한미정밀화학은 원료의약품 전문회사로, 국내는 물론 미국, 유럽 등 선진국 시장에서도 세팔로스포린계 항생제 분야의 품질력을 인정받았다. 현재 30여개국에 원료 의약품을 수출하고 있다.

북경한미약품유한공사는 의약품 연구개발에서부터 생산, 영업 등 전 분야를 수행할 수 있는 독자적인 제약회사로, 어린이용 제품인 정장제 마미아이와 감기약 이탄징이며, 성인용정장제 매창안 등 총 20여 품목을 현지에 시판하고 있다.

주요 매출 구성은 의약품 95.88%, 수출 10%, 기타 1.36% 등으로 나타난다.

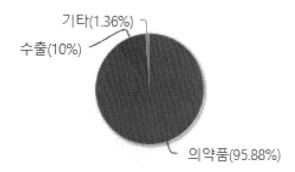

[그림 127] 셀트리온 주요 매출 구성(2023/03)

나) 주요제품

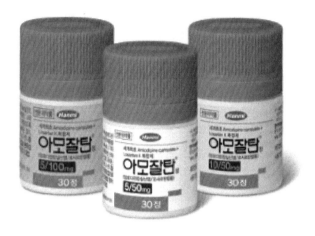

명칭	아모잘탄
유효성분	암로디핀캄실산염(별규),로사르탄칼륨(USP)
효능효과	1. 암로디핀 또는 로사르탄 단독요법으로 혈압이 적절하게 조절되지 않는 본태성 고혈압 2. 제2기 고혈압 환자에서 치료 목표 혈압에 도달하기 위해 복합제 투여가 필요한 환자의 초기요법
작용기작	류마티스 관절염 등 자가면역 질환의 원인이 되는 종양 괴사인자(TNF-α)에 대한 중화반응을 유도하여 질환의 진행을 완화

[표 63] 아모잘탄정

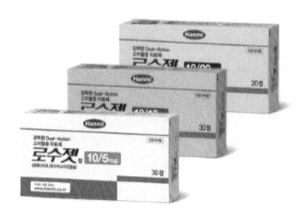

명칭	로수젯
유효성분	에제티미브 (별규) 10.0mg, 로수바스타틴칼슘 (EP) 각각 5.2mg, 10.4mg, 20.8mg (로수바스타틴으로서 각각 5mg, 10mg, 20mg)
효능효과	원발성 고콜레스테롤혈증(이형접합 가족형 및 비가족형) 또는 혼합형 이상지질혈증 환자의 상승된 총콜레스테롤(total-C), LDL-콜레스테롤(LDL-C), 아포 B 단백(Apo B), 트리글리세라이드(TG) 및 non-HDL-콜레스테롤을 감소시키고, HDL-콜레스테롤(HDL-C)을 증가시키기 위한 식이요법의 보조제로서 이 약을 투여한다. 고콜레스테롤혈증에 기인한 동맥경화성 혈관 질환의 위험성이 증가한 환자에게 지질조절약물을 투여할 때에는 많은 위험인자를 고려해야 한다. 지질조절약물은 적절한 식이요법(포화지방 및 콜레스테롤 제한을 포함)과 함께 사용하고, 식이요법 및 다른 비약물학적 조치에 대한 반응이 불충분한 경우에 사용해야 한다.

[표 64] 로수젯

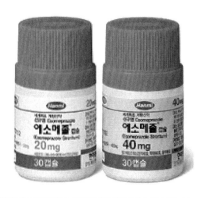

명칭	에소메졸
유효성분	에스오메프라졸스트론튬사수화물(별규)
효능효과	1.위식도 역류질환(GERD) -미란성 역류식도염의 치료 -식도염 환자의 재발방지를 위한 장기간 유지요법 -식도염이 없는 위식도 역류질환의 증상치료요법 2.헬리코박터필로리 박멸일 위한 항생제 병용요법 - 헬리코박터필로리 양성인 십이지장궤양의 치료 - 헬리코박터필로리 양성인 소화성궤양 환자의 재발방지 3.비스테로이드소염진통제(COX-2 비선택성, 선택성) 투여와 관련된 상부 위장관 증상(통증, 불편감, 작열감) 치료의 단기요법 4.지속적인 비스테로이드소염진통제 투여가 필요한 환자 - 비스테로이드소염진통제 투여와 관련된 위궤양의 치료 - 비스테로이드소염진통제 투여와 관련된 위궤양 및 십이지장궤양의 예방 5. 졸링거-엘리슨 증후군의 치료 6. 정맥주사로 위궤양 또는 십이지장궤양에 의한 재출혈 예방 유도 이후의 유지 요법

[표 65] 에소메졸

다) R&D

R&D로 유명한 한미약품은 최근 10여년간 신약개발 연구 및 바이오, 합성신약 등 제품 상용화에 필수적인 생산시설에 투자한 금액만 2조 7,422억원에 달한다. 한미약품은 2011년 이후 글로벌 제약사와 총 11건의 신약 기술수출 계약을 맺었고 호중구감소증 치료제 '롤론티스', pan-HER2 저해제 '포지오티닙', 당뇨·비만치료제 '에페글레나타이트' 등을 개발 중이다.

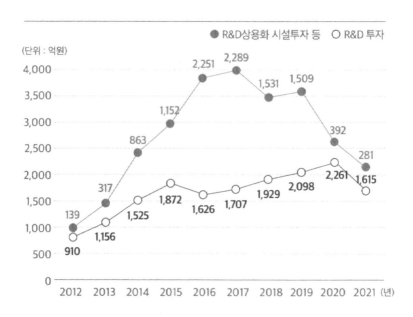

[그림 119] 한미약품 R&D 투자 현황 (단위: 억원)

바이오신약

물론티스프리필드시린지주 (에플리페그라스팀)	항암	호중구 감소증	지속형 G-CSF 유도체		SPECTRUM
하일루마주 (하얄루온산나트륨)	기타	슬관절의 골관절염	연골 당단백 분해 억제제		ArthreX
에페글레나타이드 (LAPS Exd4 analog)	대사증후군	제2형 당뇨병	지속형 Exendin-4 유도체		
에포시페그트루타이드 (LAPS Triple agonist)	대사증후군	비알콜성 지방간염	지속형 GCG/GIP/GLP-1 유도체		
에피노페그듀타이드 (LAPS GLP/GCG agonist)	대사증후군	비알콜성 지방간염	지속형 GLP/GCG 유도체		MSD
HM15136 (LAPS Glucagon analog)	희귀질환	선천성 고인슐린혈증	지속형 글루카곤 유도체		
HM15912 (LAPS GLP-2 analog)	희귀질환	단장 증후군	지속형 GLP-2 유도체		
에페소마트로핀 (LAPS hGH)	희귀질환	성장호르몬 결핍증	지속형 인성장호르몬		
BH2950 (PD-1/HER2 BsAb)	항암	고형암	PD-1/HER2 이중항체		rrOven.
물론티스프리필드시린지주 (에플리페그라스팀)	항암	호중구 감소증	지속형 G-CSF 유도체 (당일 투여 요법)		SPECTRUM
BH3120 (PD-L1/4-1BB BsAb)	항암	고형암	PD-L1/4-1BB 이중항체		
HM16390 (LAPS IL-2 analog)	항암	고형암	지속형 IL-2 유도체		
HM15136 + 에페글레나타이드 (LAPS Glucagon Combo)	대사증후군	비만 등 대사성질환	HM15136 + 에페글레나타이드 복합제		
에포시페그트루타이드 (LAPS Triple agonist)	희귀질환	특발성 폐섬유증	지속형 GCG/GIP/GLP-1 유도체		
HM15421 (LA-GLA)	희귀질환	파브리병	지속형 알파-갈락토시다제		GC

[그림 121] 파이프라인 바이오 신약

라) 신규사업 및 전망

한미약품이 자체 개발한 플랫폼 기술로 R&D 활동을 활발히 전개해 나가고 있다.

17일 한미약품과 관련 업계 등에 따르면 회사가 보유한 독자 플랫폼 기술로는 랩스커버리와 팬텀바디, 오라스커버리 등이 있다.

이 중 랩스커버리는 지난해 미국 식품의약국(FDA)의 문턱을 넘은 한미약품의 바이오신약 '롤베돈(미국 제품명, 한국 제품명: 롤론티스)'에 적용된 기술로 상용화 가능성이 입증됐다. 호중구감소증 치료 신약인 롤베돈은 한미약품이 개발한 신약 중 최초로 FDA 허가를 받았으며, 출시 3개월 만인 지난해 12월 말 기준 1011만4000만 달러의 실적을 달성했다.

랩스커버리는 단백질 의약품의 반감기를 늘려주는 혁신적 플랫폼 기술이다. 단백질 의약품의 경우 인체에 투여됐을 때 반감기가 짧아 자주 투여를 해야 하는 불편함이 있는데, 랩스커버리는 투여 횟수 감소로 환자의 삶의 질을 높이고, 투여량을 감소시킴으로써 부작용을 줄이는 한편 효능을 개선한다.

랩스커버리 기술이 적용된 파이프라인 중 한미약품이 개발에 전력을 다하고 있는 물질로는 비알코올성 지방간염(NASH) 신약 'LAPSGLP/GCG agonist'(HM12525A·에피노페그듀타이드)와 'LAPS-Triple agonist'(HM15211·에포시페그트루타이드), 차세대 인터루킨-2(IL-2) 면역항암제 'LAPS-IL-2 analog'(HM16390) 등이 있다.

이 가운데 'HM16390'은 지난해 국가신약개발사업 지원대상으로 선정된 물질이다. 수용체 결합력을 기반으로 항암 효능을 극대화했다는 점에서 기존 제제와 차별점을 가진다.

현재 승인된 재조합 인간 IL-2제제는 안전성 개선에 초점을 맞춰 개발돼 왔지만 고용량 투여시 나타나는 부작용으로 인해 사용이 제한됐다. 그러나 'HM16390'은 IL-2 변이체를 새롭게 개발하고 베타수용체를 활성화시켜 암세포 사멸 효과를 증대시키는 한편 부작용은 줄였다.

현재 'HM16390'은 임상1상 진입을 위한 독성 연구 단계에 있으며, 항암 주기당 1회 피하 투여가 가능한 지속형으로 개발 중이다. 회사는 지난 14일부터 미국 플로리다주 올랜도에서 열리고 있는 미국암연구학회(AACR 2023)에서 'HM16390'의 항종양 효능 연구결과를 발표할 예정이다.

실제 연구결과, 'HM16390'은 면역원성이 높은 암종뿐만 아니라 낮은 암종까지 광범위한 범위의 종양미세환경을 나타내는 동물 모델들에서 우수한 항종양 효능을 확인했으며, 치료 효능도 장기간 지속됐다는 게 회사 측 설명이다.

'HM15211'은 글루카곤 수용체, GIP 수용체 및 GLP-1 수용체를 모두 활성화하는 삼중작용 바이오 혁신신약이다. FDA는 지난 2020년 이 물질을 패스트트랙 개발 의약품으로 지정한 바 있다. 해당 물질은 FDA와 유럽의약품청(EMA)으로부터 원발 담즙성 담관염, 원발 경화성 담관염, 특발성 폐 섬유증 등 적응증으로 총 6건의 희귀의약품 지정을 받아, 국내 제약사가 개발한 신약 중 가장 많은 희귀의약품 지정 기록을 갖고 있기도 하다.

특히 'HM15211'은 지난해 9월 유럽당뇨학회에서 우수한 항염증 및 항섬유화 효능을 확인한 연구결과가 발표되기도 했다. 현존하는 대부분의 간 염증 및 간 섬유화 모델에서 유의미한 치료 효능이 확인돼 향후 NASH 혁신치료제로 개발 가능성이 입증됐다는 평가를 받고 있다. 현재 임상 2b상 중이며, 2분기 내에 IDMC(독립적 데이터 모니터링 위원회)에 진행사항을 전달하고 중간평가 결과를 받을 것으로 예상된다.

'HM12525AS'는 올해 임상 2a상 결과 발표를 앞두고 있다. 해당 물질은 지난 2020년 8월 미국 머크(MSD)에 기술이전 된 신약으로, 지난해 12월 머크가 임상 2a상을 완료했다.

이 밖에도 한미약품은 북경한미약품이 주도적으로 개발하고 있는 이중항체 플랫폼 '펜탐바디', 주사용 항암제를 경구용 제제로 바꾸는 기술인 '오라스커버리' 등을 적용해 신약개발을 지속하고 있다.

펜탐바디는 하나의 항체가 서로 다른 2개 표적에 동시 결합할 수 있는 이중항체 플랫폼으로, 면역원성과 안정성 등이 우수하며 생산 효율이 높다는 장점이 있다. 펜탐바디 기반의 'PD-L1/4-1BB BsAb'(BH3120)는 단독 사용시 우수한 항암효과와 용량 의존성을 나타내며, PD-1 저해항체와 병용 시 암조직이 모두 사라지는 강력한 시너지 효과를 보여준다.

또 간독성 및 기타 전신 부작용을 최소화할 것으로 예상돼 안전성과 항암효과의 균형이 잡힌 프로파일이 기대된다. 한미약품과 북경한미약품은 그간 축적된 연구결과를 바탕으로 이달 중 FDA에 임상시험계획(IND)을 신청한다는 방침이다.

오라스커버리는 정맥주사용 항암제를 경구용 제제로 바꾸는 기술이다. 항암제의 경구 투여시 P-당단백의 약물 배출펌프 작용에 의해 흡수가 제대로 이루어지지 않는 경우가 많은데, 오라스커버리는 이러한 특성을 갖는 약물의 경구 흡수률을 획기적으로 향상시켰다. 오라스커버리 기반의 신약 '오락솔'은 2011년 미국 아테넥스에 기술수출됐으며, FDA 신약허가 취득을 계속 시도 중이다.[132]

132) 뉴스웨이, FDA 뚫은 한미약품…'독자 기술' 넘친다, 2023.04.17

한미약품, 국내 희귀의약품 1위 제약사

한미약품이 국내 희귀의약품 1위 제약사로 발돋움하고 있다. 한국은 물론 미국과 유럽에서 총 17건이 희귀의약품으로 지정됐다. 자체 개발한 의약품을 통해 4년 연속 원외처방 1위를 달성하며 벌어들인 매출의 20% 가량을 구준히 연구개발(R&D)에 투입한 결과다.

제약업계에 따르면 한미약품이 미국 식품의약국(FDA)과 유럽 의약품청(EMA), 한국 식품의약품안전처에서 지정받은 희귀의약품은 6개 파이프라인(신약후보물질), 10개 적응증(약품을 통해 치료효과가 기대된 증상)으로 총 17건인 것으로 확인됐다.

국가별로 미국에서 9건을 인정받아 가장 많았다. 특히 미국의 '희귀의약품 지정(Orphan Drug Designation)'은 희귀·난치성 질병 또는 생명을 위협하는 질병의 치료제 개발 및 허가가 원활히 이뤄질 수 있도록 지원하는 제도다. 세금 감면, 허가신청 비용 면제, 동일 계열 제품 중 처음으로 시판허가 승인 시 7년간 독점권 등 다양한 혜택이 부여된다. 유럽과 한국에서는 각각 5건과 3건이 희귀의약품으로 인정됐다.

한미약품의 독자 플랫폼기술 랩스커버리가 적용된 'HM15912'는 단장증후군 치료제로 미국과 유럽, 한국에서 모두 희귀의약품으로 지정됐다. 단장증후군은 선천적 또는 후천적으로 전체 소장의 60% 이상이 소실돼 흡수 장애와 영양실조를 일으키는 희귀질환이다. 'HM15912'는 개선된 체내 지속성 및 우수한 융모세포 성장 촉진 효과로 환자들의 삶의 질을 획기적으로 개선할 수 있을 것으로 기대된다.

'HM15211'도 업계에서 주목받는 희귀질환 신약이다. 미국에서 '특발성 폐섬유증'과 '원발 담즙성 담관염', '원발 경화성 담관염' 등 하나의 신약후보물질에서 3개의 적응증으로 희귀의약품 지정을 받았다. 이 가운데 특발성 폐섬유증은 'HM15211'가 미국에서 가장 최근에 희귀의약품 지정을 받은 적응증으로 원인을 알 수 없는 폐염증 과정에서 섬유세포가 과증식해 폐 기능이 급격히 저하고 심하면 사망에 이르는 희귀 질환이다.

한미약품의 신약이 각국에서 희귀의약품으로 지정되기 시작한 것은 4년 전인 2018년 부터다. 국내 원외처방 시장 1위 행진이 시작된 시점이기도 하다. 아모잘탄, 로수젯, 에소메졸 등 자체 개발한 국산약품을 앞세워 3년 연속 원외처방 시장 1위를 기록했고, 2021년도 상반기에도 1위 자리를 차지한 것으로 알려졌다.[133]

133) "미국·유럽 다 뚫었다"…한미약품, '희귀의약품' 1위 제약사 도약. 2021.9.1. 머니투데이

2) 증권 정보

가) 개요

주식코드	128940
상장위치	코스피
업종	제약
WICS	생물공학

[표 66] 한미약품 증권 정보 개요

시가총액	3조 8,754억원
시가총액순위	코스피 86위
상장주식수	12,562,158
액면가/매매단위	2,500원/1주
외국인한도주식수(A)	12,562,158
외국인보유주식수(B)	2,157,386
외국인소진율(B/A)	17.17%

[표 67] 한미약품 투자정보 (2023.6.29.기준)

나) 종목분석 및 재무 현황

투자의견/목표주가	4.00매수 / 392,316
52Weeks 최고/최저	339,500 / 219,495
PER/EPS(2021.6)	36.47배 / 8,472원
추정 PER/EPS	30.91배 / 9,996원
PBR/BPS(2021.6)	4.17배 / 73,927원
배당수익률	0.16%
동일업종 PER	85.23배
동일업종 등락률	+0.11%

[표 68] 한미약품 투자정보(2023.6.29.기준)

별도손익계산서	2021/12	2022/12	2023/12(E)
매출액	12,032	13,315	14,831
영업이익	1,254	1,581	2,065
영업이익 (발표기준)	1,254	1,581	-
세전계속사업이익	1,037	1,210	1,837
당기순이익	815	1,016	1,507

[표 69] 한미약품 손익계산서 표 (단위: 억원,%)

연결 제무상태표		2019/12	2020/12	2021/12	2022/12
자산	유동자산	4,165.3	3,512.3	3,483.3	3,064.6
	비유동자산	11,280.7	11,511.6	11,99.1	10,928.3
	자산총계	15,446.1	15,023.9	14,582.4	13,992.9
부채	유동부채	4,055.0	4.635.2	5,690.1	5,967.3
	비유동부채	5,936.5	2,167.3	3,424.7	4,972.8
	부채총계	9,991.6	9,606.3	9,114.8	8,134.7
자본	자본금	290.3	296.0	301.9	307.9
	이익잉여금	1,39.4	1,554.5	1,759.7	1,978.9
	기타자본항목	-92.7	-113.8	-220.2	-10.6
	기타포괄 손익누계액	-12.2	-66.2	-181.6	-192.3
	자본총계	5,454.4	5,417.6	5,467.6	5,858.2

[표 122] 한미약품 재무상태표(단위: 억원,%)

라. 메디톡스

1) 업체 현황
가) 개요

소재지	충북 청원군 오창읍 각리1길 78
설립일	2000/05/02 (상장일: 2009/01/16)
웹사이트	http://www.medy-tox.co.kr
매출액	1,951억 원 (2022년 기준)

메디톡스는 2000년 5월에 (주)앤디소스로 설립한 뒤, 2000년 7월에 (주)메디톡스로 상호를 변경하였다. 메디톡스의 매출은 100%가 보톡스 의약품에서 나온다. 메디톡스는 클로스트리디움 보툴리눔 A형독소 및 보툴리눔 독소를 이용한 바이오 의약품의 연구·개발 및 제조·판매를 주요 사업 분야로 삼고 있다.

메디톡스는 국내에서 메디톡신이라는 브랜드로 판매하며 판매권은 태평양제약이 독점적으로 가지고 있다. 해외의 경우 Neuronox라는 브랜드명으로 직접 수출하고 있다. 종속회사로 판매법인 (주)메디톡스코리아가 있다.

메디톡스는 2002년 7월 보건복지부로주터 신약(보툼리눔 독소 B형 생물학적제제)개발 사업자로 선정되고 12월에 오창공장을 준공하였다. 2004년 오창공장의 KGMP(한국우수의약품 제조관리기준) 적격업체 승인과 메디톡신 제품의 수출허가를 획득하였으며, 2006년 12월 산업자원부의 세계일류상품으로 선정되었다.

이후, 2007년 2월 2월 서울사무소를 개설하고 8월에 오창 신공장을 준공하였으며, 2008년 8월 수출유망중소기업으로 지정되었다. 2009년 1월 코스닥에 상장하였고, 2011년 우수기술연구센터(ATC)로 선정되었다.

이후 메디톡스는 2011년 부설 미생물독소연구소를 설립하였으며 2012년에는 서울지점을 개설하고 혁신형 제약기업으로 선정되었고, 2013년 3월 ㈜메디톡스 코리아를 설립하였다.

주력 제품인 보툴리눔 A형 독소 의약품 메디톡신주®(Neuronox®)는 메디톡스가 세계 4번째 독자적인 원천기술로 개발한 제품이다. 메디톡스는 국내 바이오 벤처회사 최초로 생물학적제제인 단백질 의약품의 연구개발·제조·임상시험·품목허가의 전 상업화 개발과정에서 성공경험을 보유하고 있으며, 기존의 메디톡신과 함께 미용시장에서 경쟁력을 가질 수 있는 HA필러를 개발했다.

주요 매출 구성은 보툴리눔톡신 필러가 85.92%, 용역매출이 10.87%, 의료기기등이 3.21%로 구성된다.

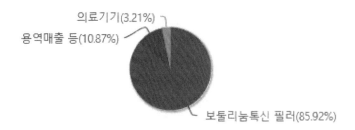

[그림 123] 메디톡스 주요 매출 구성(2023/03)

나) 주요제품

제품명	메디톡신®주
주성분	클로스트리디움 보툴리눔 독소 A형 (Hall 균주)
효능 및 효과	18세 이상 성인에 있어서 양성 본태성 눈꺼풀경련 2세 이상의 소아뇌성마비 환자에 있어서 강직에 의한 첨족기형의 치료 20세 이상 65세 이하의 성인에 있어서 눈썹주름근 (Corrugator muscle) 그리고 / 또는 눈살근 (Procerus muscle) 활동과 관련된 중등증 내지 중증의 심한 미간주름의 일시적 개선 근육강직 : 20세 이상 성인의 뇌졸증과 관련된 상지 국소 근육 경직

[표 71] 메디톡신

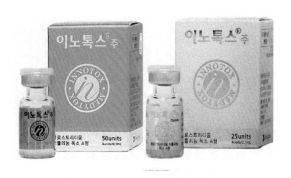

제품명	이노톡스®주/코어톡스®주
주성분	클로스트리디움 보툴리눔 독소 A형 (Hall 균주)
효능 및 효과	20세 이상 65세 이하의 성인에 있어서 눈썹주름근 (Corrugator muscle)그리고 / 또는 눈살근 (Procerus muscle)활동과 관련된 중등증 내지 중증의 심한 미간주름의 일시적 개선

[표 72] 이노톡스/코어톡스

다) R&D

 메디톡스의 R&D성과로는 세계 유일 각각의 특장점을 갖춘 3종류의 보툴리눔 톡신 제제 자체 개발, 독자적인 기술로 다양한 히알루론산 필러 개발, 미국 엘러간사와 신제형 보툴리눔 톡신 A형 제제에 대한 기술이전 계약 체결 등을 꼽을 수 있다.

 또한 보툴리눔 톡신 의약품 개발 성공 이후, 미용시장의 또 하나의 메인 제품인 피부 충진제를 개발하기도 하였다. 가장 생체진화적인 히알루론산을 이용한 필러개발에 성공하여 생산 공정 및 분석법 개발과 GMP생산시설 건설을 완료하였다.

 더 나아가 보툴리눔 톡신 의약품 개발에서 정착된 바이오 의약품 개발 역량과 인프라를 활용하고 창출된 이익을 혁신 바이오 의약품 개발에 재투자하고 있다. 향후 가까운 시일 내에 새로운 바이오 의약품 개발 성공을 목표로 하고, 외부 연구/개발 그룹과의 협력을 진행 중이다.

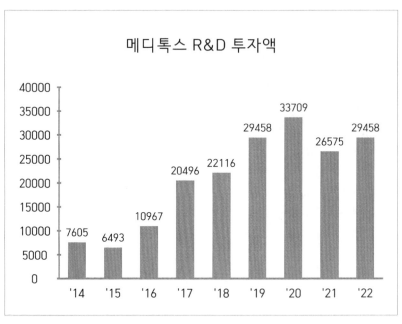

[그림 128] 메디톡스 R&D 투자액(단위: 백만원)

'14	'15	'16	'17	'18	'19	'20	'21	'22
10%	7%	14%	14%	11%	14%	24%	14%	20%

[표 73] 매출대비 R&D 투자비율

라) 신규 사업 및 전망

2022년도 4분기만 보면 매출 523억원, 영업이익 163억원을 달성해, 지난 3분기 11분기만에 달성한 매출 500억원 경신을 두 분기 연속 달성했으며, 영업이익률도 2019년 1분기 이후 처음으로 30%를 넘는 31%를 기록했다.

이 같은 호실적은 톡신과 필러 등 주력 사업의 높은 성장세가 견인했다. 전년대비 톡신 제제 매출은 해외와 국내 각각 99%, 26% 성장했으며, 필러 분야도 해외와 국내 각각 29%, 24% 성장했다. 특히, 작년 대량생산에 돌입한 코어톡스는 국내 점유율 확대에 기여하며 메디톡스의 새로운 주력 제품으로 자리매김했다.

메디톡스는 2022년의 매출 안정화 기조를 바탕으로 2023년의 주력 사업인 톡신 분야의 글로벌 경쟁력을 강화하고, 신사업 확장을 통해 신규 성장동력을 발굴, 사상 최대 매출 달성에 도전할 방침이다.

메디톡스 주희석 부사장은 "글로벌 톡신 시장에서의 압도적 경쟁력을 바탕으로 메디톡스는 올해 사상 최대 매출에 도전할 것"이라며 "이를 달성하기 위해 기존 주력 사업의 성장은 물론이고 더마코스메틱과 건강기능식품 등 신사업 분야에서도 성과를 창출하는데 주력할 방침"이라고 말했다.[134]

---

134) medifonews '메디톡스, 2022년 매출 1,951억, 영업이익 467억 달성…올해 최대 매출 도전', 2023.03.08

2) 증권 정보
가) 개요

주식코드	086900
상장위치	코스닥
업종	제약
WICS	생물공학

[표 74] 메디톡스 증권 정보 개요

시가총액	1조 7,261억원
시가총액순위	코스닥 24위
상장주식수	7,298,468
액면가/매매단위	500원/1주
외국인한도주식수(A)	7,298,468
외국인보유주식수(B)	637,422
외국인소진율(B/A)	8.73%

[표 75] 메디톡스 투자정보 (2023.6.29.기준)

나) 종목분석 및 재무 현황

투자의견/목표주가	4.00매수 / 410,000
52Weeks 최고/최저	281,000 / 95,413
PER/EPS(2021.6)	46.64배 / 5,028원
추정 PER/EPS	N/A / N/A
PBR/BPS(2021.6)	2.72배 / 65,472원
배당수익률	0.41%
동일업종 PER	-31.39배
동일업종 등락률	+1.37%

[표 76] 메디톡스 투자정보 (2023.6.29.기준)

별도손익계산서	2021/12	2022/12	2023/12(E)
매출액	1,849	1,951	2,186
영업이익	345	467	359
영업이익 (발표기준)	345	467	-
세전계속사업이익	1283	495	310
당기순이익	933	366	250

[표 77] 메디톡스 손익계산서 표 (단위: 억원,%)

연결 재무상태표		2019/12	2020/12	2021/12	2022/12
자산	유동자산	933.7	1,072.5	1,365.7	1,295.0
	비유동자산	2,952.7	3,242.5	4,105.1	4,318.5
	자산총계	3,886.5	4,315.0	5,470.9	5,613.5
부채	유동부채	1,292.1	1,062.5	953.8	1,204.6
	비유동부채	198.5	1,027.1	633.6	262.9
	부채총계	1,490.6	2,089.7	1,587.4	1,467.5
자본	자본금	2,90	3,05	3,40	3,57
	이익잉여금	2,838.9	2,489.3	3,580.0	3,906.7
	기타포괄손익누계액	-2,22	-2,22	-5,79	-1,79
	기타자본항목	-687.7	-759.2	-557.7	-957.2
	자본총계	2,395.8	2,225.3	3,883.4	4,146.0

[표 129] 메디톡스 재무상태표(단위: 억원,%)

마. 휴젤

1) 업체 현황
가) 개요

소재지	강원도 춘천시 신북읍 신북로 61-20
설립일	2001/11/22 (상장일: 2015/12/24)
웹사이트	http://www.hugel.co.kr
매출액	2,817억 원 (2022년 기준)

휴젤은 2001년 11월 설립되어 성형관련 제제의 개발, 제조, 판매 무역업, 생물의학 관련 제품의 개발, 제조, 판매, 무역업 등을 영위하고 있다.

휴젤은 2002년 11월 폴리아크릴아마이드 젤(PAAG)을 개발한 뒤, 2003년 9월에는 형 보툴리눔 톡신의 단백질 정제에 성공했다. 이후, 2006년 7월 A형 보툴리눔 톡신 단백질 비임상시험을 완료하고, 2009년 보툴렉스(Botulax®)제품이 한국식품의약품안전청(KFDA)으로부터 수출용 품목허가를 승인받았다. 같은해 판매 자회사 '휴젤파마'를 설립했다.

2010년 3월에는 생물학적 제제 클로스트리디움 보툴리눔 독소 타입A인 '보툴렉스'를 식약처로부터 시판허가를 받아 시판하기 시작했다.

2014년에는 HA필러 '더채움 Volus 20'제품이 한국식품의약품안전처(MFDS)로부터 품목허가를 획득하고 5월부터 판매를 개시했다. 2015년 4월 ㈜휴템을 인수하고, 12월 코스닥 시장에 주식을 상장했다.

2016년 11월 보툴렉스(Botulax)제품이 러시아 시판허가를, 2017년 2월에는 브라질과 몽골로부터 시판 허가를 획득했다. 또한 빠르면 2020년 6월 경 중국 정부로부터 보톡스 허가를 받을 전망이다. 중국 정부가 까다로운 의약품 인허가 절차를 해외기업들에 대한 진입장벽으로 활용하고 있는 상황에서, 휴젤이 이번에 허가를 받게 되면 다른 국내 제약사들에게도 벤처마킹을 할수 있는 좋은 사례가 될 것으로 보인다.

휴젤의 자회사로는 휴젤파마(주), (주)아크로스, 휴젤메디텍(주), (주)에이비바이오, WEIHAI HUGELPHARMA Co., Ltd., HUGEL PHARMA(VIETNAM) Co., Ltd. 등 6개사가 있다. (주)아크로스는 HA필러(Hyaluronic Acid based dermal filler)를 연구개발, 제조를 중심 사업으로 영위하는 기업이며, 휴젤파마(주)는 판매법인으로 보툴렉스(보툴리눔 톡신), 더채움(HA필러) 등의 바이오의약품 판매 사업을 영위하고 있다.

주요 제품으로 보툴리눔 톡신(보툴렉스), 더채움, 코스메틱(웰라쥬)제품이 있다. 주요 매출 구성은 바이오의약품이 97.75%, 의료기기 판매가 2.25% 등으로 구성된다.

의료기기 판매(2.25%)

바이오의약품(97.75%)

[그림 130] 휴젤 주요 매출 구성(2023/03)

나) 주요제품

주성분	클로스트리디움 보툴리눔 독소 A형
구분	전문의약품
효능/ 효과	1.18세 이상 성인에 있어서 양성 본태성 눈꺼풀경련 2.18 세 이상 65 세 이하의 성인에 있어서 눈썹주름근(corrugator muscle) 그리고/또는 눈살근(procerus muscle) 활동과 관련된 중등도 내지 중증의 심한 미간 주름의 일시적 개선 3.근육경직 :20세 이상 성인의 뇌졸중과 관련된 상지 경직 4.2세 이상의 소아뇌성마비 환자에 있어서 경직에 의한 첨족기형(dynamic equinus foot deformity)의 치료

[표 79] 휴젤 제품 보틀렉스

구분	더채움 프리미엄 모이스트	더채움 프리미엄 NO.1	더채움 프리미엄 NO.2/3/4
주성분	가교 히알루론산		
구분	의료기기		
사용 목적	안면부 주름의 일시적인 개선		

[표 80] 휴젤 제품 필러

구분	BlueRose® FORTE 18.5cm	BlueRose® FORTE 41cm
주성분	Polydioxanone	
사용목적	약물투여가 아닌 치료 목적	

[표 81] 휴젤 제품 Thread

보툴리눔 톡신은 근육 이완작용을 이용해 눈가의 근육이 떨리는 눈꺼풀경련을 치료하다가 지금은 주름치료제로 쓰이고 있다. 보툴리눔 톡신은 고단위 제형인 200unit에 대한 허가를 보유하고 있고 7년 이상의 임상적용 경험이 있으며, 웰라쥬 제품군은 피부논란 유해성분 9가지를 기본적으로 배제하여 제품안정성을 갖추고 있다.

HA필러는 주사제로서 피부의 꺼진 부위를 메우거나 도톰하게 채워주며, 상실된 볼륨감을 되찾아 줌으로써 주름을 펴주는 보충제 역할을 한다.

보툴리눔 톡신 및 필러 제품구성은 각 부문별로 경쟁회사 대비 높은 품질 및 경제적인 판매가격으로 높은 제품 효율성을 가지고 있다.

바이오 화장품 브랜드인 웰라쥬는 진피치밀도 개선, 멜라닌 감소, 붉은기 완화 등 제품 특성에 맞는 인체 임상을 통해 객관적인 DB를 구축하였으며, 2014년 11월부터 웰라쥬 출시 전 제품이 FDA OTC Drug 승인되기도 하였다.

다) R&D 및 정부과제 현황

휴젤은 현재 기존 보툴리눔 톡신을 개선시킨 신제형과 신기능의 차세대 보툴리눔 톡신 개발을 위한 연구를 진행하고 있다. 현재 국내외 판매중인 보툴리눔 톡신은 눈꺼풀 경련 및 미간 주름 적응증의 기능을 가지고 있다. 더 나아가 소아뇌성마비, 뇌졸중 후 상지 근육 경직 등의 임상을 진행하고 다양한 적응증 확대와 신기술을 접목하여 보툴리눔 톡신의 치료효과를 극대화하는 것을 목표로 하고 있다.

히알루론산 필러 분야 역시 현재 제품화된 필러의 효과를 극대화하기 위해 다양한 기능을 개발하고 있다. 뿐만아니라 마이크로니들 및 세포투과 전달체 시스템 등으 개발을 통해 보다 효과적으로 약물을 피부 내에 침투시킬 수 있는 기술을 연구개발하고 있다.

난치성 비대 흉터 예방 및 억제하는 신약을 개발하기 위해 현재 자가전달 RMAi(RNA interference)유전자 조절 기술 기반의 신약 후보물질을 도입하여 임상시험 진행중이며 신약개발 성공 시 국내 최초 RNAi기반 치료제가 탄생한다.

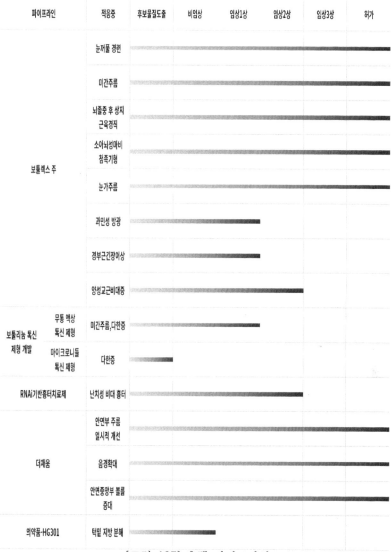

파이프라인			적응증	후보물질도출	비임상	임상1상	임상2상	임상3상	허가
보툴렉스 주			눈꺼풀 경련						
			미간주름						
			뇌졸중 후 상지 근육경직						
			소아뇌성마비 첨족기형						
			눈가주름						
			과민성 방광						
			경부근긴장이상						
			양성교근비대증						
보툴리눔 독신 제형 개발	무통 액상 독신 제형		미간주름,다한증						
	마이크로니들 독신 제형		다한증						
RNAi기반흉터치료제			난치성 비대 흉터						
더채움			안면부 주름 일시적 개선						
			음경확대						
			안면중앙부 볼륨 증대						
의약품-HG301			턱밑 지방 분해						

[그림 137] 휴젤 파이프라인

현재 정부과제 현황은 다음과 같다.

구분	과제명	지원기관	주관 참여
바이오소재	피부질환용 생분해성 마이크로니들 의약소재 개발	산업통상자원부	주관
바이오신약	자가전달 RNAi 유전자 조절 기술을 이용한 난치성 비대 흉터 억제 신약의 전임상 시험 및 IND 신청/승인	범부처신약개발 사업단	참여
의료기기	소형, 경량 회전체를 이용한 고점도 고탄성 피부 약물주입기 개발	중소기업청(한국 산업단지공단)	주관
바이오신약	신경시냅스 기능조절 단백질 응용개발 연구	교육 과학 기술부	참여
바이오소재	히알루론산의 가교화 점탄성 조절기술을 기반으로 무통조직수복, 재생 및 유착방지 생체재료의 상업화	산업통상자원부 (강원광역경제권 선도산업지원단)	주관

[표 82] 휴젤 정부과제 현황

라) 신규 사업 및 전망

휴젤은 태국에서 의료용 봉합사 '리셀비' 론칭 세미나를 성료하며 해외 진출 범위를 넓혔다. '리셀비'는 휴젤의 폴리다이옥사논(PDO) 봉합사 '블루로즈 포르테'로, 수술할 때 봉합하는 실을 의미한다. 글로벌 봉합사 수요가 충분한 만큼 해외 진출을 통해 시장을 넓히는 셈이다. 휴젤에 따르면 전세계 미용용 봉합사 시장 규모는 약 5000억원으로, 국내보다 25배 큰 규모다. 봉합사로 유명한 삼양바이오팜이나 메타바이오메드도 봉합사 전체 매출의 약 80~90%를 수출로 벌어들인다.

휴젤은 이번 태국 진출이 성공적이라고 자평한다. 태국 봉합사 시장은 현지 식약청의 허가 심사 과정이 엄격해 신규 기업 및 브랜드가 진입하기 어렵기 때문이다. 게다가 휴젤의 보툴리눔 톡신 '레티보(Letybo)'가 시장 점유율 50%를 차지하고 있는 만큼 봉합사 판매에 유리하다. 휴젤의 봉합사 업력은 다른 제품에 비해 짧지만 타깃은 분명하다. 휴젤은 미용의료 사업영역을 봉합사까지 늘리면서 시너지를 기대하고 있다. 보툴리눔 톡신은 근육의 이완과 축소, HA 필러는 볼륨감 개선, 리프팅 실은 피부 처짐을 개선하는 데 사용되기 때문이다.

휴젤은 지난 2016년 '블루로즈' 상표권을 출시한 후 봉합사 '블루로즈 포르테'를 판매하기 시작하면서 미용성형 시장에서 입지를 다졌다. 2020년 흡수성 봉합사 제조업체인 제이월드 지분을 인수하면서부터는 국내는 물론이고 일본, 인도네시아에서 리프팅실 입지를 강화했다.

휴젤은 올해 봉합사 사업에 보다 집중할 것으로 보인다. 지난 3월 열린 '2023 휴젤 포커스 그룹 세미나'에서 정재윤 미엘르의원 원장이 '블루로즈' 라인업을 활용해 현장 시술을 진행한 바 있다. 또한 지난해 6월 신제품 '블루 로즈 클레어'를 출시한 것에 이어 올해 '블루로즈' 라인업을 추가할 예정이다.

다만 매출은 아직 미미하다. 지난해 사업보고서에 따르면 봉합사는 휴젤 제품 매출 전체에서 약 1%를 차지한다. 게다가 휴젤의 자회사 제이월드의 지난해 매출액은 34억9800만원, 영업이익은 12억3800만원이다. 2021년 매출액 34억200만원, 영업이익 14억4300만원에서 크게 늘지 않은 상황이다.

경쟁자들의 활약도 눈여겨볼 필요가 있다. 수술용 봉합사 시장을 과점하는 삼양바이오팜과 메타바이오메드가 최근 미용 시장에 눈독을 들이고 있기 때문이다. 삼양바이오팜은 지난 2019년 미용성형용 실 '크로키'를 런칭했고, 메타바이오메드는 지난 2018년 화이트 PDO 봉합사 '다올'을 출시했다.

앞으로의 계획에 대해서 휴젤 관계자는 "봉합사가 보툴리눔 톡신에 비해서 매출은 낮지만 계속해서 키워나갈 계획"이라며 "토탈 메디컬 에스테틱 기업 성장을 목표로 하고 있기 때문에 포트폴리오 강화에 주력하고 있다"고 말했다.[135]

---

135) 휴젤, '수술용 실' 사업 8년차…글로벌로 외연 확장, 2023.06.21

휴젤, 중국기업으로 인수 가능성 보여

우리나라 보툴리눔 톡신(일명 보톡스) 1위 기업인 휴젤이 사실상 중국계 사모펀드(PEF)에 매각되는 것 아니냐는 목소리가 나오고 있다. 휴젤이 GS그룹에 인수되긴 했지만 인수 주체에 중국 자본이 포함돼 있기 때문이다.

휴젤 최대 주주인 'LIDAC(Leguh Issuer Designated Activity Company)'는 GS그룹과 국내 사모펀드 IMM인베스트먼트가 공동 출자한 해외법인 SPC, 중국계 투자회사 CBC그룹, 중동 국부펀드 무바달라 등으로 구성된 컨소시엄과 주식양수도계약(SPA)을 체결했다며 해당 컨소시엄이 회사의 최대 주주로 변경된다고 밝혔다.

구체적으로 살펴보면, GS와 IMM인베스트먼트는 해외 SPC를 설립해 각각 1억5,000만달러(약 1,700억원)를 출자했다. 이렇게 모아진 총 3억달러(약 3,400억원)가 CBC가 7월 케이맨제도에 설립한 SPC(아프로디테SPC)로 들어갔다. 아프로디테SPC에서 GS와 IMM인베스트먼트의 지분율은 총 27.3%다. 나머지 72.7%는 CBC 몫이다.

이런 이유로 휴젤에 실질적인 영향력을 행사할 수 있는 주체는 CBC라는 해석이 나온다. 아프로디테SPC를 관리하는 GP(운용역) 업무도 CBC 측이 담당한다. GS 역시 출자 금액이 총 인수 금액의 10% 수준인 점을 고려해 컨소시엄 참여를 통한 '소수 지분 투자'라고 밝혔다.

현재 휴젤은 국내 보툴리눔 톡신 시장 1위 업체다. 필러 등 단순 미용 제품뿐 아니라 보툴리눔 톡신을 활용한 바이오 의약품, 소아 뇌성마비 및 뇌졸중 치료제 제조 기술도 보유하고 있다. 중국계 사모펀드에 최종 매각된다면 국내 핵심 기술 유출이 심각하게 우려되는 이유다.

물론 아직 단정하긴 이르다. 정부가 보툴리눔 독소를 생산하는 균주를 포함한 보툴리눔 독소 제제 생산 기술을 국가핵심기술로 지정하고 국내 생산기업의 해외 매각 승인(거부) 시 산업통상자원부의 승인을 받도록 하고 있기 때문이다. 이에 이번 인수합병 절차를 끝내기 위해서는 산자부의 승인 문턱을 넘어야 한다.[136]

GS, 휴젤 인수

업계 등에 따르면 GS그룹은 싱가포르펀드 CBC그룹 등과 컨소시엄을 구성해 휴젤 지분 46.9%(전환사채 포함)를 1조7240억원에 인수했다. 이에 따라 휴젤은 국내 보툴리눔 톡신 시장 점유율 1위를 더욱 공고히 하는 것은 물론 향후 글로벌 시장 확대에도 탄력을 받을 전망이다.

휴젤은 현재 세계 28개 국가의 보툴리눔 톡신 시장에 진출해 있으며 3년 이내에 59개국까지 진출할 계획이다. 업계에서는 휴젤이 최대주주인 GS그룹의 글로벌 네트워크를 활용해 수출 지역을 대폭 확대하게 될 것으로 기대하고 있다.[137]

---

136) 국내 1위 보툴리눔 톡신 기업 '휴젤', 중국 기업으로?. 2021.9.3. 매일안전신문
137) 'GS 휴젤 인수' 등 보톡스 시장 거센 변화 바람. 2021.09.07. EBN

휴젤의 글로벌 성장 가능성

업계는 휴젤의 글로벌 성장 가능성에 대해 긍정적으로 점치고 있다. 글로벌 보툴리눔 톡신 시장에서 1~3위를 차지하고 있는 미국, 유럽, 중국에서 경쟁력을 갖추고 있단 평가가 나온다.

휴젤은 국내 보툴리눔 톡신 기업 중 최초로 중국 시장에 진출했다. 2017년에는 미국 엘러간의 보툴리눔 톡신 '보톡스'와 비교임상을 진행해 비열등성을 입증했다.

한편, 휴젤은 10월 중국 국가약품감독관리국(NMPA)에서 '레티보(수출명)'에 대한 판매 허가를 획득했다. 이에 따라 휴젤은 중국 보툴리눔 톡신 시장에서 점유율 10%, 2023년까지 30%를 달성해 시장 1위를 차지한다는 계획이다.

이밖에 휴젤은 히알루론산 필러('더채움') 해외 진출을 확대하고, 보툴리눔 톡신 적응증을 확대하기 위한 노력을 지속할 계획이다. 현재 휴젤은 과민성 방광, 경부 근긴장이상 임상 1상을 진행 중이다. 양성교근비대증에 대한 임상 2상을 마친 뒤 3상 돌입을 준비 중이다.

이에 대하여 관련업계 전문가는 "국내에선 태국, 대만 등 주요 아시아지역에서 점유율이 꾸준히 상승하고 있고, 중국에서도 연간 200억~250억원의 매출은 무난하게 달성할 것으로 보인다"며 "올해 말 보툴리눔 톡신, 필러 수요가 높은 유럽에서 판매를 시작한다면 높은 수익률을 기대할 수 있을 것"이라고 말했다.[138]

---

138) 몸값 '1조7239억'의 배경. 2021.8.26. PAXnetnews

2) 증권 정보

가) 개요

주식코드	145020
상장위치	코스닥
업종	제약
WICS	생물공학

[표 83] 휴젤 증권 정보 개요

시가총액	1조 3,624억원
시가총액순위	코스닥 39위
상장주식수	12,385,455
액면가/매매단위	500원 / 1주
외국인한도주식수(A)	12,385,455
외국인보유주식수(B)	7,235,288
외국인소진율(B/A)	58.42%

[표 84] 휴젤 투자정보(2023.7.3기준)

나) 종목분석 및 재무 현황

투자의견/목표주가	4.00매수 / 145,000
52Weeks 최고/최저	166,500 / 99,700
PER/EPS(2021.6)	23.34배 / 4,742원
추정 PER/EPS	N/A / N/A
PBR/BPS(2021.6)	2.96배 / 66,754원
배당수익률	N/A
동일업종 PER	-31.96배
동일업종 등락률	+0.24%

[표 85] 투자정보(2023.7.3.기준)

별도손익계산서	2021/12	2022/12	2023/12(E)
매출액	2,319	2,817	3,274
영업이익	956	1,014	1,015
영업이익 (발표기준)	956	1,014	-
세전계속사업이익	874	731	1,037
당기순이익	604	607	737

[표 86] 손익계산서 표 (단위: 억원,%)

연결 제무상태표		2019/12	2020/12	2021/12	2022/12
자산	유동자산	5,482.0	5,525.9	4,577.9	4,042.8
	비유동자산	2,998.2	3,114.3	3,911.7	4,222.7
	자산총계	8,480.2	8,640.2	8,489.6	8,265.6
부채	유동부채	534.9	628.4	725.0	1,660.2
	비유동부채	1,546.0	1,281.8	961.6	4.4
	부채총계	2,080.9	1,910.2	1,686.6	1,664.7
자본	자본금	22.0	63.8	62.9	62.9
	이익잉여금	6,457.0	6,705.8	6,889.2	7,173.8
	기타자본항목	-3,748.3	-3,777.3	-3,862.7	-4,293.7
	기타포괄 손익누계액	-64.3	47.1	22.1	-33.5
	자본총계	6,399.2	6,729.9	6,802.9	6,600.8

[표 138] 재무상태표(단위: 억원,%)

바. 녹십자

1) 업체 현황
가) 개요

소재지	경기도 용인시 기흥구 이현로30번길 107
설립일	1969/11/01 (상장일: 1989/08/01)
웹사이트	http://www.greencross.com
매출액	17,113억 원 (2022년 기준)

녹십자는 (주)녹십자홀딩스를 지주회사로 하는 녹십자그룹의 주력 기업으로서 주요 사업은 특수의약품과 전문의약품, 일반의약품의 제조 및 판매이다. 1967년 수도미생물약품판매(주)로 출범 후, 1969년 극동제약(주), 1971년에 녹십자(주)로 상호를 변경하였다.

녹십자는 특수의약품과 전문의약품, 일반의약품의 제조 및 판매를 주력 사업으로 삼고 있다. 녹십자는 B형 간염백신, AIDS 진단용 시약, 유행성출혈열 백신, 수두백신, 결핵항원 진단시약, 유전자재조합 혈우병치료제, 천연물신약 골관절염치료제, 헌터증후군 치료제 등 만들기 힘들지만 꼭 있어야 하는 특수의약품에 주력하여 다른 제약기업과 차별화를 꾀하였다. 또한 1971년 국내 최초로 알부민을 생산한 기업이기도 하다.

현재 녹십자는 핵심 사업으로서 혈액체제, Recombinant제제, 백신제제의 대형 수출품목 육성과 신규시장 개척을 목표로 하고 있다.

지주회사인 (주)녹십자홀딩스를 중심으로 크게 제약, 건강, 재단, 해외의 4개 부문으로 16개의 계열사가 있다. 계열사로는 (주)녹십자엠에스, (주)지씨제이비피, (주)지씨에이치앤피, (주)녹십자백신, 농업회사법인 인백팜(주), Green Cross America,Inc. 등이 있다.

주요 매출 구성은 의약품 제조 및 판매 88.26%, 검체 등 진단 및 분석 13.65%, 기타 1.94%로 구성된다.

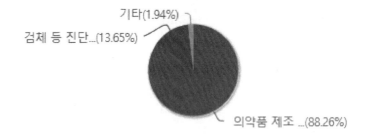

[그림 139] 녹십자 주요 매출구성(2023/03)

나) 주요제품[139]

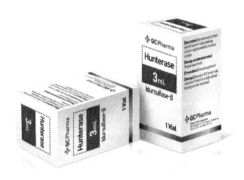

주성분	이두설파제-베타 6mg/3ml
구분	전문의약품기타>대사질환용제
효능/ 효과	헌터증후군(뮤코다당증Ⅱ형,MPSⅡ)환자에게 효소대체요법으로 사용합니다

[표 88] 녹십자 주요제품

139) GC녹십자 공식 홈페이지 http://gcbiopharma.com/kor/product/list.do

주성분	베록토코그알파(혈액응고인자Ⅷ, 유전자재조합)
구분	전문의약품>기타의 혈액 및 체액용약
효능/ 효과	혈우병 A 환자의 출혈 증상의 조절과 지혈 및 일상 생활 또는 수술 시 출혈 예방, 이 약은 von Willebrand 인자 결핍증 환자에게는 사용하지 않는다.

[표 89] 녹십자 주요제품

주성분	디프테리아톡소이드, 파상풍톡소이드
구분	전문의약품>백신제제
효능/ 효과	디프테리아, 파상풍의 예방

[표 90] 녹십자 주요제품

다) R&D

GC녹십자는 국내 업계최고 수준으로 R&D에 투자해 왔다. GC녹십자는 2019년 매출액이 전년대비 2.6% 오른 1조 3697억 972만원에 달했으나 영업이익은 19.7% 감소한 4025억 454만원, 당기순이익은 -112억 8740만원으로 적자 전환했다.

그럼에도 녹십자는 지난해 전년대비 3.26% 증가한 1506억 7700만원의 R&D비용을 투입했다. 매출 대비 R&D 투입 비중은 11.0%다.

GC녹십자가 개발한 그린진 에프는 세계에서 세 번째로 개발에 성공한 3세대 유전자재조합 A형 혈우병치료제로 GC녹십자의 우수한 기술력과 노하우가 집약된 제품이다. 현재 임상 3상 시험 승인을 받아 잠재적 성장 가능성이 매우 높은 중국에서 임상을 진행하고 있으며, 향후 약효의 지속기간을 늘린 차세대 장기 지속형 혈우병 치료제 개발을 통해 미국·유럽 등 선진 시장을 적극적으로 공략하여 글로벌 시장 점유율을 더 확대해 나갈 것으로 전망된다.

GC녹십자의 면역글로불린제제인 IVIG-SN은 전 세계 15개국에서 제품허가를 취득하고 남미 등을 중심으로 활발히 수출되고 있으며, 현재 미국 시장에서의 임상 3상을 성공적으로 완료하고 허가를 준비하고 있다.

GC녹십자는 만들기 어렵지만 꼭 필요한 의약품, 희귀질환 치료제 개발에도 매진하고 있다.

GC녹십자는 '2형 뮤코다당증'으로 불리는 선천성 대사이상질환 헌터증후군 치료제인 헌터라제 개발에 2012년 성공했다. 헌터라제는 세계에서 두 번째로 개발된 헌터증후군 치료제로서, 고가의 수입 의약품을 대체하여 희귀질환으로 고통받는 환우들의 경제적 부담을 덜어주게 되었고, 환자의 삶의 질 향상에도 기여했다.

헌터라제는 전 세계 헌터증후군 환자군을 타깃으로 해외 진출을 확장하기 위해 현재 중남미와 북아프리카 8개국에 발매하였고 그 외 여러 국가에서는 임상을 추진하고 있다.

라) 신규 사업 및 전망

현재 상용화된 백신은 유정란 방식과 세포 배양 방식 두 가지다. 국내에서는 SK바사를 제외한 대부분의 업체가 유정란 방식을 채택하고 있다. GC녹십자도 대표적인 유정란 방식의 독감 백신 개발 기업이다.

유정란 방식은 계란에 바이러스를 넣어 균주를 키운 뒤 단백질을 뽑아내는 형태로 독감 백신을 개발한다. 신선한 계란을 확보하고 균주를 키우는 데 시간이 소요돼 상대적으로 생산 기간이 길다. 또 계란 공급 불안정성도 약점이다.

조류 인플루엔자 유행 등 유정란 공급 불안정을 부추기는 이슈가 매년 반복되는데, 이때마다 원료 수급을 고민해야 하는 상황이다. 계란 알레르기가 있는 경우에도 유정란 방식 독감 백신은 사용이 불가하다.

강점으로 꼽히는 '신뢰도'도 흔들리고 있다. 최근 해외에서 유정란 방식보다 세포 배양 방식을 우선시하는 분위기가 감지되기 때문. 영국의 백신 접종 및 면역 공동위원회(JCVI)는 '2023-2024절기 독감 백신 연령별 가이드'를 발표했는데, 접종 대상에게 4가 인플루엔자 세포 배양 백신 접종을 우선 권고한다고 밝혔다. 특히 65세 이상인 경우 유정란 방식을 차순위(If the preferred vaccine is not available) 항목에서도 제외했다. 세포 배양 방식은 무균실에서 세포를 키워 균주를 삽입하는 형태다. 바이러스 변이를 피할 수 있어 선호도가 높다. 또 알레르기로 인한 사용 제한이 없고 생산 기간이 짧다는 게 장점이다.

GC녹십자도 뒤늦게나마 분위기 변화를 감지한 모습이다. 최근 메신저리보핵산(mRNA) 독감 백신 개발에 착수한 배경이다. mRNA는 독감 백신 시장의 새로운 트렌드로 떠오르고 있다. mRNA 기반의 백신은 항원 유전자를 리보핵산(RNA) 형태로 체내에 주입, 면역력을 유도한다. 기존 백신과 달리 바이러스를 배양하는 절차를 거치지 않아도 된다. GC녹십자의 1차 목표는 2024년 중 mRNA 기반 독감 백신 임상 1상 진입이다.[140]

GC녹십자, 글로벌 백신허브 기대주로 부상하나

GC녹십자가 코로나19(COVID-19) 글로벌 '백신허브' 기대주로 부상한지 곧 1년째다. 아시아 최대 백신 생산체제를 구축하고 국제 민간기구 전염병대비혁신연합(CEPI)으로부터 5억회 규모 코로나19 백신 위탁생산 계약을 체결한 것이 2020년 10월이었고, 그로부터 1년간 전 세계적 백신 접종이 시작됐지만 실제 5억회 물량 생산은

---

140) SK바사에 밀리고 저가 업체에 치인 녹십자 | '독감 백신' 독주 끝... mRNA로 '돌파구'.2023.06.30. 매일경제

물론 추가 위탁생산 계약도 없었다.

 백신업계에 따르면 G20(주요 20개국)은 이탈리아 로마에서 보건장관회의를 열고 저개발국 코로나19 백신 배분에 속도를 낸다는 '로마협정'을 채택했다.

 지역별, 국가별 백신 공급 불평등이 심각해 저개발국으로의 공급에 힘쓰지 않을 경우 또 다른 변이 출현은 물론 세계 경제 충격도 불가피하다는 공감대가 형성된 것이 이번 협정 채택의 배경이다. 저개발국과 개도국 백신 배분에 속도를 내야 한다는 주장은 최근 재계에서도 나온다. 동남아시아 등 글로벌 생산 기지가 자리잡은 지역의 감염병 확산을 막지 못하면 생산과 물류 차질이 지금보다도 심화될 수 있기 때문이다.

 관련 소식이 전해지자 백신업계 시선이 GC녹십자로 쏠렸다. 자국 힘으로 백신 조달이 힘든 아프리카와 동남아시아 등의 지원 물량을 위해 CEPI가 GC녹십자에 배정한 물량 5억회분 때문이다.

 GC녹십자는 CEPI와 2020년 10월 이와 관련한 계약을 체결했다. GC녹십자는 백신을 바이알(주사용 유리 용기)이나 주사기에 충전하는 완제 공정을 맡기로 했는데 이 같은 계약은 GC녹십자가 갖춘 아시아 최대 백신 생산공장이 있었기에 가능했다.

 하지만, 정작 전 세계적 백신 접종 국면이 시작되자 GC녹십자를 통한 CEPI 물량의 실제 생산은 감감무소식이었다. 미국과 영국 등 백신 개발국은 물론 자금력을 갖춘 선진국을 중심으로 물량 우선확보가 진행된 가운데 CEPI가 확보한 물량 부족사태가 빚어져 녹십자의 실제 생산도 진행되지 못했다.

이에 대하여 한 업계 관계자는 "물론, 선진국 부스터샷(추가 접종)에 따른 추가물량 확보 가능성 등으로 CEPI 물량이 단시간에 GC녹십자에 배정될지 장담하기는 아직 어렵다"며 "하지만 접종률 제고와 위드코로나 국면으로 물량 상황이 연초와 확연히 달라진 것은 사실"이라고 언급했다.[141]

GC녹십자셀, 췌장암 3상 임상시험 진행

GC녹십자셀은 면역항암제 '이뮨셀엘씨 주'의 췌장암 3상 임상시험의 첫 환자가 등록됐다고 밝혔다. 이에 따라 녹십자셀은 식품의약품안전처에서 승인된 임상시험 계획에 따라 서울대병원 등 임상기관에서 췌장암 환자 408명을 대상으로 3상을 진행할 예정이라고 덧붙였다.

근치적 절제술을 받은 췌관선암 환자를 대상으로 표준치료인 '젬시타빈'(화학항암제) 단독 치료군과 '이뮨셀엘씨+젬시타빈' 병용 치료군으로 나눠 유효성과 안전성을 평가하게 된다. 병용치료군은 젬시타빈 표준치료와 함께 이뮨셀엘씨주 16회를 추가로 투여받는다.

이뮨셀엘씨주는 이미 2007년 간암에 대한 항암제로 품목허가를 획득했다. 지난 달 첨단재생바이오법에 따라 첨단바이오의약품으로 승인받았다.

---

141) '만년 기대주' 꼬리표 떼나…녹십자, 개도국 백신 공급으로 반전 노린다. 2021.9.8. 머니투데이

GC녹십자셀 대표는 "췌장암 치료제 개발은 다국적 제약사도 실패 사례가 많은 어려운 분야다"며 "하지만 2014년 논문 발표한 말기 췌장암 환자 대상의 연구자 주도 임상시험(IIT)에서 충분한 가능성을 보여 이번 췌장암 3상 임상에서도 좋은 결과가 기대된다"고 말했다.[142)

---

142) GC녹십자셀, 면역항암제 췌장암 3상 본격 돌입. 2021.9.7. 뉴시스20

2) 증권 정보

가) 개요

주식코드	006280
상장위치	코스피
업종	의약품
WICS	제약

[표 91] 녹십자 증권 정보 개요

시가총액	1조 3,919억원
시가총액순위	코스피 181위
상장주식수	11,686,538
액면가/매매단위	5,000원 / 1주
외국인한도주식수(A)	11,686,538
외국인보유주식수(B)	2,287,513
외국인소진율(B/A)	19.57%

[표 92] 녹십자 투자정보(2023.7.3.기준)

나) 종목분석 및 재무 현황

투자의견/목표주가	3.90매수 / 156,400
52Weeks 최고/최저	189,500 / 106,100
PER/EPS(2021.6)	37.79배 / 3,133원
추정 PER/EPS	32.73배 / 3,661원
PBR/BPS(2021.6)	1.05배 / 113,094원
배당수익률	1.48%
동일업종 PER	85.41배
동일업종 등락률	-0.18%

[표 93] 투자정보(2023.7.3.기준)

별도손익계산서	2021/12	2022/12	2023/12(E)
매출액	15,378	17,113	17,443
영업이익	737	813	543
영업이익 (발표기준)	737	813	-
세전계속사업이익	1,726	857	590
당기순이익	1,370	694	452

[표 94] 손익계산서 표 (단위: 억원,%)

연결 제무상태표		2019/12	2020/12	2021/12	2022/12
자산	유동자산	7,971.4	9,523.5	8,269.8	7,587.5
	비유동자산	9,452.3	9,102.0	10,986.4	11,844.0
	자산총계	17,423.7	18,625.5	19,256.2	18,625.5
부채	유동부채	3,412.5	5,062.0	3,689.7	3,572.6
	비유동부채	3,518.2	2,561.7	3,311.9	3,355.1
	부채총계	6,930.7	7,623.7	7,001.7	6,927.7
자본	자본금	584.3	584.3	584.3	584.3
	이익잉여금	7,048.8	7,552.9	8,817.2	9,055.7
	기타자본항목	-357.0	-357.0	-357.0	-357.0
	기타포괄손익누계액	-9.4	1.6	-10.0	0.8
	자본총계	10,492.9	11,001.8	12,254.5	12,503.8

[표 143] 재무상태표(단위: 억원,%)

사. 제넥신

1) 업체 현황
가) 개요

소재지	경기도 성남시 분당구 대왕판교로 700
설립일	1999년 6월 8일
웹사이트	www.genexine.com
매출액	161억 원 (2022년 기준)

제넥신은 1999년 7월 포스텍(구 포항공대) 생명과학과 성영철 교수팀이 주축이 되어 설립한 신약 연구개발 기업으로, 항체융합단백질 제조 및 유전자 치료백신 제조 원천기술을 국내 제약사에 이전하는 사업을 영위하고 있다.

제넥신은 항체융합단백질 제조기술 및 유전자 치료백신 제조 기술을 바탕으로 2009년 9월 15일 코스닥시장에 상장되었다. 제넥신은 바이오신약을 개발하고 있으며, 주요 신약 개발 제품 라인으로는 지속형 항체 융합단백질 치료제 제품군과 유전자치료백신 제품군이 있다.

주요 제품 매출 구성은 연구용역이 67.63%, 기술이전이 32.37%, 기술재산관이 0%를 차지하고 있다.

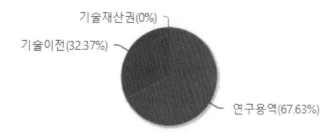

기술재산권(0%)

기술이전(32.37%)

연구용역(67.63%)

[그림 64] 제넥신 주요 매출 구성(2023/03)

나) 주요기술

제넥신의 주요 면역치료 기술인 DNA 치료백신은 고효능 발현벡터를 이용하여 체내에서 특정 항원 유전자와 면역증강 유전자를 발현시켜 암과 같은 만성 질환을 치료하는 새로운 기술이다.

제넥신은 오랜 경험을 바탕으로 DNA 전달 기술 및 치료백신 개발과 체내에서 효율적인 유전자 발현을 극대화시키는 연구를 지속하고 있으며, 현재 자궁경부암 유발인유두종 바이러스(HPV)치료백신을 임상개발 중에 있다. 치료백신은 비교적 낮은 생산단가와 수월한 제조 및 생산, 항원 특이적 CD4+T세포 면역반응 유도 등에서 장점을 나타낸다.

hybrid Fc 원천기술은 호르몬, 펩타이드, 사이토카인 등을 이용하여 다양한 지속형 제품개발에 적용이 가능한 기반기술로, 우리몸에 존재하는 두 가지의 항체인 IgD와 IgG4를 융합하여 항체-의존적 세포 독성 (ADCC) 및 보체-의존적 독성 (CDC) 반응으로 유도되는 세포사멸기능을 차단하고, 기존 IgG1 또는 IgG4 Fc 기반 제품에 적

용된 유전자변이를 도입하지 않아 면역원성을 최소화하는 융합 구
조로 설계 되었다.

 다양한 종류의 항체들 중 가장 넓고 유연한 hinge 구조를 갖는
IgD를 융합하여, 타 제품 대비 생물학적 활성과 체내 지속력을 극
대화한 기술로, CHO세포에서 생산되는 제넥신 hyFc® 제품은 융합
된 IgD와 IgG4 구조 접합부의 외부 노출을 차단하여 면역반응 유도
및 효소로 인한 구조절단 현상 등을 예방했기 때문에 안전성 측면
에서 큰 장점을 가지고 있다.

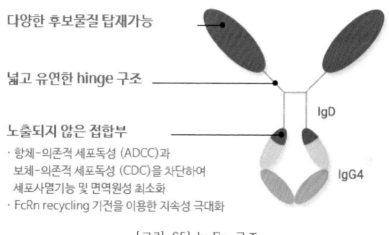

다양한 후보물질 탑재가능

넓고 유연한 hinge 구조

노출되지 않은 접합부
· 항체-의존적 세포독성 (ADCC)과
  보체-의존적 세포독성 (CDC)을 차단하여
  세포사멸기능 및 면역원성 최소화
· FcRn recycling 기전을 이용한 지속성 극대화

IgD

IgG4

[그림 65] hyFc 구조

 제넥신은 hyFc에 적용될 신약후보물질 특성에 적합하게 제작된
다양한 종류의 hyFc® derivative를 보유하고 있다. 따라서 hyFc®
기술은 small peptide에서 부터 proteolytic enzyme에 이르는 다
양한 신약 후보물질에 적용 될 수 있어, 현재 신약을 포함한 Bio-
better 치료제에 적용 가능하며, 활성 단백질에 최적화된 차세대 기
술이다.

다) R&D

제넥신은 독자적인 원천기술을 보유하고 있으며 이를 바탕으로 신약을 연구, 개발하는 바이오의약품 개발기업으로서 크게 두 가지 제품군의 치료제의 개발 및 사업화를 하고 있다.

먼저, 제넥신은 차세대 단백질신약으로 원천기술(hybrid Fc;hyFc)과 노하우 기술(고생산 세포주 제조 및 공정개발 기술)을 바탕으로 기존의 단백질 치료제에 비해 체내의 반감기 및 효능을 현저히 향상시킨 차세대 의약품 개발에 집중하고 있으며, 제품의 목표시장은 전세계를 대상으로 하고 있다.

다음으로, 혁신신약(치료 DNA백신 신약)으로 DNA벡터 기술과 면역증강 기술을 통해 치료DNA백신인 GX-188E(자궁경부전암, 자궁경부암, 두경부암)을 개발하고 있다.

제넥신은 신약 연구개발 기업으로, 개발된 제품들을 다수의 제약사에 기술 이전함으로써 매출을 실현하고 있다. 기술이전 된 제품의 개발이 성공적으로 종료되는 경우, 국내 및 아시아 일부 국가의 영업 및 생산은 제넥신으로부터 이전받은 국내외 제약사가 담당할 예정이다.

특히, 국내에서 추진하고 있는 기술이전계약의 경우 기술이전만으로 종료되는 것이 아니라 대부분의 경우 기술이전 후 공동 개발의 형태로 진행되고 있다.

제넥신 사업화의 핵심은 파이프라인별 파트너십 체결과 기술이전에 있다. 차세대 단백질신약 파이프라인은 대부분 국내 대형제약사와 공동 개발 및 임상시험으로 진행되며 해당 제품의 상용화 또는 임상단계에서 글로벌 기업으로의 기술이전을 목표로 하고 있다.

단기 수익의 창출은 국내 파트너 제약사로 조기 기술이전을 통한 기술료로 발생되며, 중장기적인 수익은 임상 2상 이후 해외 다국적 제약사로의 기술이전을 통한 기술료 및 로열티로 발생될 예정이다.

또한, 혁신 신약인 유전자치료백신 신약은 성공적인 임상결과 확보 후 글로벌 대형 제약사에 기술이전을 목표로 하고 있다. 제넥신은 파트너십 체결, 기술이전 및 사업개발 업무를 위해 사업개발실을 두고 각종 바이오컨퍼런스 및 학회, 파트너링 행사, 세미나 등에 적극적으로 참여하여 기술을 소개하고 이를 통하여 기술이전 협의를 추진하고 있다.[143]

제넥신 기술이전 현황 단위:달러

품목	계약상대방	계약체결일	총 계약금액	수취금액
GX-G3	일코젠	2013년 12월	1670만	860만
GX-188	BSK	2014년 7월	500만	300만
GX-I7	네오이문텍	2015년 6월	1250만	750만
GX-H9, GX-G6, GX-G3	아이맵	2015년 1월	1억	2000만
GX-E4	CWB	2016년 2월	4450만	375만
GX-E4	KG바이오	2015년 12월	300만	300만
GX-I7	아이맵	2017년 12월	5억 6000만	1200만
GX-P1, GX-P10	제넨바이오	2020년 1월	1억 5920만	580만
GX-P1	터렛 캐피탈	2020년 12월	2000만+ 이그렛(Egret) 주식 100만주	이그렛 주식 100만주
GX-I7	KG바이오	2021년 2월	11억	2700만
GX-E4	KG바이오	2022년 3월	1300만	–
총액			**11억 90만**	**9065만**

합작사·관계사

자료:금융감독원 전자공시시스템

143) 제넥신, 한국 IR협의회, 2020.03.26

라) 신규 사업 및 전망

식품의약품안전처는 제넥신 'GX-170'에 대한 임상 1상을 승인했다.

임상은 연세대 세브란스병원에서 진행되며, 재발 및 치료실패 고위험군 결핵환자에 GX-170을 근육에 투여해서 내약성과 안전성, 면역원성을 평가하게 된다. GX-170은 제넥신·연세대학교·에스엘백시젠과 공동으로 개발한 결핵 DNA 예방백신이다. GX-170은 보건복지부 백신 실용화기술 개발사업의 '차세대 신규 다항원성 결핵 DNA백신 유효성 평가 및 비임상 연구 과제'에 선정돼 연구비 지원을 받기도 했다.

결핵은 공기를 통해 호흡기로 전파되는 호기성 박테리아 질환이며, 밀접 접촉자 약 30%가 무증상으로 잠복 감염되고, 약 10%는 평생에 걸쳐 발병한다. 세계적으로 신규환자는 연간 1000만명이 발생하며, 사망자는 124만여명에 이른다. 특히 한국은 아직도 결핵 사망자가 연간 2000명이 넘어 경제협력개발기구(OECD) 가입국 중 1위 불명예를 안고 있다. 한국은 결핵 예방을 위해 모든 신생아에게 BCG 백신을 접종하고 있다. BCG 백신은 100년 전에 개발돼 현재까지 사용되고 있는 유일한 결핵 백신이며, 효과는 약 10년간 지속된다. 다만 성인에게는 BCG 예방 접종 효과가 매우 적어, 효능이 떨어진 10년 이후에는 적절한 예방 백신이 전무한 것으로 알려져 있다.

제넥신이 개발한 GX-170은 BCG 효과를 증폭시키거나 대체할 수 있는 DNA 기반 백신으로 기존 제품 사각지대를 보완할 수 있을 것으로 기대된다. 제넥신 관계자는 "T세포 면역반응이 결핵 방어에 중요한 역할을 하는 것으로 알려져 있으며, 선행된 동물실험을 통해

DNA 결핵백신의 항원 특이적 T세포 면역반응이 대조군에 비해 월등히 높게 유도됐다"고 말했다. 이어 "DNA백신은 결핵 예방에 가장 효과적인 백신 플랫폼으로, 단독 사용은 물론 기존 BCG 백신 부스터로도 병용 사용 가능할 것"이라고 덧붙였다. 한편, 결핵 예방 백신인 BCG는 연간 약 3억8000만 도스가 생산돼 전세계적으로 접종되고 있으며 시장 규모는 약 76조원에 이른다.144)

---

144) 제넥신, 결핵 DNA 예방백신 'GX-170' 임상 1상 착수. 2023.02.28. 데일리메디

제넥신, 부스터샷 개발 선회

 제넥신이 코로나 백신 개발 전략을 이미 접종한 사람 대상 부스터
샷(추가 접종용)으로 선회한 것과 관련, 보다 현실적인 선택이라 긍
정적이라는 의견이 나왔다.

 앞서 제넥신은 코로나19 백신 'GX-19N'의 글로벌 임상 2·3상 접
종 대상을 기존 건강한 성인에서 이미 백신을 맞은 성인으로 변경
해 부스터샷 효능 검증 임상으로 변경했다고 밝혔다. 이번 전략 변
경과 관련해 제넥신은 증가하는 돌파감염 사례와 우려되는 임상 지
연 상황에 대비한 시장·사업적인 선택이라고 설명했다.

 최근 인도네시아의 코로나19 일일 확진자는 2만명 수준이고 백신
접종자의 돌파 감염 사례도 급증하고 있다. 돌파 감염의 상당수는
시노백 백신 접종자인 것으로 파악된다. 또 인도네시아 정부가 백신
미접종자의 공공장소 입장을 금지하는 정책을 고려하면서 임상 윤
리위원회 참가한 의료진 일부는 위약군을 포함한 임상 진행의 어려
움을 우려해 임상 변경 검토를 요청했다.

 이에 대하여 관련업계 연구원은 "인도네시아에서 불활화 백신 접종
자의 돌파감염이 심각해지고 있고 백신 미접종자의 쇼핑몰 출입 제
한 움직임으로 미접종자에 대한 임상 모집이 어려워지고 있다"며 "
임상을 시작하더라도 중단 발생율이 높아질 수 있어 변경하게 됐다"
고 분석했다.

 또한 "제넥신의 DNA 백신은 중화항체 형성이 높게 되기보단 변이
예방에 우수한 작용기전을 갖고 있지만 입증을 위해선 대규모의 임
상연구가 수반돼야 한다"며 "이에 빠른 사업화를 위해 돌파감염율이

상대적으로 높은 백신을 타깃으로 부스터샷 개발 전략을 활용한 것으로 보인다"고 말했다.

이어 "현 상황에서 부스터샷 개발은 화이자, 모더나처럼 신약같이 개발하는 것보다 현실적이다"며 "불활화 백신은 안전성이 뛰어나지만 방어력이 늦게 형성되고 지속 시간이 짧아 반복 접종해야 한다. 상대적으로 예방효과가 떨어지는 불활화 백신의 부스터샷으로 개발해 시장성 측면에서 현실적이다"고 말했다.[145]

돌파감염 차단용 제넥신 백신

국내 기업 제넥신이 코로나 백신 개발 전략을 처음 백신을 맞는 사람이 아니라 이미 접종한 사람을 대상으로 한 추가 접종용으로 선회한다. 임상시험 참가자를 구하기 힘들고 백신 접종자의 돌파감염 사례가 증가하는 시장 변화를 고려한 결과로 해석된다.

이에 따라 임상시험도 백신 미접종자에게 백신 투여가 아니라 다른 백신 접종자에게 부스터샷으로 접종하고 돌파감염 차단 효과를 알아보는 식으로 변경했다. 즉 1차 접종 백신이 아니라 추가접종 백신용으로 개발하겠다는 것이다.

제넥신은 이를 위해 인도네시아 의과대학 병원 등의 윤리위원회와 인도네시아 식약처에 임상시험 계획 변경을 신청했다. 이와 동시에 아르헨티나 등으로도 임상을 확대해 총 14,000명 규모로 임상을 진행할 예정이다.

---

145) "제넥신 부스터샷 개발 선회, 보다 현실적인 선택". 2021.8.31.뉴시스
    20

제넥신 백신은 코로나 바이러스의 돌기를 만드는 유전자인 DNA를 인체에 주입하는 방식이다. 주사를 전기충격과 함께 줘 DNA를 세포핵에 전달한다. 화이자와 모더나 백신은 돌기를 만드는 유전자가 세포핵 밖에 있는 mRNA 형태이다.

GX-19N 부스터샷 임상은 중국의 시노백 또는 시노팜 백신 접종 후 3개월이 지난 접종자를 대상으로 참여자의 50%에게는 GX-19N을 투여하고 나머지 50%에게는 위약을 투여하는 방식으로 진행된다. 이는 중국 백신 접종자에게서 더 많은 돌파 감염이 보고됐기 때문이다. 중국 백신은 코로나 바이러스 자체를 죽여 만든 불활화 백신이다. 회사는 앞으로 재조합 단백질이나 아데노 바이러스 벡터, mRNA 등 다른 형태의 백신으로도 임상시험을 확대하겠다고 밝혔다.

제넥신의 전략 변경은 임상시험 참가자를 구하기 힘든 상황 때문이다. 현재 백신 접종 속도로 보았을 때 시장이 점점 작아지는 백신 미접종군에 대한 사업보다 시장이 점점 커지는 부스터샷과 연간 재접종에 사용될 수 있도록 임상을 진행하는게 유리하다고 판단했다고 회사는 밝혔다.[146]

---

146) 국산 제넥신 백신, 돌파감염 차단용으로 개발한다. 2021.8.30. 조선일보

2) 증권 정보

가) 개요

주식코드	095700
상장위치	코스닥
업종	연구, 개발
WICS	생물공학

[표 96] 제넥신 증권 정보 개요

시가총액	4,309억원
시가총액순위	코스닥 170위
상장주식수	41,510,594
액면가/매매단위	500원 / 1주
외국인한도주식수(A)	41,510,594
외국인보유주식수(B)	3,006,300
외국인소진율(B/A)	7.24%

[표 97] 제넥신 투자정보(2023.7.3.기준)

나) 종목분석 및 재무 현황

투자의견/목표주가	N/A / N/A
52Weeks 최고/최저	25,893 / 9,540
PER/EPS(2021.6)	N/A / -2,677원
추정 PER/EPS	N/A / N/A
PBR/BPS(2021.6)	1.24배 / 8,368원
배당수익률	N/A
동일업종 PER	-31.96배
동일업종 등락률	+0.08%

[표 98] 투자정보(2023.7.3.기준)

별도손익계산서	2020/12	2021/12	2022/12
매출액	185	368	161
영업이익	-392	-194	-377
영업이익 (발표기준)	-392	-194	-337
세전계속사업이익	275	-486	-571
당기순이익	275	-486	-571

[표 99] 손익계산서 표 (단위: 억원,%)

연결 재무상태표		2019/12	2020/12	2021/12	2022/12
자산	유동자산	958.1	191.0	503.6	426.3
	비유동자산	2,847.9	5,953.5	5,859.4	3,510.4
	자산총계	3,806.1	6,144.5	6,363.1	3,936.7
부채	유동부채	226.3	401.0	593.4	783.8
	비유동부채	386.2	200.5	542.1	288.6
	부채총계	612.6	601.6	1,135.5	1,072.5
자본	자본금	118.8	123.5	125.1	125.7
	이익잉여금	4,575.2	5,511.9	5,623.5	5,647.9
	기타자본항목	83.0	1,355.4	1,063.3	-763.1
	기타포괄 손익누계액	-80.0	1,205.8	91.7	-1,961.7
	자본총계	3,806.1	5,542.8	5,227.5	2,864.2

[표 67] 재무상태표(단위: 억원,%)

아. 차바이오텍

1) 업체 현황
가) 개요

소재지	경기도 성남시 분당구 판교로 335
설립일	2002년 11월 5일
웹사이트	www.chabio.com
매출액	8,446억 원 (2022년 기준)

차바이오텍은 병원의 의료서비스와 MSO(병원경영지원), 제대혈보관 등의 바이오 사업을 영위하는 종합 의료업체로, 줄기세포 연구소는 2000년 9월 설립된 후 다년간 축적된 생명의학 기술력을 바탕으로 각종 난치병 및 퇴행성 질환 치료제 개발 및 줄기세포 관련 핵심기술을 보유 중이며 현재 200여명에 달하는 석박사급 연구진이 연구하고 있다.

불임센터(CRMG)의 경우 경쟁상대가 없는 관계로 불임클리닉 관리 서비스 제공에 있어 독보적인 위치를 차지하고 있는 가운데 심장수술 및 관상동맥 중재시술에 대해 라이선스를 가지고 있다.

차바이오텍은 2011년 최초 배아줄기 세포유래 스타가르트병 치료제 1상 임상시험승인, 2012년 국내 최초 배아줄기 세포유래 진행된 위축성 나이관련 황반변성증 1/2a상 임상시험승인, 2013년 태반중간엽유사세포(PLX-PAD) 간헐성 파행증 치료제 글로벌 2상시험승인, 2014년 국내 최초 탯줄유래줄기세포(eCASs) 급성뇌졸증 치료제 1/2a상 임상시험승인, 2015년 태반유래줄기세포(ePACs) 알츠하이머병 치료제 임상 1/2a상 승인, 탯줄 퇴행성 디스크 질환 치료제 임상 1/2a상 승인, 간암이나 난소암 등 항암 면역세포치료 전임상 단계 등 국내 줄기세포 및 면역세포 치료분야에서 가장 두각을 나타내고 있다.

차바이오텍은 2016년 급성뇌졸중 치료제의 총 18명에 대한 환자투여를 성공적으로 완료했고, 퇴행성디스크질환과 무릎관절연골결손 치료제에 대한 임상승인을 획득하였다. 간헐성파행증 글로벌 임상은 2017년 1월 성공적으로 완료하는 성과를 거두기도 하였다.

주요 매출은 의료서비스 57.99%, 화장품/화장품원료 10.53%, 연구용역 8.95%, 서비스 7.06%, 기타 15.47%로 구성되어있다.

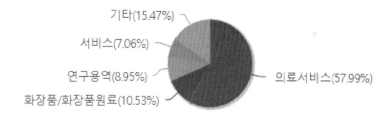

[그림 68] 차바이오텍 주요 매출 구성(2023/03)

나) R&D[147)

차바이오텍은 재생의료의 최강자로 자리매김하고 있다. 재생의료 (Regenerative Medicine)는 손상된 인체의 세포나 조직, 장기를 대체하거나 재생시켜 정상 기능을 복원하거나 새로 만들어내는 의료 기술이다.

협의의 개념에 따른 재생의료는 체세포 또는 줄기세포를 이용하여 치료용 세포와 조직을 제작하는 기술을 뜻했으나, 광의의 개념에 따른 재생의료는 다양한 약물, 소재 및 의료기기 등을 이용하여 손상된 인체 부위의 재생을 촉진하는 기술까지 포함하고 있다.

차바이오텍의 재생의료기술은 국내 최고 수준으로, 독보적인 세포 동결 기술을 기반으로 세포 대량 배양 기술을 확보하여 치료 맞춤형 세포 대량 배양 및 공급 사업을 진행하고 있다.

① 세포치료제 파이프라인
차바이오텍의 R&D사업본부는 국내 최대 세포치료제 파이프라인을 보유하고 있다. 현재, 세포치료제 개발과 관련, 상업화 단계의 파이프라인은 총 7개다.

차바이오텍은 국내 유일의 배아줄기세포 치료제를 개발하고 있고, 탯줄과 태반, 태아 조직 등 에서 유래하는 성채줄기세포 치료제와 혈액에서 유래하는 NK-세포를 이용한 면역세포 치료제를 개발하고 있다. 세포의 기원을 기준으로 분류했을 때, 차바이오텍은 '역분화 줄기세포(iPS)'를 제외하고 현존하는 대부분의 세포치료제를 개발하고 있는 것이다.

---

147) 차바이오텍, 리딩리서치, 2019.12.02

또한 탯줄과 태반, 태아 조직 등 태아와 관련한 줄기세포들을 통칭하여 태아줄기세포라는 새로운 분류 체계를 제시하였으며, 현재 7개의 상업 임상 파이프라인 이외에, 태아조직에서 유래하는 '신경전구세포'를 이용한 '파킨슨병 치료제'와 'NK세포'를 이용한 '재발된 뇌암 치료제'를 상업 임상 파이프라인에 추가할 계획이다. 따라서, 차바이오텍은 향후 총 9개의 상업 임상 파이프라인을 보유할 것으로 전망된다.

② 제대혈 사업본부

차바이오텍의 제대혈 사업본부는 제대혈은행 '아이코드'를 운영하고 있다. 차바이오텍은 후발업체임에도 불구하고 현재 제대혈 보관 시장점유율은 2위이며, 병원 플랫폼 보유로 제대혈을 환자에게 이식하는 것 이외에도 제대혈을 이용하여 다양한 질환의 임상에 활용할 수 있는 장점을 보유하고 있다.

차병원 그룹 제대혈 이식 실적은 1,048건으로 국내 최대(차병원 가족,기증 이식 출고 건수 합산)이며, 국내 주요 경쟁사 4개사의 총 이식건수가 515건으로 이식실적은 압도적이다.

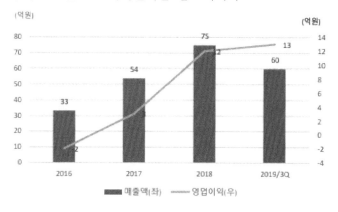

[그림 69] 제대혈 사업 매출액 및 영업이익 추이

③ 바이오 인슈어런스 사업본부

바이오 인슈어런스 사업본부는 혈액속의 NK세포를 비롯한 다양한 '면역세포'와 소량의 지방에서 추출한 '지방줄기세포'의 보관서비스를 제공하고 있으며, '면역세포'와 '지방줄기세포'의 활용을 통해 다양한 암과 안티에이징에 적용이 가능하다는 장점을 보유하고 있다. 또한, 차병원 그룹과 해외 협력병원 네트워크를 통한 One Stop Service, 우수한 인프라, 의료진 상담 서비스와 체계적인 의료 관리 서비스를 제공하고 있다.

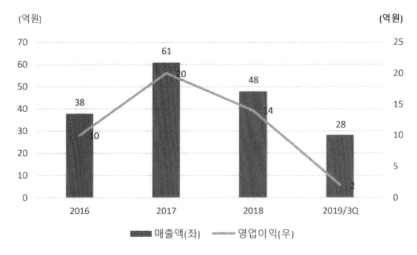

[그림 70] 바이오 인슈어런스, 매출액 및 영업이익 추이

다) 신규 사업 및 전망

차바이오텍은 지난해 미국 자회사 마티카 바이오테크놀로지를 통해 세포·유전자치료제(CGT) CDMO 사업에 뛰어들었다. 작년 5월 시설 준공을 완료한 마티카 바이오는 CGT의 핵심 원료인 렌티 바이러스벡터, 아데노 부속 바이러스 벡터 등 바이럴 벡터 생산과 CGT 개발 및 생산서비스를 제공하며 지난해 하반기에만 8건의 계약을 수주했다. 현재 다국적 빅파마 4곳을 포함한 34개 기업과 계약을 논의하고 있다.

올 초에는 2002년 설립 이래 첫 기술수출 성과를 냈다. 노인성황반변성(AMD) 치료제로 개발 중이던 '망막색소상피세포 실명치료기술(RPE) 및 배아세포 기술'을 지난 3월 일본 글로벌 제약회사 아스텔라스의 자회사인 아스텔라스 재생의학센터(AIRM)에 기술이전했다. 계약 규모는 약 430억원(3200만 달러)이며, 반환 조건 없는 계약금 200억원(1500만달러)를 수령했다.

차바이오텍이 세포치료제 관련 사업에서 매출을 내기 시작한 것은 신성장동력 확보와 수익구조 다변화 측면에서 의미가 있다. 지금까지 회사의 매출 대부분은 의료서비스와 제대혈 보관 사업, 임대 매출에서 나왔다. 특히 올 1분기 연결기준 매출액 2364억원 중 절반 이상은 해외 병원사업을 하고 있는 자회사 차헬스케어 실적이 차지했다. 별도 기준으로는 315억원으로 떨어진다. 이 가운데 제대혈 채취 및 보관 매출 실적이 36억원, 줄기세포은행인 바이오 인슈어런스 매출이 8억원이다.

다만 임대매출과 로열티 등이 포함된 기타매출은 211억원을 기록하며 전체 실적을 견인했는데, 이는 기술수출에 따른 계약금 200억

원이 모두 입금된 영향이 크다. 전년 동기 기타매출이 14억원이었던 것과 비교하면 고무적인 수치다.

회사는 지속적인 체질개선 노력을 통해 CGT CDMO사업과 개발 중인 세포치료제 상용화의 성공을 이끌어내겠다는 방침이다. 현재 CGT는 글로벌 바이오의약품 시장의 대세로 자리 잡았다. 재조합단백질, 항체치료제에 이은 3세대 바이오의약품으로 시장 잠재력이 크다. 출시된 치료제는 많지 않지만 연평균 49%씩 고성장하는 분야로 꼽히고 있어 많은 기업들이 치료제 개발 및 CDMO 사업에 뛰어들고 있다. 차바이오텍은 20년 넘게 쌓아온 세포치료제 연구개발 경험과 노하우를 바탕으로 글로벌 CDMO시장을 선도하겠다는 목표를 세운 상태다. 이를 위해 마티카 바이오는 CGT CDMO시장의 요충지인 미국에서 공장 증설과 장비 확충에 나설 계획이다. 우선 현재 완공된 1공장 외 2공장을 추가로 만들 예정이다. 이미 지금 시설의 두 배 이상 규모의 부지를 추가로 확보했다. 2공장이 완공되면 현재 500L 규모의 생산 용량이 2000L까지 확대된다. 마티카 바이오는 이러한 용량 확대로 임상단계 의약품 생산을 넘어 상업화 단계 의약품까지 생산할 방침이다.

마티카 바이오는 내달 미국 보스턴에서 열리는 세계 최대 바이오 박람회 '미국 바이오 인터내셔널 컨벤션'(바이오USA)에도 참가해 전시 부스를 마련하고, GCT CDMO 기술력을 알린다. 전문 인력도 지속적으로 확보하고 있다. 지난해 현지에서 팀장 및 핵심 인력을 확보한 데 이어 올해도 200명 이상의 CGT 전문가를 추가로 채용한다. 마티카 바이오측은 "글로벌 제약사를 비롯해 다수의 고객사와 계약 수주를 이어가고 있어 매출이 점차 늘어날 것으로 예상된다"며 "오는 2030년 매출 1조원 달성이 목표"라고 했다.

차바이오텍, 국내 최초로 호주 유전체 분석 시장 진출

차바이오텍이 국내 최초로 호주 '유전체 분석' 시장에 진출한다고 밝혔다. 차바이오텍에 따르면 차바이오그룹 글로벌 네트워크 중 호주의 난임센터 '시티 퍼틸리티(City Fertility)'와 협력해 호주 난임 환자들에게 '착상전 배아 유전 검사(Preimplantation genetic testing, PGT)' 서비스를 제공할 예정이다.

차바이오텍은 염색체 이상으로 임신 실패가 의심되거나 습관성 유산이 우려되는 부부를 대상으로 '착상전 배아 유전 검사'를 시행한다고 밝혔다. 유전적으로 염색체가 정상인 건강한 배아를 선별해 시험관아기 시술의 성공률을 높이고, 정상적인 태아가 임신되도록 지원한다.

차바이오텍은 2020년 말 유전체사업본부를 발족시켜 유전체 분석 및 진단 사업을 시행하고 있다. 착상전 배아 유전 검사를 진행하는 차바이오텍 서울역 유전체센터는 경력 10년 이상 경력의 전문 의료진·연구원으로 구성돼 있다.

회사 관계자는 "호주를 시작으로 유전체 진단 사업에 적극적인 투자와 연구개발을 진행하는 한편 미국, 일본, 싱가포르 등 차바이오그룹의 글로벌 네트워크를 활용해 사업 영역을 전 세계로 확대할 방침이다"고 말했다.[148]

---

148) 차바이오텍, 호주 '유전체 분석' 시장 진출. 2021.6.24. 뉴시스

차바이오텍, 세포유전자치료제 시장의 선구자

세계 바이오 산업 성장에 따라 의약품 위탁개발생산(CDMO) 시장도 급부상하고 있다. 차바이오텍은 특히 유망 분야로 주목받는 '세포유전자치료제 CDMO 시장'에 선제적으로 뛰어들었다.

차바이오텍은 배아줄기세포부터 면역세포까지 다양한 원천기술을 활용해 세포치료제를 개발한 경험을 보유했다. 국내에서 진행하던 세포치료제 CDMO에 더해 바이럴 벡터 등 글로벌 세포유전자치료제 CDMO로 영역을 넓히고 있다.

차바이오텍의 강점은 세포치료제와 유전자치료제 CDMO 분야에서 만반의 준비를 갖췄다는 데 있다. 아직 계획 단계에 머무르고 있는 다른 기업과 가장 차별화된 점이다.

또한 차바이오텍은 20년 넘게 줄기세포치료제는 물론 NK세포로 대표되는 면역세포치료제, 기타 엑소좀 생산용 세포주 등 다양한 세포치료제를 개발했다. 그동안 쌓은 연구개발 경험과 공정기술 등 노하우 및 대량생산 플랫폼을 보유했다.

유전자치료제 분야에서도 차바이오텍의 미국 법인인 '마티카 바이오테크놀로지'(이하 마티카 바이오)에 글로벌 제약기업의 우수 인력을 충원했다. 론자, 베링거인겔하임, 후지필름 등에서 경험을 쌓은 전문가들이다.

차바이오텍은 세포유전자치료제 CDMO 기업으로 글로벌 시장을 주도하겠다는 목표를 밝히며, 세포유전자치료제는 현재 시장 규모가 작지만, 암이나 희귀난치성 질환 치료에 필요해 성장성이 기대되는 분야라고 덧붙였다. 또한 이미 보유하고 있는 세포치료제 개발 노하우에 미국 마티카 바이오가 쌓은 유전자치료제 CDMO 사업 노하우를 더해 세포유전자치료제 CDMO 사업의 기반을 마련할 계획이라고 덧붙였다.[149]

149) 차바이오텍 "글로벌 세포유전자치료제 CDMO 시장 주도할 것".
2021.7.15. 머니투데이

2) 증권 정보

가) 개요

주식코드	085660
상장위치	코스닥
업종	제약
WICS	생물공학

[표 101] 차바이오텍 증권 정보 개요

시가총액	8,001억원
시가총액순위	코스닥 81위
상장주식수	56,268,318
액면가/매매단위	500원 / 1주
외국인한도주식수(A)	56,268,318
외국인보유주식수(B)	4,898,073
외국인소진율(B/A)	8.70%

[표 102] 차바이오텍 투자정보(2023.7.3.기준)

나) 종목분석 및 재무 현황

투자의견/목표주가	N/A / N/A
52Weeks 최고/최저	18,250 / 11,930
PER/EPS(2021.6)	N/A / -658원
추정 PER/EPS	N/A / N/A
PBR/BPS(2021.6)	2.64배 / 5,373원
배당수익률	N/A
동일업종 PER	-31.96배
동일업종 등락률	-0.22%

[표 103] 투자정보(2023.7.3.기준)

별도손익계산서	2020/12	2021/12	2022/12
매출액	6,647	7,275	8,446
영업이익	-24	77	-471
영업이익 (발표기준)	-24	77	-471
세전계속사업이익	-310	-100	-713
당기순이익	-342	-218	-697

[표 104] 손익계산서 표 (단위: 억원,%)

연결 제무상태표		2019/12	2020/12	2021/12	2022/12
자산	유동자산	884.1	1,220.0	960.8	956.3
	비유동자산	2,317.8	2,689.8	3,020.9	2,997.6
	자산총계	3,201.9	3,909.8	3,981.7	3,954.0
부채	유동부채	403.8	390.7	404.3	654.1
	비유동부채	405.3	1,183.1	470.9	804.6
	부채총계	809.1	1,573.9	875.3	1,458.8
자본	자본금	262.4	262.7	281.3	281.3
	이익잉여금	2,722.1	2,738.4	3,596.5	3,604.0
	기타자본항목	-157.7	-166.2	-173.2	-178.5
	기타포괄 손익누계액	-107.9	-100.2	-115.1	-116.7
	자본총계	2,392.7	2,335.9	3,106.4	2,495.2

[표 71] 재무상태표(단위: 억원,%)

자. 메디포스트

1) 업체 현황
가) 개요

소재지	경기도 성남시 분당구 대왕판교로
설립일	2000년 6월 26일
웹사이트	www.medi-post.co.kr
매출액	642억 원 (2022년 기준)

2000년에 설립된 바이오 전문기업인 메디포스트는 제대혈 보관, 건강기능식품판매, 줄기세포치료제 개발 및 판매, 건강기능식품과 화장품 판매사업을 영위하고 있으며, 2005년 코스닥 시장에 상장되었다.

메디포스트는 2007년 건강기능 식품 브랜드 '모비타'를 출시했고, 2008년 국내 최초로 이식용 제대혈을 해외에 공급했다. 이후, 2010년 국내 최초로 뇌성마비 제대혈 치료 임상시험을 수행했으며, 2011년 제대혈 유래 줄기세포 '카티스템®'이 미국 FDA로부터 임상시험 승인을 받았고, 이듬해에는 카티스템® 제품을 출시했다.

그리고 2013년에는 기관지폐이형성증 치료제 뉴모스템®이 미국 FDA로부터 '희귀의약품'으로 지정되었고, '제1회 대한민국 신약대상' 최우수상(식약처장상)을 수상했다.

또 이 해에 모엣 헤네시 가문의 명품화장품 개발 및 판매사인 미국 페보니아(Pevonia International LLC)사의 화장품 일체에 대한 국내 독점 판매권을 체결했다.

2014년에는 관절연골재생치료제 '카티스템'과 발달성폐질환치료제 '뉴모스템'과 관련하여 특정지역(USA, 캐나다, UK 등 주요 북미 및 EU국가, MEXICO 등 중남미국가)에 개발권, 실시권 및 독점판매권을 미국 현지법인에 부여하고 그 대가로 SUB-LICENSE 및 매출과 연동한 로열티를 수령하는 계약을 체결하기도 하였다.

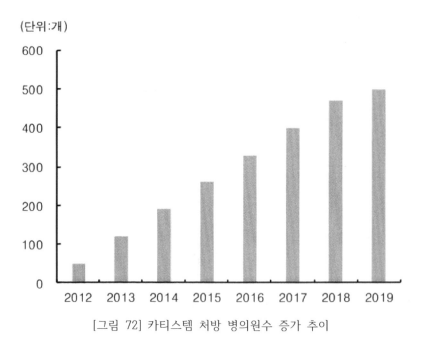

[그림 72] 카티스템 처방 병의원수 증가 추이

이후 2015년에는 기관지폐이형성증 치료제 뉴모스템®의 제2상 임상시험을 종료했으며, 뉴모스템®이 유럽 EMA로부터 '희귀의약품'으로 지정되었다. 이 해에 국내 최초로 제대혈 보관량이 20만 Unit을 돌파했고, 중국에 합작회사(JVC) '산동원생제약유한공사'를 설립했다. 또 줄기세포 배양액 화장품 '셀피움'을 출시했다.

현재 건강식품 분야에서 임신기 및 수유기에 맞는 제품 구성으로 국내 제품 중 최다 제품 및 최우수 제품을 보유하고 있으며, 임산부 전문 시기별 맞춤 영양보충제의 개념을 국내 최초로 도입하여 소비자들에게 브랜드 인지도가 높다. 화장품 분야는 수입화장품 브랜드 '페보니아'와 제대혈 줄기세포배양액 기반의 화장품 '셀피움'을 통해 사업을 전개하고 있다.

또한 아시아시장 진출을 위해 2015년 1월 중국 현지 법인과 공동기업을 설립하였으며, 2016년 10월 태국 지역대상 현지 파트너사와 제대혈은행 설립 및 운영 계약체결 및 일본 현지 법인과 공동기업을 설립했다.

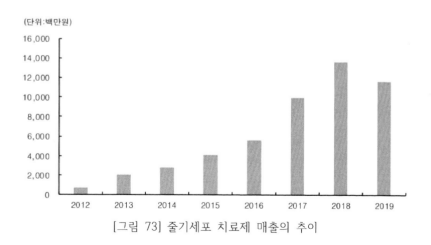

[그림 73] 줄기세포 치료제 매출의 추이

나) 주요제품

제품명	카티스템®(CARTISTEM®)
제조사	메디포스트
효능효과	퇴행성 또는 반복적 외상으로 인한 골관절염 환자(ICRS grade IV)의 무릎 연골결손 치료
상용화	2012년 1월 한국 식품의약품안전처로부터 품목 허가를 승인받아 판매되고 있음.

[표 106] 카티스템

-뉴모스템 투여 전·후

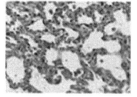 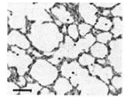

손상된 폐   투여 5일 후 폐

제품명	뉴모스템® (PNEUMOSTEM®)
제조사	메디포스트(주)
목표효능효과	기관지폐이형성증 치료 및 예방
투여경로	기도 내 투여
기타	동종 제대혈유래 중간엽줄기세포를 주성분으로 하는치료제로써, 미숙아의 기관지폐이형성증 치료 및 예방을 목적으로 개발 중이다. 한국 식품의약품안전처 임상 제2상을 완료하였고, 미국, 유럽에서 희귀의약품으로 지정된 바 있다.

[표 107] 뉴모스템

다) R&D

메디포스트의 생명공학연구소는 제대혈유래 줄기세포의 특성연구를 통해 세포치료제 효과검증, 치료기전 탐색, 투여 경로 탐색, 배양기술 개선 및 생산성 향상의 연구를 진행하고 있다.

성체 줄기세포의 하나인 제대혈유래 중간엽줄기세포는 다양한 치료물질을 분비함으로써 손상된 조직기능을 재생시켜 여러 난치성 질환 치료의 소중한 생명자원으로 주목받고 있다.

연구소는 다양한 연구 결과들의 지적 재산권 확보를 위해 특허를 출원하고 있으며, 국제 학술지에도 게재되어 연구성과를 대외적으로 인정받고 있다.

메디포스트가 보유한 세포치료제 공장은 대규모 생산력을 갖추고 한국 식품의약품안전처의 GMP기준에 따라 설계되었다. 현재 세계 최초 동종 제대혈유래 중간엽줄기세포 치료제 '카티스템' 상용화에 성공하였으며, 기관지폐이 형성증 치료제와 알츠하이머병 치료제의 임상실험을 진행하고 있다.

카티스템	퇴행성 또는 반복적 외상으로 인한 골관절염 환자 (ICRS grade IV)의 무릎 연골결손 치료

· 국내 품목허가
· 미국 FDA 임상 1,2a상 종료
· 일본 임상 3상 진행 중

Research	Non-Clinical	IND	Clinical			BLA/Launch
			Phase1	Phase2	Phase3	

국내 품목허가

미국 FDA 임상 1,2a상

일본 임상 3상

뉴모스템	기관지폐이형성증 치료 및 예방 치료제

· 국내 임상 2상 진행 중
· 미국 FDA 임상 1,2상 종료
· 미국, 유럽 희귀의약품 지정

Research	Non-Clinical	IND	Clinical			BLA/Launch
			Phase1	Phase2	Phase3	

국내 임상 2상

미국 FDA 임상 1,2상

[표 108] 제 1세대 줄기세포치료제

SMUP-IA-01	주사형 골관절염 치료제

· 국내 임상시험(2상) 진행 중

Research	Non-Clinical	IND		Clinical		BLA/Launch
			Phase1	Phase2	Phase3	
국내 임상 2상						

SMUP-IV-01	당뇨병성 신증 치료제

· 전임상 실험 중

Research	Non-Clinical	IND		Clinical		BLA/Launch
			Phase1	Phase2	Phase3	
전임상 실험 중						

[표 109] 제 2세대 줄기세포치료제

라) 신규 사업 및 전망

메디포스트는 캐나다에 본사를 둔 세포유전자치료제 위탁개발생산(CDMO) 기업 옴니아바이오(OmniaBio)에 9000만 캐나다달러(886억원) 규모의 투자를 최종 결정했다고 지난달 31일 밝혔다.

지난달 24일 CDMO사업 경쟁력 강화를 위해 메디포스트의 100% 자회사로 설립된 메디포스트 씨디엠오(CDMO)는 옴니아바이오의 구주 39.6%를 3000만 캐나다달러(295억원)에 인수하기로 했다. 또 2024년 말까지 추가로 6000만 캐나다달러(591억원) 규모의 전환사채(CB)를 투자하고 이후, 전환사채가 보통주로 전환되는 2027년부터 메디포스트 씨디엠오는 옴니아바이오의 최대주주로 올라서게 된다.

옴니아바이오는 이번 투자금으로 2025년까지 총 면적 약 10,000㎡ 규모의 연구시설 및 cGMP 수준의 생산시설 등을 증설할 예정이다. 이로써 메디포스트는 급성장하고 있는 세포유전자치료제 CDMO 사업에 진출하게 됐으며, 줄기세포치료제의 북미시장 진출에도 속도를 낼 것으로 전망된다.

옴니아바이오는 캐나다 연방정부 산하 비영리기관인 CCRM(Centre for Commercialization of Regenerative Medicine, 재생의료상용화센터)의 자회사로 세포유전자치료제 CDMO사업을 위해 설립됐으며, CCRM의 세포유전자치료제 CDMO 사업부가 자산양수도 된다.

옴니아바이오는 자가 및 동종세포치료제, iPSC, 유전자치료제, 바이럴벡터 등의 공정개발 및 cGMP수준의 위탁생산시설을 가지고 있어 이미 북미 지역의 고객 네트워크가 확보돼 있다. 메디포스트는 옴니아바이오의 검증된 우수 세포·유전자치료제 공정개발능력과 cGMP수준의 생산역량, 북미지역에서의 성공적인 사업능력을 높게 평가해 투자를 결정했다.

이로써 메디포스트는 최대 의약품 시장인 북미지역에서 신사업인 세포유전자치료제 CDMO 사업을 안정적으로 추진할 수 있게 됐다. 한 무릎 골관절염치료제인 카티스템 미국 FDA 임상 3상 및 주사형 골관절염치료제 SMUP-IA-01 임상과 상업화 추진을 위한 전략적 생산기지를 조기 확보, 북미시장 진출에 속도를 낼 수 있게 됐다.

메디포스트 관계자는 "검증된 세포유전자치료제 CDMO기업인 옴니아바이오는 북미시장 외에 아시아 지역으로도 사업 확대가 필요했고, 당사는 카티스템 등의 북미시장 진출과 CDMO 사업 진출 계획을 갖고 있었기 때문에 양사의 니즈가 부합해 이번 투자가 원활히 진행됐다"고 투자배경을 설명했다.

이 관계자는 이어 "카티스템을 통해 세계 최초 줄기세포치료제 전주기 개발 노하우를 가진 메디포스트와 우수 세포유전자치료제 공정개발 이력과 생산 역량을 가진 옴니아바이오가 CDMO사업의 시너지를 극대화할 것"이라고 기대감을 나타냈다.[150]

---

150) 메디포스트, CDMO 신사업으로 북미시장 진출 2022.6.7. CMN

메디포스트, 카티스템 생산시설 증설완료

메디포스트가 무릎골관절염 줄기세포치료제 카티스템 및 SMUP-IA-01 생산시설 증설을 완료하고, GMP인증 준비를 시작한 다고 밝혔다. 신규 GMP시설은 첨단재생의료 및 첨단바이오의약품 안전 및 지원에 관한 법률(약칭 : 첨단재생바이오법)과 최신 GMP 가이드라인을 엄격히 준수하여 증설되었다.

메디포스트는 기존의 제1,2작업소와 보관소를 포함하여 총면적 4,645m2(약 1,500평) 규모의 GMP생산시설을 보유하게 되어, 완제 의약품 기준으로 카티스템 20,000vial의 생산능력을 확보하였을 뿐 만 아니라 주사형 무릎골관절염 치료제 SMUP-IA-01과 호흡곤란증 후군 정맥주사형 치료제 SMUP-IV-01 등 차세대 줄기세포치료제 SMUP-Cell 파이프라인의 본격적인 생산이 가능해졌다.

신규 생산라인은 연면적 약 1300㎡(약 400평) 규모로 선별된 고효 능 줄기세포를 대량 배양할 수 있는 주사형 무릎골관절염 치료제 SMUP-IA-01 생산라인과 완제의약품의 충전 및 마감(fill & finish) 공정을 거쳐 냉동 보관할 수 있는 설비를 갖추게 되어 연간 최대 약 20,000vial까지 생산이 가능하다.

또한, 기존 구로디지털단지 GMP내 SMUP cell 임상시험용의약품 생산라인을 카티스템 생산라인으로 변경하여, 원료의약품(DS) 및 완 제의약품(DP)을 생산할 경우, 현재 생산 캐파 약 10,000vial에서 20,000vial까지 생산이 가능하기 때문에 꾸준히 증가하고 있는 카 티스템의 판매뿐만 아니라 공격적으로 진행할 계획인 해외 임상 수 요까지 충분히 대응이 가능하다.

메디포스트 관계자는 "포스트 팬데믹 이후, 증가가 예상되는 카티스템 국내 및 말레이시아 등 해외 판매 수요와 일본 등의 해외임상 수요 등을 감안하여 선제적으로 GMP 증설을 진행하였으며, 2023년까지 식약처 GMP 인증을 완료할 계획"이라고 밝혔다.[151]

---

151) 메디포스트, 무릎골관절염치료제 생산시설 증설완료..."2023년까지 GMP 인증 계획". 2021.5.17. 뉴스핌

메디포스트, 카티스템 해외 진출에 변수 생겨

순조로울 줄 알았던 메디포스트 '카티스템'의 해외 진출에 돌발 변수가 불거졌다. "중국 현지 파트너사가 계약 조항을 이행하지 않았다"는 이유로 최근 계약을 깬 것이다. 현재 메디포스트는 다른 파트너사를 찾기 위해 노력하고 있지만, 이번 계약 해지로 중국 시장에 '카티스템 깃발'을 꽂기까지는 상당 시간이 걸릴 것으로 보여진다.

그동안 메디포스트의 카티스템은 연간 매출액 100억원 이상을 꾸준히 올리며 메디포스트의 효자 상품으로 등극했다. 2020년도에는 전년 대비 3.1% 성장한 매출액 164억원을 기록하며 누적 매출액 700억원을 넘어섰다.

다만 해외 수출이 이뤄지지 않아 '카티스템=국내용'이라는 꼬리표가 항상 붙어 다녔다. 줄기세포치료제는 새로운 종류의 치료제로 검증이 충분히 이뤄져야 하는 만큼 해외 진출에는 다소 긴 시일이 걸릴 것으로 분석됐다.

그럼에도 메디포스트는 카티스템의 글로벌 시장 진출에 박차를 가했다. 지난 2011년 11월에는 미국에 현지법인(MEDIPOST America, Inc)을, 2016년에는 일본 현지법인과 공동기업을 설립하는 등 수출 발판 다지기에 들어갔다.

이같은 메디포스트의 노력에 화답이라도 하듯 카티스템은 약진을 거듭했다. 일본에서는 지난 2월 일본 후생노동성으로부터 임상3상 시험 승인을 얻었다. 국내 세포치료제가 일본에서 임상3상 단계에 진입한 것은 카티스템이 첫 사례다.

미국에서도 임상 1/2a상을 완료하고 식품의약국(FDA)으로부터 카티스템의 국내 임상 데이터를 인정받아 바로 3상 신청이 가능하다는 가이드라인을 받았다. 말레이시아에서는 국립의약품규제기관(NPRA)에 무릎 골관절염 치료제로 카티스템의 정식 품목허가를 신청했다.

앞서 메디포스트는 지난 2014년 말 카티스템의 중국 진출을 위해 중국 현지 바이오기업과 중국합작법인 산동원생제약유한공사 설립을 위한 계약을 체결한 바 있다. 현지 생산시설(GMP)을 설립하고 중국 국가약품감독관리국의 임상 및 개발허가 등을 추진한다는 게 주요 내용이다. 하지만 7년여가 지난 현재까지 중국 인허가 취득 등은 이행되지 못했다.

메디포스트 관계자는 "중국 현지 파트너사도 노력했지만, 중국 정부의 첨단재생바이오의약품 관련 규정이 명확하지 않아 (카티스템의) 의약품 허가 과정이 뜻대로 진행되지 않았다"고 밝혔다. 따라서 카티스템의 중국진출은 시작하게 되더라도 임상 1상부터 해야하는 만큼 상용화까지는 상당한 시간이 소요될 것으로 보인다고 전했다.[152]

---

152) [관점뉴스] 메디포스트 뜻대로 안되는 '카티스템' 해외 진출… 中서 '돌발 변수' 만났다. 2021.7.21. 뉴스투데이

2) 증권 정보

가) 개요

주식코드	078160
상장위치	코스닥
업종	제약
WICS	생물공학

[표 110] 메디포스트 증권 정보 개요

시가총액	2,314억원
시가총액순위	코스닥 400위
상장주식수	16,264,194
액면가/매매단위	500원/1주
외국인한도주식수(A)	16,264,194
외국인보유주식수(B)	1,559,896
외국인소진율(B/A)	9.59%

[표 111] 메디포스트 투자정보(2023.7.3.기준)

나) 종목분석 및 재무 현황

투자의견/목표주가	N/A N/A
52Weeks 최고/최저	23,950 / 12,900
PER/EPS(2021.6)	82.67배 / 172원
추정 PER/EPS	N/A / N/A
PBR/BPS(2021.6)	1.63배 / 8,725원
배당수익률	N/A
동일업종 PER	-30.21배
동일업종 등락률	-1.34%

[표 112] 투자정보(2023.7.3.기준)

별도손익계산서	2020/12	2021/12	2022/12
매출액	486	549	642
영업이익	-24	-52	-174
영업이익 (발표기준)	-24	-52	-174
세전계속사업이익	3	6	65
당기순이익	-19	-10	21

[표 113] 손익계산서 표 (단위: 억원,%)

연결 제무상태표		2019/12	2020/12	2021/12	2022/12
자산	유동자산	905.8	803.4	725.3	1,411.0
	비유동자산	1,223.9	1,389.3	1,764.9	2,532.6
	자산총계	2,129.8	2,192.7	2,490.3	3,943.7
부채	유동부채	685.1	631.5	412.7	1,534.5
	비유동부채	330.7	395.7	503.8	605.4
	부채총계	1,015.8	1,027.3	916.6	2,140.0
자본	자본금	78.1	78.1	81.3	81.3
	이익잉여금	1,297.0	1,297.0	1,550.7	1,550.7
	기타자본항목	-26.3	-26.2	-26.2	-26.2
	기타포괄 손익누계액	250.4	297.0	437.6	585.8
	자본총계	1,113.9	1,165.4	1,573.7	1,803.7

[표 80] 재무상태표(단위: 억원,%)

차. 크리스탈(지노믹스)

1) 업체 현황
가) 개요

소재지	경기도 성남시 분당구 대왕판교로 700
설립일	2000/07/07 (상장일: 2006/01/06)
웹사이트	www.crystalgenomics.com
매출액	386억 원　(2022년 기준)

2000년 7월 설립된 크리스탈 지노믹스는 신개념의 항생제, 비만·당뇨·천식·암·치매 등의 치료제 등을 연구 개발하는 바이오 사업체로, 2006년 1월 코스닥시장에 주식을 상장했다.

2000년 8월에는 서울대 농업생명과학대와 제휴를 맺었으며, 9월에는 KIST와 X선 회절기기 사용과 관련해 전략적 제휴를 맺었다. 2001년에는 (주)유유와 연구 제휴를 맺었고, 이후 2002년 생체기능조절물질 사업단 과제로 선정되었다. 2004년에는 류마티스 관절염 관련 질환 단백질 구조를 세계 최초로 규명하였고 생명공학연구원과 항암제 분야에서 전략적 제휴를 체결하였다.

이후 2007년 4월에는 차세대 관절염치료제가 미국 FDA에 승인을 받았으며 임상을 완료하고 시판되고 있다. CG100649(관절염 치료제)는 (주)아모레퍼시픽으로부터 2006년 라이센싱 계약을 통해 공동연구를 진행한 것으로, 전 세계 17개국에 특허를 출원했다.

2009년 2월에는 한미약품(주)과 표적항암제 공동 연구계약을 체결했으며, 2010년 1월 아스트라제네카사와 항생제 신약 공동 연구개발을 제휴하여 슈퍼박테리아 박멸 항생제 및 분자표적 항암제 등 혁신신약 개발 사업을 영위하고 있다.

현재 질환 단백질 구조를 규명하는 기반기술(SPS™) 및 구조화학 단백질 체학 기반기술(SCP™)을 바탕으로 질환 단백질 표적을 대상으로 부작용이 최소화된 혁신 신약 연구개발에 집중하고 있다.

2017년에는 크리스탈생명과학(주)를 유상증자하여 당분기말 크리스탈지노믹스의 보유지분율이 55.56%에서 33.33%로 변동되었으며, 연결대상에서 제외되었다.

2019년 8월에는 슈퍼박테리아 박멸 항생제의 유럽 임상 1상 시험 승인을 받았으며, 뒤이어 중소기업기술혁신대전에서 장관상을 수상했다. 또한 차세대 관절염 진통 소염제의 미국 특허를 등록했으며, 식약처 제조 판매품목 허가와 차세대 관절염 진통소염제 경피흡수제제의 한국 특허를 획득했다.

주요 매출 구성은 의약품제조 45.34%, 의약품연구개발 21.34%, 기타 33.32%로 구성되어있다.

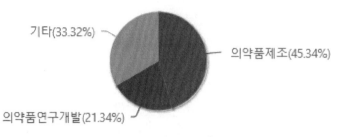

[그림 81] 크리스탈 지노믹스 주요 매출 구성(2023/03)

나) 주요제품

제품명(성분명)	아셀렉스캡슐2밀리그램(폴마콕시브)
효능효과	골관절염의 증상이나 징후의 완화
용법용량	권장 용량은 1일 1회 1캡슐을 식후에 투여
작용기전	폴마콕시브는 체내에서 염증, 통증 및 체온상승을 유발하는 프로스타글라딘(Prostaglandin)의 형성에 작용하는 2가지 동종효소(isoenzyme) 시클로옥시게나제(COX-1, COX-2) 중 COX-2만을 선택적으로 저해하는 소염진통제로서, 기존에 COX-1과 COX-2를 모두 저해하던 비스테로이드성 항염제(NSAIDs)의 소환관계 부작용을 극복할 수 있도록 고안되었다.

[표 115] 크리스탈의 제품 아셀렉스

다) R&D

크리스탈은 미충족 의료 수요가 큰 질환 분야에서 혁신적인 신약을 연구개발하고 있다. 구조기반 기술을 바탕으로 만들어진 크리스탈의 후보 물질들이 우수한 약효와 안전성을 제공하는 것을 목표로 연구하고 있다. 다음은 크리스탈의 R&D 파이프라인이다.

크리스탈의 핵심기반 기술은 질환 표적 단백질의 구조규명 기술과 이를 기반으로 고유의 신약선도물질을 발굴하는 기술 및 개발후보를 발굴하는 기술이다.

이러한 기반기술을 활용하면 빠르게 질환 단백질의 3차원 구조를 규명할 수 있으며, 이 구조를 기반으로 효율적으로 정보기술(IT)을 활용하여 고유선도 물질을 발굴해 이를 최적화하여 신약 개발 후보를 만들 수 있다.

핵심기반기술	용도
SPS™ (Soluble Protein Solution)	**질환 관련 단백질의 3차원 입체 구조 규명을 위한 기술** SPS™ 기술은 단백질체학에서 사용하는 기존의 방법들과 더불어 자체적으로 개발해낸 고유 기술들을 사용하여 활성을 갖는 고농도의 순수 단백질을 확보할 수 있습니다. 고순도 단백질로부터 X-선 회절법을 이용하여 구조를 규명하는데, X-ray 회절법에서는 X-선의 광원을 가속기로 하는 것이 고해상도의 3차원 구조 정보를 얻을 수 있는 방
SCP™ (Structural Chemo Proteomics)	**질환단백질의 3차원 구조 정보를 기반으로 하여 선도물질을 발굴해내는 기술** 이 기술을 활용하면 선도물질을 신속하게 발굴 할 수 있으며, 생물 활성도가 낮지만 단백질의 활성부위와 작용하는 물질들도 발굴할 수 있는 매우 유용한 기술이다
SDF™ (Structural-based Drug Factory)	**발굴된 선도물질을 최적화하는 기술** SDF™ X-ray 기술로 이전 단계에서 발굴된 선도물질과 표적단백질의 3차원 복합체 구조를 규명한다. 3차원 구조를 기반으로 화합물을 최적화하여 신약을 개발하면 선택성을 확보하여 약으로 인한 부작용을 피할 수 있다. 고유의 SDF™ Leadinformatics를 통해 선도물질을 최적화하고 있다. 그리고 최적화된 선도물질들을 여러가지 In vivo, In vitro 방법으로 평가하여 개발 후보물질로 발굴하고 있다.

[표 116] 크리스탈 핵심기반기술

라) 신규 사업 및 전망

크리스탈지노믹스는 인바이츠 생태계와 함께 데이터 기반 정밀 의료 및 바이오 사업 영역에서의 '유전체 데이터 기반 신약개발 전주기 가치사슬을 완성한다'는 계획을 기업설명회를 통해 지난 2일 밝혔다.

이번 기업설명회는 크리스탈지노믹스의 새로운 최대주주인 '뉴레이크인바이츠'가 속한 인바이츠 생태계 소개를 진행하고, 크리스탈지노믹스와 함께 나아가고자 하는 방향성과 향후 혁신 계획에 대해 주주들에게 설명하는 시간으로 진행됐다.

발표를 맡은 최대주주인 '뉴레이크인바이츠'는 인바이츠 생태계에서 추진 중인 제주 지놈프로젝트를 통해 구축되는 대규모의 통합 유전체 데이터를 기반으로 인바이츠 생태계가 보유한 바이오인포매틱스(BI) 및 인공지능(AI) 역량을 활용하여 신약후보 물질과 전달 물질 개발, 임상시험, 상용화까지 신약개발 전주기에 걸친 시너지가 기대된다고 밝혔다.

인바이츠 생태계는 뉴레이크얼라이언스(PE)와 서울대학교병원 및 SK텔레콤이 함께 구축한 헬스케어 사업 모델로 인바이츠바이오코아, 헬스커넥트, 인바이츠헬스케어, 인바이츠지노믹스, 프로카젠 등 총 5개 전문 헬스케어 기업으로 구성돼 있다. 이와 더불어 새로운 크리스탈지노믹스를 위한 '3대 혁신 이니셔티브(계획)'를 다음과 같이 발표했다.

크리스탈지노믹스는 우선 파이프라인 혁신 및 확충 전략을 발표하며 현행 파이프라인을 점검하고 신속히 임상개발을 추진한다. 동시에 Therapeutic area(치료제 영역)를 항암분야로 설정하고, 저분자 화합물, 유전체 및 디지털치료제 등 세 가지 분야에 초점을 두어 미래지향적 신규 파이프라인을 확충하고 보강해 나간다. 신약 바이오펀드 및 유수의 바이오텍 회사들이 함께 참여하는 신약 물질 라이선스 인(License-in) 중심의 오픈 플랫폼도 병행한다. 이어 크리스탈지노믹스는 비핵심 자산 매각을 통합 연구개발에 집중할 예정이다.

뉴레이크인바이츠 관계자는 "크리스탈지노믹스가 보유한 비핵심 자산을 전면 재검토하고, 비즈니스 합리성에 맞지 않는 자산은 과감히 매각하여 신약개발과 임상 가속화에 필요한 현금 유동성을 확보하겠다"라면서 "확보된 유동성을 통해 연구개발에 집중 투자하고 추가 유상증자 없이 신약개발과 임상이 가능한 경영환경 구축을 목표"로 한다고 밝혔다.

또한 크리스탈지노믹스는 ESG 기반의 주주 친화 정책을 펼칠 계획이다. 기존 정책과 달리 이사회 중심 경영체계와 투명한 경영관리 체계를 구축하고 이와 더불어 소수 주주의 직접적 참여를 제도화시키는 한편, 최대주주 지분과 2대 주주 지분 상당수는 3년간 매각 제한(보호예수)을 할 것이라 선언했다.

크리스탈지노믹스 합류를 통해 인바이츠 생태계는 총 11개의 헬스케어 전문 기업군을 갖추게 된다. 한국 바이오헬스케어 산업에서 또 하나의 중대형 헬스케어 전문 그룹이 등장하는 순간이다.[153]

---

153) Yakup, 크리스탈지노믹스, 최대주주 변경…'3대 경영혁신' 발표. 2023.06.05

크리스탈지노믹스, 신약 유럽 기술 수출 준비 중

국내 1세대 바이오벤처 '크리스탈지노믹스'가 사업 무대를 글로벌로 확장하며 제2의 도약을 준비 중이라고 밝혔다. 글로벌 임상 돌입은 물론, 식약처 승인만 받았던 국내 22호 신약 '아셀렉스'의 유럽 기술수출도 논의 중인 것으로 알려졌다.

주력 파이프라인은 췌장암 신약 '아이발티노스타트(Ivaltinostat)'다. 국내 임상 2상을 완료했으며, 미국 임상2상을 위해 FDA에 사전 임상시험계획(프리 IND) 미팅을 신청한 상태다.

프리 IND 미팅은 임상 2상 및 신약개발 전반에 걸친 시험계획을 논의하기 위해 진행하는 것으로 임상시험 승인을 위한 첫 번째 단계인 것으로 알려졌다. FDA 임상 승인은 2021년 첫 환자 투여를 목표로 하고 있다. 임상2상 기간은 총 2~3년으로 잡고 있다. 크리스탈지노믹스는 미국 임상을 위해 임상시험 수탁기관(CRO)으로 글로벌 업계 톱티어로 꼽히는 시네오스헬스(Syneos Health)와 계약도 마친 상태라고 덧붙였다.

시네오스헬스는 미국에서 진행하는 아이발티노스타트 췌장암 임상 2상 시험의 FDA IND 신청부터 승인 과정을 최 우선적으로 진행하게 된다.

지난 2015년 2월 국내 신약 22호이자 바이오벤처 1호 신약으로 출시된 관절염 소염진통제 아셀렉스는 2015년 7월에 동아ST, 2018년 3월 대웅제약과 국내 판권계약을 맺고 판매되고 있다. 연매출 규모는 70억원 수준에 불과하다.

간간히 터키, 러시아, 중동 등에 수출을 진행하긴 했지만 유럽과 미국 시장은 진출하지 못한 상황이다. 따라서 2021년 유럽진출을 우선 추진한다. 현재 글로벌 제약사와 구체적인 기술수출 논의를 진행 중이다. 향후 미국은 공동연구 방식으로 임상을 진행해 FDA 승인을 받을 계획이다.

한편, 중국 최대 제약기업인 항서제약과도 파트너십을 맺고 글로벌 진출을 위한 공동연구를 논의 중이다. 크리스탈지노믹스의 항암제 계통 파이프라인의 중국 외 지역 승인을 목표로 공동으로 글로벌 임상을 진행하는 전략이다.

크리스탈지노믹스 관계자는 "아직 초기 단계의 논의를 진행하고 있지만 글로벌 진출을 위해 기존의 파이프라인 뿐 아니라 외부에서 유망한 후보물질 도입도 고려하고 있다"며 "췌장암 신약 미국 임상을 비롯해 본격적으로 사업 무대를 글로벌로 넓히는 중요한 시기가 될 것"이라고 전했다.154)

---

154) 국내 1세대 바이오 크리스탈지노믹스 제2의 도약. 2021.8.27. EBN

"크리스탈지노믹스의 아이발티노스타트

고혈압에 효과적으로 확인돼"

크리스탈지노믹스가 아이발티노스타트(CG-745)의 고혈압 치료 가능성을 제시하는 연구 결과가 국제학술지 'Hypertension 저널 (IF=10.19)' 최신호에 등재됐다고 밝혔다.

고지방 섭취로 인한 비만은 교감신경계의 흥분, 산화스트레스, 염증, 호르몬 불균형 등 다양한 경로를 통해 고혈압을 유발할 수 있다고 보고되고 있다. 최근에는 후성유전학이 비만관련 고혈압의 병생리학적 매커니즘으로 부상하고 있다.

연구팀은 고지방 섭취로 인해 고혈압 증상을 보이는 마우스를 대상으로 '위약' 또는 '아이발티노스타트'를 투여 후 혈압변화를 비교 관찰했다. 그 결과 아이발티노스타트를 투여한 마우스 혈압이 정상 수준으로 회복되는 것을 확인했다.

이에 따라 연구팀은 아이발티노스타트에 의한 후성유전체 변화가 MsrA(Methionine Sulfoxide Reductase A) 환원효소 발현 회복과 원활한 황화수소 생성을 유도하고, 이를 통해 고혈압을 치료할 수 있음을 이번 연구를 통해 규명했다.

한편, 이번 연구 결과는 국가연구지원사업을 통해 수행되었으며, 논문명은 'Inhibition of HDACs (Histone Deacetylases) Ameliorates High-Fat Diet-Induced Hypertension Through Restoration of the MsrA (Methionine Sulfoxide Reductase A)/Hydrogen Sulfide Axis(히스톤 탈아세틸효소의 억제는 MsrA (메티오닌 설폭사이드 환원효소 A)/황화수소 축의 회복을 통해 고

지방 식이로 유도된 고혈압을 개선한다)'로 SCI급 국제학술지인 'Hypertension 저널' 최신호에서 확인할 수 있다.[155]

크리스탈지노믹스, 태국에 골관절염 치료제 수출

크리스탈지노믹스가 태국에 자사 골관절염 치료제를 수출하게 됐다는 소식을 전했다. 크리스탈지노믹스는 '바이오팜 케미칼(이하 바이오팜)'과 골관절염 치료제 아셀렉스(성분명 폴마콕시브) 2mg 캡슐의 공급 계약을 체결했다고 밝혔다. 계약기간은 시판 허가 후 1차로 5년이며, 그 이후는 자동 갱신되는 것으로 정했다.

이 경우 바이오팜의 판매 예측에 근거한 공급매출은 첫 5년 91억원, 추가 5년 136억원으로 10년간 누적 공급 매출은 총 1960만달러(약 227억원)가 된다.

크리스탈지노믹스 관계자는 "태국 뿐만 아니라 러시아, 브라질 등 각국에서 진행 중인 인허가 과정도 잘 추진해 세계 각국으로 아셀렉스를 빠르게 공급하는 것이 목표"라고 덧붙였다.[156]

---

155) 크리스탈지노믹스, 아이발티노스타트 고혈압에 효과 확인. 2021.9.2. 중앙일보 헬스미디어
156) 크리스탈지노믹스, 태국에 골관절염 치료제 수출. 2021.9.10. 메디컬 타임즈

2) 증권 정보

가) 개요

주식코드	083790
상장위치	코스닥
업종	연구, 개발
WICS	생물공학

[표 117] 크리스탈 증권 정보 개요

시가총액	3,206억원
시가총액순위	코스닥 265위
상장주식수	76,894,182
액면가/매매단위	500원/1주
외국인한도주식수(A)	76,894,182
외국인보유주식수(B)	3,899,193
외국인소진율(B/A)	5.07%

[표 118] 크리스탈 투자정보(2023.7.3.기준)

나) 종목분석 및 재무 현황

투자의견/목표주가	N/A / N/A
52Weeks 최고/최저	5,950 / 2,900
PER/EPS(2021.6)	N/A / -349원
추정 PER/EPS	N/A / N/A
PBR/BPS(2021.6)	1.68배 / 2,506원
배당수익률	N/A
동일업종 PER	-102.13배
동일업종 등락률	-0.53%

[표 119] 투자정보(2023.7.3.기준)

별도손익계산서	2020/12	2021/12	2022/12
매출액	302	424	386
영업이익	-101	-50	-241
영업이익 (발표기준)	-101	-50	-241
세전계속사업이익	-140	-156	-250
당기순이익	-120	-183	-256

[표 120] 손익계산서 표 (단위: 억원,%)

연결 제무상태표		2019/12	2020/12	2021/12	2022/12
자산	유동자산	1,054.4	1,165.2	943.0	631.0
	비유동자산	1,260.8	1,252.6	1,792.3	2,117.7
	자산총계	2,315.2	2,417.9	2,735.4	2,748.7
부채	유동부채	688.0	262.9	162.9	374.7
	비유동부채	138.3	130.2	484.9	511.9
	부채총계	826.3	393.1	647.8	886.7
자본	자본금	135.7	208.9	346.2	353.7
	이익잉여금	2,461.5	1,253.7	1,139.1	1,189.3
	기타자본항목	3.1	4.4	-120.0	-134.4
	기타포괄 손익누계액	97.6	96.6	305.3	303.8
	자본총계	2,315.2	2,417.9	2,735.4	2,748.7

[표 83] 재무상태표(단위: 억원,%)

카. 서린바이오

1) 업체 현황
가) 개요

소재지	경기도 성남시 분당구 대왕판교로 700
설립일	1993/12/29 (상장일: 2005/10/25)
웹사이트	http://www.seoulin.co.kr
매출액	1,024억 (2022년 기준)

서린바이오는 바이오 인프라 전문기업으로 세계적인 바이오 기업들의 바이오 연국 및 생산 관련 제품들을 국내 대학교, 연구소, 병원, 국가기관, 기업체 등 바이오 연구 및 생산 관련 기관들에게 공급하고 있다. 서린바이오사이언스의 전신은 1984년 세워진 서린과학으로 1994년 회사 형태를 주식회사로 바꿨다. 2000년 회사이름을 지금의 ㈜서린바이오사이언스로 바꾸고 2005년 주식을 코스닥시장에 등록했다.

주 사업분야인 바이오 관련 연구용품은 크게 게놈 연구, 단백질 분석연구, 세포분자생물학연구, 발생학연구, 면역학연구 및 생물정보학연구 등으로 구분된다.

서린메디케어는 메디컬에스테틱분야의 핵심기술인 고주파, 초음파, 공압 등 다양한 솔루션에 대한 원천기술을 보유하고 있다. 주력 제품은 미용 및 의료기기로서 주로 피부과 등 중소형 의료기관과 에스테틱 등에 판매하고 있다.

서린바이오사이언스가 안티에이징 사업 다각화를 위해 진출한 코스메틱 자회사 ㈜제노자임에서는 미생물을 발효시켜 만든 발효액을 전 제품에 60%이상 최대 90%까지 함유하도록 하고 화장품의 기능성을 강화하여 고품질의 프리미엄 제품을 출시했다.

서린바이오는 안정적인 바이오인프라 영역을 기반으로 제조 및 생산 중심의 제품화·국산화·글로벌화를 실현하기 위해 제조 및 연구에 과감한 투자를 진행 중이다.

주요 매출 구성은 시약 54.31%, 기기 28.86%, 소모품 12.37%, 헬스케어기기 외 2.35%, 기타 2.11% 등으로 구성된다.

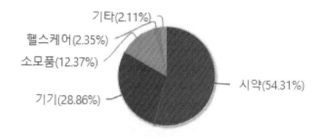

[그림 84] 서린바이오 주요 매출 구성(2023/03)

나) 주요제품

피부미용기기 사업	
병원/에스테틱	홈케어(개인용)
MultiShape	PLASMA Shower
MultiShape/ProFacial	

[표 122] 서린바이오 피부미용기기

메디컬기기 사업	건강관리기기 사업
MK-5000	R-Fine
PLASMA BT	
Intima RF	

[표 123] 서린바이오 메디컬기기/건강관리기기

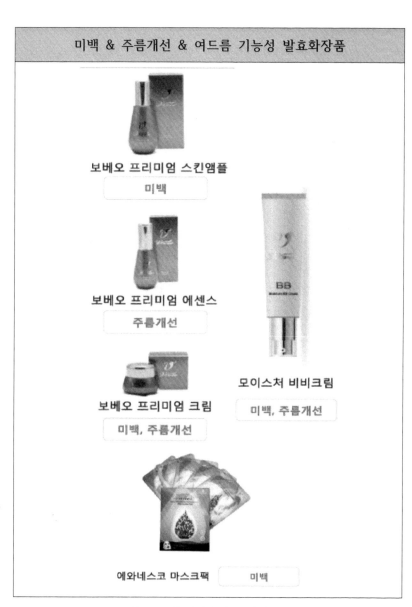

보베오 프리미엄 스킨앰플

미백

보베오 프리미엄 에센스

주름개선

보베오 프리미엄 크림

미백, 주름개선

모이스처 비비크림

미백, 주름개선

에와네스코 마스크팩   미백

[표 124] 서린바이오 화장품

다) R&D

서린생명과학연구소는 C&DR (Connect & Development Research)라는 새로운 개념의 연구개발 시스템을 구축, 연구개발을 추진하고 있다.

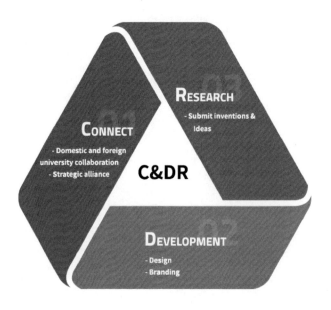

[그림 95] 서린바이오 C&DR 연구개발 시스템

C&DR는 외부의 기술과 아이디어를 내부의 R&DR(연구개발)역량과 연결시켜 신제품을 개발하는 기술혁신 모델로, 현재 생명과학분야의 제품개발을 위한 Bio 관련연구, 국내 전문가들과의 Net Work 구축을 토대로 국내대학연구소의 공동연구, 벤처기업들과의 전략적 제휴관계 등을 확대해 나가고 있으며, 이를 통해 제품화를 추진하고 있다.

① 치매 조기진단 키트

국내 치매 인구는 꾸준히 증가하여 가까운 미래에 심각한 보건의료적 문제를 야기할 것이 확실하므로 치매를 초기부터 관리하기 위한 조기진단 및 감별진단기술 개발이 필수적이다.

현재까지 알츠하이머 치매 (Alzheimer's Disease; AD) 바이오마커로서 검증된 것은 뇌척수액(CSF), 아밀로이드 베타(Ab1-42), 타우단백질 (t-tau, p-tau)뿐이다.

서린바이오사이언스는 뇌척수액 진단의 한계를 극복하고 기존 혈액 단백질 마커 진단과 차별화된 혈액 마이크로알엔에이(miRNA)를 이용한 진단법을 개발하고 있다.

② 임신중독증 조기진단 키트

임신 20주 이후에 발병되는 임신중독증은 단백뇨를 동반한 임신성 고혈압 혈관질환으로 임산부와 태아의 건강에 치명적이다. 일단 질환이 발현되면 치료법이 없고 예방이 유일 한 대안으로 알려져 있으나, 뚜렷한 진단기술이 개발되어 있지 않아 예방도 어렵다.

서린바이오사이언스는 치료법이 없는 임신중독증의 종합 예방대책 마련에 기여하고 임산부와 태아의 건강관리에 기여하고자 혈액 마이크로알엔에이(miRNA)[157]를 이용한 진단법을 개발하고 있다.

---

157) 세포 내에서 다양한 유전자를 조절함으로써 세포의 분화, 성장 및 사멸 등 모든 생명 현상에 관여하므로, miRNA 발현정도에 따라 고위험군 질환과 관련 있는 바이오마커

③ 해양 병원체 현장진단 키트

국내·외에서 다양한 이머징 해양병원체158)로 인해 양식장 및 연안 생태계에 피해가 속출 되고 있으나 해양병원체에 대한 기초 및 임상연구가 미비하여 원인 규명이 쉽지 않아 대부분 원인불명으로 처리되고 있다.

또한, 국내 연안에 어떤 해양병원체가 존재 하는지에 대한 연구가 이루어지지 않아 해양병원체에 대한 진단 기술도 인체 및 동/식물 바이러스의 진단 기술에 비해 많이 뒤쳐져 있다.

서린바이오사이언스는 국내외 양식 산업 및 해양 생태계를 보호하기 위해 문제가 될 가능성이 있는 해양바이러스 진단을 위한 현장 적용형 진단 키트를 개발하고 있다.

---

158) 국내해역에는 보고된 바 없으나 국외에서 병원성이 보고된 병원체가 해류, 선박평형수 및 수산물 유통 등을 통해 국내 해역으로 유입된 후, 기후 변화 등을 통해 국내 해역에 적응하여 국내 해양생물의 질병을 유발할 수 있는 병원체

라) 신규 사업 및 전망

서린바이오사이언스(서린바이오)는 지난 17일 한국폴리텍대 분당융합기술교육원(분당융기원)과 업무협약을 체결했다고 밝혔다고 18일 밝혔다.

서린바이오에 따르면 분당융기원은 4년제 대졸 미취업 청년을 대상으로 ICT·바이오·응용소프트웨어 분야 등 기술 인재를 양성하고 있는 직업훈련기관이다. 2016년 개원 이후 매년 수료생 평균 90% 이상의 취업률을 유지하고 있다.

양 기관은 이번 협약을 통해 상호 협력 증진 및 정보 교류, 국가 연구 과제의 공동 수행, 재학생 대상 기업 실무 프로젝트 진행, 재직 근로자 교육 훈련에 관한 사항 등에 대해 협력을 진행할 예정이다.

강미옥 서린바이오 대표이사는 "이번 협약을 통해 향후 바이오 산업을 이끌어나갈 한국폴리텍대의 바이오 전문 인력 양성에 기여하며, 한국폴리텍대와 공동 과제 수행 및 상호 협력을 통해 회사 발전과 바이오 산업에 이바지하는 기업으로 지속 성장할 것"이라고 말했다.[159)]

---

159) 디엔에이링크, 질병청 사업 수주...1.8만명 유전체 정보 생산, 2023.04.28

서린바이오, 정부 모더나 삼성바이오 생산 국내직공급 기대감에 강세

정부가 두 차례 코로나19 백신 공급 지연을 빚은 미국 모더나사 측과 면담을 위해 출장단을 꾸려 미국으로 출국한다. 이에 백신 공급일 확인과 삼성바이오로직스(이하 삼성바이오) 위탁생산분의 국내 직접 공급 가능성을 타진하기 위한 행보가 아니냐는 해석이 나오면서 서린바이오가 강세를 보이고 있다.

삼성바이오는 한미 정상회담 과정에서 모더나사와 백신 위탁생산 계약을 맺은 바 있다. 이에 미국을 제외한 전세계에 백신 수억회분을 생산키로 했다. 그러나 이는 국내로 곧바로 공급되는 것이 아닌 우선 해외로 유통된 뒤 배분을 받는 방식이다. 당시 정부는 아스트라제네카 백신 위탁생산을 하는 SK바이오사이언스처럼 삼성바이오 생산분도 바로 국내에 공급할 수 있도록 노력하겠다고 밝혔다.

다만 7~8월 모더나 백신 공급이 두 차례나 지연되면서 이에 대한 요구가 더욱 커지고 있는 상황이다. 한편 서린바이오는 메신저리보핵산(mRNA) 합성서비스를 국내에 공급 중으로 mRNA 백신 개발 단계나 위탁생산시에 합성서비스가 사용될 수 있는 것으로 알려져 있으며, 앞서 삼성바이오에 시약 등 바이오 의약품 생산과 관련된 원재료를 납품한 실적이 있어 기대감이 몰린 것으로 풀이된다.160)

---

160) [특징주] 서린바이오, 정부 모더나 삼성바이오 생산 국내직공급 기대감에 강세. 2021.8.13.MoneyS

2) 증권 정보

가) 개요

주식코드	038070
상장위치	코스닥
업종	연구, 개발
WICS	생물공학

[표 125] 서린바이오 증권 정보 개요

시가총액	996억원
시가총액순위	코스닥 899위
상장주식수	8,700,676
액면가/매매단위	500원/1주
외국인한도주식수(A)	8,700,676
외국인보유주식수(B)	157,372
외국인소진율(B/A)	1.81%

[표 126] 서린바이오 투자정보(2023.7.3.기준)

나) 종목분석 및 재무 현황

투자의견/목표주가	N/A / N/A
52Weeks 최고/최저	19,547 / 10,750
PER/EPS(2021.6)	10.73배 / 1,067원
추정 PER/EPS	N/A / N/A
PBR/BPS(2021.6)	1.13배 / 10,108원
배당수익률	1.11%
동일업종 PER	-30.21배
동일업종 등락률	-1.52%

[표 127] 투자정보(2023.7.3.기준)

별도손익계산서	2020/12	2021/12	2022/12
매출액	651	805	1,024
영업이익	45	75	86
영업이익 (발표기준)	45	75	86
세전계속사업이익	58	203	134
당기순이익	48	158	100

[표 128] 손익계산서 표 (단위: 억원,%)

연결 제무상태표		2019/12	2020/12	2021/12	2022/12
자산	유동자산	417.3	383.0	1,020.0	844.9
	비유동자산	362.3	362.2	311.2	436.9
	자산총계	779.6	745.2	1,331.3	1,281.9
부채	유동부채	150.4	122.5	594.9	452.4
	비유동부채	39.6	33.0	37.2	33.3
	부채총계	190.1	155.5	194.4	168.6
자본	자본금	37.5	40.0	41.5	42.5
	이익잉여금	394.9	430.4	576.9	663.8
	기타자본항목	-21.5	-23.2	-24.0	-26.0
	기타포괄 손익누계액	-	-36.1	-35.2	-35.5
	자본총계	589.5	589.6	737.7	823.4

[표 96] 재무상태표(단위: 억원,%)

타. 디엔에이링크

1) 업체 현황
가) 개요

소재지	서울특별시 서대문구 이화여대길 52
설립일	2000년 3월 15일
웹사이트	http://www.dnalink.com
매출액	170억 (2022년 기준)

(주)디엔에이링크는 2000년 3월 15일에 설립되어 바이오산업 및 유전체분석산업 분야에서 연구개발에 주력하여 지난 10여 년간 축적된 연구결과물과 노하우를 바탕으로 융합분석체계를 구축하여 유전체분석 서비스를 상용화한 유전체기반 생명공학 전문기업이다.

디엔에이링크는 바이오기업으로서 유전체 다량 분석기술을 적용하여 유전체 바이오마커(bio-marker)를 발굴하고 이를 이용하여 개인별 질병 예측 및 약물 부작용 예측을 가능하게 하는 '맞춤 의학용 개인 유전체 분석 서비스'를 제공하며, 유전체 분야에서 세계적인 권위가 있는 해외업체의 엄격한 품질기준을 통과하고 CSP로 선정됨으로써 동사의 유전체 대량분석 기술의 신뢰성을 인증 받았다.

이외에 '분자진단' 제품 개발, 암 맞춤 치료를 위한 '마우스 아바타'사업, '바이오뱅크' 사업, SNP(단일 염기 다형성)마커 기반 '개인식별 칩'사업 등을 영위하고 있다.

'마우스 아바타'란 면역성이 낮은 실험쥐에 암세포를 이식한 뒤 각종 항암치료를 받게 해 효과를 실험하는 암치료 기법이다. '바이오뱅크(인체지원)'란 사람에서 유래한 혈액, 소변, 체액, 조직, 유전자 및 수진자의 임상정보를 모두 포함하는 바이오저장소를 의미한다.

주요 매출 구성은 유전체 분석 99.5%, DNA GPS 0.5%, COVID19진단키트(0.00%) 등으로 구성된다.

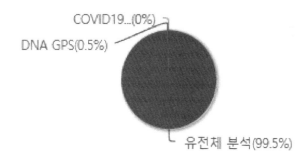

[그림 97] 디엔에이링크 주요 매출 구성(2023/03)

나) 주요기술

디엔에이링크는 차세대염기서열분석 뿐만 아니라 유전자형분석 (Genotyping), Microarray(DNA chip) 플랫폼의 최신 장비를 모두 보유하고 있다.

디엔에이링크는 Illumina, PacBio, Ion S5, 10X Chromium 등을 이용하여 연구목적에 맞는 적절한 실험디자인과 최적화된 분석 서비스를 제공하며, 특히 pacBio system은 아시아 최초로 서비스 런칭을 하여 다양한 생물종들에 대한 실험 및 분석 노하우를 보유하고 있다.

Illumina의 NovaSeq6000은 장비 1대당 월 360명 이상의 전장 유전체를 해독할 수 있어 유전체 분석 시간을 단축시키는 장점을 가지고 있어 생산역량 향상에 기여하고 있다.

또한, 디엔에이링크가 보유한 차세대 염기서열 분석기술(NGS)은 5천만 개의 염기서열을 고해상도로 부석함으로써 기존 검사방법으로는 알 수 없는 새로운 유전질환에 대한 정보제공이 가능한 기술이다.

디엔에이링크는 아시아인에게 특이적으로 나타나는 유전자 변이인 SNP 60만 개의 분석을 위한 유전자 전장분석기술과 약물대사에 관련된 바이오마커 2천여 개를 통합 분석할 수 있는 기술을 보유하고 있으며, 2016년 10월 '단일염기다형성(SNP)검사 DNA칩 분석법' 기술을 활용해 신원을 확인하기 어려웠던 제주 4.3사건 유해 3구를 추가로 발굴한 바 있다.

디엔에이링크는 유전체 분석 기술력을 기반으로 매출을 시현하고 있으며, 분자진단, DNAGPS, AccuID, PDX, 신약 개발 등 경쟁력 증대를 위한 노력이 이루어지고 있다.

유전정보에 따라 디엔에이링크의 DNAGPS은 한국인에게 적합한 바이오마커를 분석하고 전문의료기관과 연계하여 상담 서비스를 제공하며 개인 맞춤 건강관리 프로그램을 제공하는 특징이 있으며, 이는 의료비 절감, 질병 예방뿐 아니라 건강 수명 연장으로 이어질 것으로 전망된다. 디엔에이링크는 이를 활용하여 치매 환자의 유전체 분석을 통한 바이오마커 및 조기 진단법 개발 연구 중에 있다.

DNA를 이용한 개인식별기술은 1985년에 DNA 지문 방법이 개발된 이래로 점차 발전하여 높은 정확도를 가진 STR(Short Tandem Repeat)를 이용한 방법이 주를 이루었으나, 가족관계 확인에는 부족하며 STR의 돌연변이율이 상대적으로 높아 이를 극복하기 위해 디엔에이링크는 SNP(Single Nucleotide Polymorpshism)을 접목한 새로운 식별을 개발하였다. SNP는 DNA 돌연변이 중 하나로, 유전체의 단일 염기가 개인 간에 차이가 나는 것을 뜻하며, 개인이나 집단 사이의 차이점을 연구하여 개인의 특성을 파악하는 데 유용하게 사용된다.

디엔에이링크의 AccuID는 개인 식별에 가장 적합한 SNP 마커인 MAF(Minor Allele Frequency 0.4~0.5)를 선별하여 제작하였다. 따라서 기존의 DNA 감식 기술로 판독 불가능한 훼손된 DNA에서도 검사가 가능하며, 친부/친모 이상의 친족(형제, 3촌 관계 등)의 식별이 가능한 특징이 있다.

2013년 서울대 의대 법의학과와 협업으로 제주 4.3 사건 유해 유가족 찾기를 진행한 결과, 50년 이상 방치되어 DNA 훼손이 많은 희생자 유해를 AccuID를 이용하여 21구 모두 가족 관계를 증명하는 데 성공하였다. 또한, 2013년 국방부 조사본부와의 협업으로 6.25 전사자 유해 유가족 찾기를 진행한 결과 AccuID를 이용하여 국군 포로 유해와 탈북한 포로의 유족(딸)에 대한 검증이 성공적으로 이루어져 딸과 삼촌 관계를 증명하였다.

이처럼 유가족 찾기 외 범죄 현장의 증거물에도 적용 가능하며 용의자의 식별, 나아가서는 외형, 인종 등 에 대한 정보도 제공 가능할 것으로 기대된다.

다) 신규 사업 및 전망

유전체 분석 전문기업 디엔에이링크(127120)(대표이사 이종은)는 한국인의 유전체 정보를 담은 차세대 한국인칩(v2.0)을 이용해 1만 8000명의 한국인칩 유전체 정보를 생산하기 위한 질병관리청의 용역 사업을 수주했다고 28일 밝혔다. 계약기간은 오는 12월까지이며 사업비는 7억4000여만원 규모다. 디엔에이링크는 지난 2014년부터 질병관리청의 한국인 맞춤형 유전체 정보생산 학술 용역사업을 지속적으로 수행하면서 한국인 유전체칩 개발 및 업그레이드에 참여해왔다. 이 과정에서 약 19만 명을 대상으로 고품질의 한국인칩(v1.0 등) 기반의 유전체 정보를 생산했고, 모두 '매우 우수' 평가를 받은 바 있다.

유전체칩이란 사람마다 가진 유전정보를 손톱만한 크기의 반도체칩에 담은 것을 말한다. 한국인칩은 한국인의 유전체 정보를 80만 개 이상 담은 유전체칩을 말한다. 이를 활용하면 한국인 개인별로 갖고 있는 질환 정보를 확인할 수 있어 질병 치료에 활용할 수 있다.

차세대 한국인칩(v2.0)은 기존에 개발된 한국인칩에 정밀 의료 활용성이 높은 임상 진단과 약물 반응 등의 콘텐츠를 포함해 168만여 개의 유전정보를 확인할 수 있는 것이 큰 특징이다.

디엔에이링크는 일찍이 단거리서열분석(short read sequencing)과는 차별화된 강점을 가지면서도 정확도가 매우 높은 것으로 알려진 장거리서열분석(HiFi-long read sequencing)에 기반한 차세대 염기서열 분석(NGS) 플랫폼을 구축해 고도화된 유전체 정보를 생산해왔다.

특히 최근 구축한 한층 업그레이드된 분석 플랫폼 '레비오(Revio) 시스템'을 활용해 한국인칩 v2.0의 정확도 검증을 수행할 예정이다. 이 같은 분석을 통해 생산하는 유전체 정보의 정확도 검증을 수행할 뿐 아니라 대규모 국제컨소시엄 연구의 주요 단계인 통계기반분석 정확도 검증에도 활용할 수 있어 국가적인 연구 경쟁력 강화에 기여할 수 있다고 밝혔다.[161]

---

161) 디엔에이링크, 질병청 사업 수주...1.8만명 유전체 정보 생산, 2023.04.28.이데일리

카이팜_디엔에이링크, 전사체 기반 신약 발굴 서비스 협약

카이팜이 전사체 기반의 새로운 신약 발굴 서비스(KMAP 서비스)를 오픈하기 위해 차세대 염기 서열(NGS) 전문 생산 업체 디엔에이링크와 협약을 체결했다고 밝혔다.

KMAP 서비스는 고객이 제공하는 약물의 작용기전을 전사체 수준에서 해석하고 타깃을 유추하거나 새로운 적응증을 제안한다. 여기에 특정 질환으로부터 최적화된 재창출 신약 후보를 발굴한다.

협약으로 카이팜은 전사체 분석 및 신약 발굴에 집중하고 디엔에이링크는 NGS 데이터 생산과 고객 응대 등의 전반적인 서비스 운영을 맡는다. 양사 기술과 노하우를 결합해 서비스 수준을 높이고 국내 및 글로벌 제약사와 협력 체계를 형성하는 것은 물론, 약물 전사체 분석을 기반으로 한 차세대 신약 개발 프로세스 구축을 목표로 한다.

카이팜의 김대표는 "오랜 사업 경험과 데이터 생산력 및 서비스 인프라를 갖춘 디엔에이링크와 협업하면서 목표 시장과 기회가 확장됐다"며 "두 회사의 장점이 시너지를 이뤄, 신약 개발 과정에서 보다 많은 고객들이 보다 풍부한 정보를 가지고 의사결정을 하도록 돕겠다"고 말했다.

한편, 디엔에이링크의 이대표는 "KMAP 서비스가 신약 개발 시장에서 새로운 수요를 창출하고 사업 지평을 확장할 것으로 기대한다"며 "카이팜의 전사체 분석 기술과 디엔에이링크의 사업 인프라가 만나 글로벌 수준의 신약 개발 서비스를 제공하도록 적극적으로 동참하겠다"고 말했다.[162)]

디엔에이링크, 높아진 벌점 위기 상장사 거래정지 '주의'

상장사 중 한국거래소로부터 받은 누적 벌점이 높아진 기업들이 늘어나 투자에 유의해야 한다. 불성실 공시로 1년간 누적 벌점이 15점을 넘으면 거래가 정지되고 상장 적격성 실질심사 대상에 오르게 된다.

한국거래소는 2021년 9월 17일 디엔에이링크에 대해 불성실공시법인 지정 여부를 결정할 예정이라고 밝혔다. 디엔에이링크는 주식 거래가 가능하지만, 벌점이 겹치며 주가가 급락한 상태다.

코스닥 공시규정에 따르면 최근 사업연도 매출액, 손익구조가 지난해와 비교해 30% 이상 바뀌면 공시를 해야하는데, 제대로 이행하지 않아서다. 현재 디엔에이링크는 누적벌점 10점인 상태로, 벌점 5점 이상을 더 받게 되면 상장 적격성 실질심사 대상으로 심사를 받게 된다. 코스닥 상장사가 불성실공시법인으로 지정되면 벌점부과에 이어 5억원 이내에서 공시위반제재금을 받을 수 있다.

현재 누적벌점이 높은 상장사들은 추가 벌점이 부가되면, 곧바로 거래가 정지된다. 판타지오, 이원컴포텍 등도 누적 벌점이 10점을 받은 상태로 거래 중이다. 피에스엠씨(9점), 피라텍·휴먼엔·비디아이·비케이탑스·이즈미디어·스튜디오산타클로스(8점), 제넨바이오(7.5점), 에이프로젠 H&G·투비소프트·퓨쳐스트림네트웍스(7점) 등도 현재 거래 중이지만 누적 벌점 7점 이상인 기업들이어서 투자에 유의해야 한다.

---

162) 카이팜-디엔에이링크, 전사체 기반 신약 발굴 서비스 협약.2021.6.18. 약사공론

한국거래소는 2018년 4월 코스닥 상장사가 최근 1년간 누적벌점 15점 이상 받으면, 상장 적격성 실질심사 대상으로 지정될 수 있도록 퇴출규정을 강화한 바 있다. 코스닥 시장의 상장 문턱을 낮추는 대신 엄격한 퇴출 규정을 만든 셈이다.

한 IR업계 관계자는 "기업규모가 작은 곳일수록 IR전문 인력이 부족하다. 거래소에서 IR담당자 교체를 요청하더라도 채용이 어렵거나 IR업무만 담당하기 어려운 곳도 많다. 5% 지분 공시는 대주주가 알려주지 않아 위반하는 사례도 자주 발생한다"고 전했다.

금융투자업계 관계자는 "현재 벌점이 높은 기업은 다시 문제가 이어져 언제든 공시 문제가 터져 벌점을 받을 가능성이 크다. 벌점이 높다는 것 역시 회사에 대한 투자자 신뢰도가 낮다는 것으로 이해된다"라며 "상장폐지 실질심사 종목으로 분류되면 당장 자금이 묶이고 회수가 어려울 수 있어 투자에 유의해야 한다"고 조언했다.163)

---

163) 높아진 벌점 위기...상장사 거래정지 '주의'. 2021.9.8. 이투데이

2) 증권 정보

가) 개요

주식코드	127120
상장위치	코스닥
업종	제약
WICS	생물공학

[표 130] 디엔에이링크 증권 정보 개요

시가총액	550억원
시가총액순위	코스닥 1297위
상장주식수	17,093,692
액면가/매매단위	500원/ 1주
외국인한도주식수(A)	17,093,692
외국인보유주식수(B)	136,833
외국인소진율(B/A)	0.80%

[표 131] 디엔에이링크 투자정보(2023.7.3.기준)

나) 종목분석 및 재무 현황

투자의견/목표주가	N/A / N/A
52Weeks 최고/최저	5,380 / 2,855
PER/EPS(2021.6)	N/A / -331원
추정 PER/EPS	N/A / N/A
PBR/BPS(2021.6)	2.10배 / 1,543원
배당수익률	N/A
동일업종 PER	-102.13배
동일업종 등락률	-0.85%

[표 132] 투자정보(2023.7.3.기준)

별도손익계산서	2020/12	2021/12	2022/12
매출액	153	230	170
영업이익	-81	-52	-51
영업이익 (발표기준)	-81	-52	-51
세전계속사업이익	-138	-62	-81
당기순이익	-138	-62	-81

[표 133] 손익계산서 표 (단위: 억원,%)

연결 제무상태표		2019/12	2020/12	2021/12	2022/12
자산	유동자산	123.4	446.0	306.5	161.0
	비유동자산	121.7	63.3	87.5	254.7
	자산총계	245.1	509.4	394.0	415.7
부채	유동부채	149.1	142.3	89.5	99.2
	비유동부채	6.9	2.5	7.0	51.1
	부채총계	156.0	144.9	96.5	150.3
자본	자본금	57.3	81.9	81.9	85.4
	이익잉여금	452.5	853.8	854.6	872.1
	기타자본항목	12.0	2.0	1.2	1.2
	기타포괄 손익누계액	0.7	-1.3	-6.6	7.9
	자본총계	89.0	364.5	297.4	265.3

[표 98] 재무상태표(단위: 억원,%)

4. 결론

4. 결론

이상으로 바이오의약품 산업의 전반적인 내용과 관련 기업의 현황을 알아보았다. 보고서에서도 살펴보았듯이 바이오산업의 전망은 매우 밝다고 볼 수 있다. 최근 몇 년간 우리나라 바이오의약품의 무역수지는 계속 증가하고 있으며, 세계적으로도 바이오의약품 시장의 규모는 점점 커져가고 있다. 시장 규모가 커질 뿐만 아니라 R&D 측면에서도 세계 유수의 제약기업들이 바이오의약품 분야에 대한 투자를 아끼지 않고 다양하고 효능을 높인 바이오의약품 개발에 매진하고 있다.

이러한 경향은 우리 사회에서 고령화가 진행될수록 심화될 것으로 예상된다. 현재 전 세계는 고령화 추세에 접어들었다. 선진국은 물론 중국에서도 고령화가 진행되면서 2040년에는 세계적으로 고령사회에 접어들 것으로 예상된다. 특히 우리나라는 진행속도가 빠른 편이라 2025년에는 초고령 사회가 될 것으로 전망된다.

일반적으로 이러한 초고령 사회 진입과 경제수준 향상은 의료비 지출이 증가함을 뜻한다. 현재 우리나라의 GDP 대비 의료비 지출 수준은 OECD 국가 중 최하위 수준이지만, 향후에는 의료비 지출이 가파르게 증가할 전망이다. 이러한 상황에서 바이오산업의 발전은 경제 발전뿐만 아니라 국민의 건강 문제까지 해결할 수 있다는 점에서 일거양득이라 볼 수 있다. 이러한 바이오산업의 특성상 국내 굴지의 대기업들과 정부 차원의 지원도 많이 이루어지고 있다.

글로벌 의약품 시장은 소득수준 증가, 고령화에 따른 만성질환자 수의 증가에 따른 의료비 지출증가 등으로 지속적인 성장이 기대되고 있다. 바이오의약품은 독성이 낮고, 작용기전에 따른 선택적 작용이 가능한 특징을 지니고 있어, 난치성 및 만성질환에 대한 치료 효과가 커서 점차 시장 비중이 확대되고 있으며, 향후 제약시장의 성장동력으로 자리매김하고 있다. 이에 따라 국내외 제약사들의 투자 역시 증가하고 있는 추세이다.

바이오의약품 개발 업체들은 막대한 자금을 투자하여 생산시설 확장, 파이프라인 확대, 공정기술 개선, GMP 인증 등 연구개발 역량을 강화해왔지만, 여전히 시장진입에 대한 불확실성이 존재한다.

바이오의약품 시장 활성화의 제한 요인으로는 의사와 환자들의 유효성 및 안전성에 대한 우려, 처방을 위한 관련 법안 및 가이드라인의 미비, 각종 규제 등으로 시장 활성화가 있다. 특히, 임상 진입 후 실패확률 역시 중요한 제한 요인이라고 볼 수 있다.

바이오의약품 개발과정에서 막대한 R&D 자금이 필요하며, 임상 단계에서는 임상 연구비 전체의 70%가 3상에 집중되어 있다. 전 임상 단계를 통과하고 판매승인을 받기까지 짧게는 10년, 후보물질 발굴 단계까지 포함하면 최소 15년 이상의 시간이 소요된다.

하지만 상당한 자금과 시간을 투자하고도 상용화에 실패하는 경우가 대부분이다. 미국바이오협회에 따르면 2006년부터 2015년까지 FDA 9,985건의 임상자료를 분석한 결과, 바이오의약품 후보물질이 임상 1상부터 품목승인까지 전 과정을 통과하는 확률은 10% 이하인 것으로 나타났다. 전임상 단계에서 실패하는 후보물질까지 포함한다면 성공확률이 1% 정도 수준인 것이다.

신약 개발단계에서 실패는 당연히 거쳐야 하는 통과의례라고 볼수 있지만, 많은 시간과 자원을 투입하고도 실패할 경우 기회비용이 매우 큰 것은 부정할 수 없다. 그럼에도 불구하고 바이오의약품 산업은 새로운 성장동력인 것은 부인할 수 없는 사실이다.

바이오의약품으로 패러다임이 전환되면서 제약사들의 R&D 비중은 지속적으로 증가하고 있으며, 향후 개발과정에서는 실패확률이 더욱 증가할 수 있음을 의미한다. 결국, 효율적인 R&D 인프라 구축하여 바이오산업이 지속 가능한 기술혁신의 기반을 마련해야 할 것이다. 이를 극복하기 위해서 국내외 제약사들이 폐쇄형 혁신에서 벗어나 외부의 기업 연구소, 대학 등으로부터 기술과 노하우를 적극적으로 활용하는 개방형 혁신전략을 도입하고 있다.

현재 국내 다수의 바이오기업들이 해외 임상시험을 진행하고 있으며, 글로벌 시장의 새로운 강자로 부상하고 있다. 이에 따라 라이선스 아웃(License-out)을 활용한 외향형 혁신의 기회가 증가할 것으로 전망된다.[164]

글로벌 의약품 시장은 바이오의약품을 중심으로 향후 고성장률이 전망되나 국내 제약기업은 경험, 자금 및 기술력 등의 한계로 수익성이 낮은 복제약 중심의 사업을 영위하고 있다.

의약품 산업의 R&D 투자비중은 타 일반 제조업 보다 매우 높아, 투자금 회수를 위해서는 일정수준 이상의 시장규모 확보가 필수적이나 국내 내수시장 규모는 매우 협소하고, 시장성장률도 높지 않은 상황이다. 국내 제약기업들은 수출판로 확대를 통해 협소한 내수시장의 한계를 극복하고 있으나 글로벌 블록버스터급 혁신 신약 부재와 제네릭, 바이오시밀러 중심의 사업구조로 높은 수익창출이 어려운 구조적인 한계가 존재한다.

---

164) 바이오의약품 국가 미래 신성장동력, 한국 IR 협의회, 2019.07.04

국내기업의 혁신신약 개발 및 출시역량 확보를 위해 해외기업 M&A 등 보다 과감하고, 적극적인 오픈 이노베이션 전략이 필요하다. 국내기업은 신약 후보물질을 발견하더라도 신약개발 전주기 경험 부재 및 자본력 부족에 따른 임상비용 부담 등으로 라이센싱 아웃 전략을 채택하는 경우가 다반사다.

라이센싱 아웃은 자체적인 신약개발 대비 기대수익이 10분의 1수준에 그칠 뿐 아니라, 최근의 계약해지 사례들로 인한 국내 기술에 대한 신뢰도 저하 우려도 증폭된다. 국내기업의 자체적인 연구개발만을 통해서 글로벌 선진기업과 국내기업간의 기술격차를 극복하는 것은 매우 어렵다.

글로벌 의약품 산업은 신약개발 효율성 제고를 위해 M&A 등 오픈 이노베이션을 활용하는 사례가 증가하고 있으나, 우리 제약기업들은 해외 기업 M&A에 대한 정보 및 자금력 부족, 오너십 중심의 문화 등으로 인해 소극적으로 대응하고 있기 때문에, 우선은 자금력을 보유한 대기업 중심으로 유망한 신약 파이프라인 확보를 위해 관련 기술력을 보유한 해외기업 M&A 기회를 적극적으로 모색하는 한편 글로벌 제약기업이나 선진 연구기관과의 공동연구 네트워크를 구축하는 것이 필요하다.[165]

정리하자면, 분명 바이오의약품 산업은 성장 가능성이 크고 미래 고부가가치 산업에 속한다는 점에서 매력적이다. 그러나 여러 면에서 분명 리스크가 큰 종목임은 확실하다. 의약품 시장은 사회의 흐름과 계절의 변화, 유행병의 출연 등에도 큰 영향을 받으므로 바이오의약품 기업 투자 시 시장 동향을 잘 살펴보아야 한다. 또한, 본

---

165) 세계 바이오의약품 산업 동향 및 전망, 한국수출입은행, 2019.07.22

서에서 추천한 기업 외에도 다양한 기업이 존재하며, 자본과 기술력에서 튼튼한 해외 공룡 기업도 많이 있으므로 이들 역시 고려해보아야 할 것이다.

5. 참고사이트

5. 참고사이트

· 『의학 오디세이』(강신익 외, 역사비평사, 2007)
· 식품의약품안전처 http://www.mfds.go.kr/
· 바이오의약품 산업동향 보고서, KoBIA, 2018.12
· 다양한 종류의 바이오 의약품으로 알아보는 바이오산업 현황, LG 케미토피아, 윤수영, 2016. 11.
· 첨단바이오의약품 허가심사체계, 식품의약품안전처 세포유전자치료제과 최경숙, 2016
· 셀트리온 홈페이지 https://www.celltrion.com/biosimilar/generic.do
· 세계 바이오의약품 산업 동향 및 전망, 한국수출입은행, 2019.07.22
· 바이오의약품 국가 미래 신성장동력, 한국 IR 협의회, 2019.07.04
· 『전 세계 의약품 공급망의 변화와 우리 수출의 경쟁력 분석』 2021년 24호 한국무역협회 국제무역통상연구원
· 대신증권 Research Center, 한국바이오의약품협회, 보건복지부, 각 사 홈페이지, 언론자료.
· 세계 바이오의약품 산업 동향 및 전망, 한국수출입은행, 2019.07.22
· 미국 제약산업의 미래, 바이오제약에 있다, KOTRA, 2019.04.12
· 러시아 제약산업 발전과 수입대체화 현황, KOTRA, 2020.03.18
· 방글라데시 제약 산업, KOTRA, 2019.12.26
· UAE 의약품 시장동향, KOTRA, 2019.10.18
· 사우디 의약품 시장동향, KOTRA, 2019.10.16
· 항체의약품 개발 기술 동향, 식품의약품안전처 식품의약품안전평가원, 2015. 12.
· [바이오헬스, 사후약방문 안 된다] ③이중항체, 의약품 시장 판도 바꾼다, 황진중, 이코노믹리뷰, 2019.05.29
· 항체의약품 시장 맹위, 8000억대 진입, 의약뉴스, 2019.03.04.
· 항체의약품 개발 기술 동향, 식품의약품안전처 식품의약품안전평가원, 2015. 12.
· 식품의약품안전처
· 셀트리온 "항체치료제 델타 효능 분석, 9월 말 공개". 2021.9.14. 한국경제TV
· 모더나, 앱셀레라와 치료용 항체 발굴 협력. 2021.9.17. 의약뉴스
· 국내외 백신 산업에 대한 이해, 안동호
· 글로벌 백신 시장현황 및 전망, 바이오인더스트리, 2019.06
· 2015년 의약품 허가 보고서, 식품의약품안전처
· 질병관리본부 홈페이지

· 대신증권 트렌드를 알면 종목이 보인다 제약/바이오 overweight, 서근희
· 면역백신분야 동향분석보고서
· 식품의약품안전처 보도자료 : 식약처 올해 백신 자급률 50%로 높인다, 식품의약품안전처 안전평가원 바이오의약품정책과, 2017. 2
· 세포 및 유전자치료제 시장의 현황과 성장요인, 대웅제약
· 유전자치료제 연구개발 및 규제 동향 2015, 식품의약품안전처 식품의약품안전평가원, 2015. 12.
· Gene Therapy Clinical Trials Worldwide
· 유전자치료제로 난치병 치료 길 열릴까, 매일경제 이동인 기자, 2016. 6.
· '5천억 수출' 코오롱 인보사, 국내출시 눈앞, 코메디닷컴뉴스 김용 기자, 2016. 11.
· 유전자 치료(gene therapy) 방법 및 연구 동향. BRIC View 2016-T22, 이혜미, 2016
· K-바이오 새 먹거리 된 세포·유전자치료제 'CDMO'. 2021.9.22. 이투데이
· 바이오시밀러, 매년 24.6%씩 성장..2023년 '481억弗', 장종원, 바이오스펙테이터, 2019.04.10
· 56兆 바이오시밀러 시장 잡아라…올해까지 8개 의약품 특허만료, 박일경, 이데일리, 2020.04.12
· 식약처, 바이오시밀러 전주기 맞춤형 개발 지원, 식품의약품안전처, 2020.04.09
· 바이오제약산업, 한국경제의 혁신성장을 이끌 것인가, 삼정경제연구원, 2018.10
· 식품의약품안전처 보도자료 : 식약처 국내 바이오시밀러 개발 동향 발표, 식품의약품안전처 안전평가원 유전자재조합의약품과, 2015. 9
· 팜젠사이언스·엑세스바이오, mRNA 백신 바이오시밀러 공동 개발 나서. 2021.9.23. 뉴시스20
· 韓 '13조' 안과 바이오시밀러 시장도 이끈다. 2021.9.27. PAXnet news
· 바이오시밀러 자체 생산시설 확보 총력…차세대 최강자는?. 2021-09-28. Yakup.com
· 2019 제약산업 DATABOOK 통계정보, 한국제약바이오협회
· 코로나바이러스감염증-19 관련 A to Z, KoNECT 브리프, 2020.03.12
· 신종코로나바이러스(2019-nCoV)의 이해, 약학정보원, 2020
· "주사 대신 붙이면 끝"...美 '코로나19 백신 패치' 개발. 2021.9.27. YTN
· 이연제약, 셀루메드와 mRNA 백신 공동개발 MOU 체결. 2021.09.27. news1
· "백신, 이제 간편하게 붙이자"...국내외서 개발 속도내. 2021.9.27. Pharm Edaily
· '먹는 코로나 치료제' 세계 각축전…이르면 다음달 1호 치료제 가능. 21.9.29. 뉴스핌
· "머크의 먹는 코로나 치료제, 델타 등 모든 변이에 효과". 2021.9.30. 서울신문

· 화이자, 알약 형태 코로나 치료제 2상 임상시험 개시. 2021.9.28. YTN
· 코로나19 치료제 '베클루리주(렘데시비르)' 국내 품목 허가. 2020.7.24. 메디파나뉴스
· 셀트리온 코로나19 치료제 '렉키로나주' 정식 품목허가. 21.9.17. 서울경제
· '먹는 코로나 치료제' 세계 각축전…이르면 다음달 1호 치료제 가능. 21.9.29. 뉴스핌
· 코로나 경구용 치료제 국내에서 5건 임상시험 진행 중. 21.9.3.뉴시스
· 현대바이오, '먹는' 코로나 치료제 도전… 구충제로 약물 재창출. 2021.9.30. MoneyS
· 셀트리온헬스케어, 삼성증권, 2020.01.28
· 셀트리온, 신영증권, 2019
· 셀트리온 실적 반등 키워드 '렉키로나'…글로벌시장 공략하나. 2021.8.24. 이코노미스트
· 셀트리온 코로나19 치료제 '렉키로나', 내일 브라질 도착. 2021.9.2. The GURU
· 셀트리온, 다케다 인수 복합제 2종 임상 순항. 2021.9.3. CEOSCORE DAILY
· 신라젠, 펙사벡 신장암 1상 중간 결과 발표, 우영탁, 서울경제, 2020.04.28
· 신라젠, 코로나19 백신 동물실험 시작, 정민하, 조선비즈, 2020.04.27
· 신라젠, 임상시험 결과에 울고 웃고… 경영실적은?, 김대성, 조세일보, 2020.01.08
· 신라젠 홈페이지
· 신라젠, 펙사벡 임상3상 조기종료.."IO 병용에 집중", 김성민, 바이오스펙테이터, 2019.08.04
· 위기의 신라젠… 탈출구 있나?, 1boon
· 신라젠, '펙사벡+PD-1' 美임상 "PD-(L)1 불응 신장암 추가", 김성민, 바이오스펙테이터, 2020.03.05
· 신라젠 경영 정상화 속도 "11월까지 주식거래 재개". 2021.8.31. 파이낸셜뉴스
· 정상화 속도 내는 신라젠…美 항암제 파이프라인 도입.2021.8.30.머니투데이
· 한미약품·대웅제약 글로벌 도전 신약, 국내 R&D 가속도. 2021.8.13. medipana
· "미국·유럽 다 뚫었다"…한미약품, '희귀의약품' 1위 제약사 도약. 2021.9.1. 머니투데이
· 메디톡스, 항암 및 면역질환약 개발 관계사에 항체 기술 이전. 2021.7.1. 연합뉴스
· 국내 '보툴리눔톡신' 기업 수출 날개… 상반기 성적표 호조. 2021.8.27.스포츠월드
· 휴젤, 삼성증권, 2019.12.11
· 국내 1위 보툴리눔 톡신 기업 '휴젤', 중국 기업으로?. 2021.9.3. 매일안전신문
· 'GS 휴젤 인수' 등 보톡스 시장 거센 변화 바람. 2021.09.07. EBN
· 몸값 '1조7239억'의 배경. 2021.8.26. PAXnetnews

· GC녹십자 공식 홈페이지
· 녹십자, 키움증권, 2020.02.13
· 녹십자, 삼성증권, 2020.04.07
· '만년 기대주' 꼬리표 떼나…녹십자, 개도국 백신 공급으로 반전 노린다. 2021.9.8.
머니투데이
· GC녹십자셀, 면역항암제 췌장암 3상 본격 돌입. 2021.9.7. 뉴시스20
· 제넥신, 한국 IR협의회, 2020.03.26
· "제넥신 부스터샷 개발 선회, 보다 현실적인 선택". 2021.8.31.뉴시스20
· 국산 제넥신 백신, 돌파감염 차단용으로 개발한다. 2021.8.30. 조선일보
· 차바이오텍, 리딩리서치, 2019.12.02
· 차바이오텍, 항암효과 면역세포치료제 국내임상 1상 신청, 김병호, 매일경제,
2020.04.27
· 차바이오텍, 피부 분화 줄기세포 배양액 제조법 특허 획득, 김병호, 매일경제,
2020.04.08
· 차바이오텍, 호주 '유전체 분석' 시장 진출. 2021.6.24. 뉴시스
· 차바이오텍 "글로벌 세포유전자치료제 CDMO 시장 주도할 것". 2021.7.15. 머니투
데이
· 제2도약 나선 메디포스트, 제대혈 유래 면역세포치료제 출사표. 2021.4.7. 이데일
리
· 메디포스트, 무릎골관절염치료제 생산시설 증설완료..."2023년까지 GMP 인증 계획
". 2021.5.17. 뉴스핌
· [관점뉴스] 메디포스트 뜻대로 안되는 '카티스템' 해외 진출… 中서 '돌발 변수' 만
났다. 2021.7.21. 뉴스투데이
· 국내 1세대 바이오 크리스탈지노믹스 제2의 도약. 2021.8.27. EBN
· 크리스탈지노믹스, 아이발티노스타트 고혈압에 효과 확인. 2021.9.2.중앙일보 헬스
미디어
· 크리스탈지노믹스, 태국에 골관절염 치료제 수출. 2021.9.10. 메디컬타임즈
· 서린바이오, 상상인증권, 2019.06.13
· [특징주] 서린바이오, 정부 모더나 삼성바이오 생산 국내직공급 기대감에 강세.
2021.8.13.MoneyS
· 디엔에이링크, 48억 규모 연구사업 계약 체결, 구은모, 아시아경제, 2020.04.20
· 디엔에이링크, 한국 IR협의회, 2019.08.01
· 카이팜-디엔에이링크, 전사체 기반 신약 발굴 서비스 협약.2021.6.18.약사공론
· 높아진 벌점 위기...상장사 거래정지 '주의'. 2021.9.8. 이투데이

초판 1쇄 발행 2017년 3월 13일
개정판 발행 2018년 4월 20일
개정2판 발행 2019년 6월7일
개정3판 발행 2020년 6월 1일
개정4판 발행 2021년 11월 8일
개정5판 발행 2023년 8월 21일

편저 ㈜비티타임즈 편집부
펴낸곳 비티타임즈
발행자번호 959406
주소 전북 전주시 서신동 832번지 4층
대표전화 063 277 3557
팩스 063 277 3558
이메일 bpj3558@naver.com
ISBN 979-11-6345-462-5(13320)

이 도서의 국립중앙도서관 출판예정도서목록(CIP)은
서지정보유통지원시스템 홈페이지(http://seoji.nl.go.kr)와
국가자료공동목록시스템(http://www.nl.go.kr/kolisnet)에서
이용하실 수 있습니다.